Stille zu Licht
Licht zu Stille
Die Schwelle ihrer Bewegung ist die Einzigartigkeit
ist Inspiration
(wo das Ausdrucksverlangen auf das Mögliche trifft)
ist die Stätte der Kunst
ist die Schatzkammer der Schatten
(Material wirft Schatten, Schatten gehören dem Licht an).

Louis Kahn

Die Herausgeberin dankt den Firmen
Alanod GmbH & Co.
Kuehn Bauer Partner
Osram GmbH
Siteco Beleuchtungstechnik
für die Förderung diese Buches.

Jahrbuch Licht und Architektur 2000

Herausgeberin
Prof. Dr. Ingeborg Flagge, Bonn/Leipzig

Graphic Design
Joachim Mildner, Köln/Berlin

Scans
Sander Schrift und Bild, Köln

Gesamtherstellung
Schlütersche Druckerei, Hannover

ISBN 3-481-01538-0

© Verlagsgesellschaft Rudolf Müller GmbH & Co. KG, Köln 2000
Alle Rechte vorbehalten

Das vorliegende Werk wurde auf umweltfreundlichem Papier
aus chlorfrei gebleichtem Zellstoff gedruckt.

Die Deutsche Bibliothek – CIP-Einheitsaufnahme

Jahrbuch Licht und Architektur 2000
Hrsg. von Ingeborg Flagge
Köln: Müller
Erscheint jähr.
Früher im Verl. Das Beispiel, Darmstadt
Aufnahme nach 2000 (1999)
Bis 1995 (1996) u.d.T.: Jahrbuch für Licht und Architektur
ISSN 1437-2460
2000 (1999)
Verl.-Wechsel-Anzeige

Jahrbuch Licht und Architektur 2000
Herausgegeben von Ingeborg Flagge

inhalt

7 **Ingeborg Flagge** Editorial

1 Architekten

10 **Sverre Fehn**

14 **Thomas Herzog**

16 **Michael Schumacher**

20 **Ulrich Coersmeier**

32 **Meinhard von Gerkan**

2 Lichtplaner

46 **Bartenbach LichtLabor**

56 **Ulrike Brandi Licht**

66 **Dinnebier – Licht GmbH**

76 **Kress & Adams**

3 Künstler

88 **Jürgen LIT Fischer**

94 **Daniel Hausig**

98 **Magdalena Jetelová**

100 **Laurent Pariente**

104 **Karlheinz Stockhausen**

4 Projekte

110 **Kundenzentrum/Lichtforum Zumtobel Staff**   Bolles Wilson & Partner

114 **Kulturzentrum Haus Witten**   Hasso-Busso von Busse, Eberhard Carl Klapp

118 **Maximilian-Kolbe-Gemeindezentrum, Heilbronn**   Peter Cheret, Jelena Bozic

122 **Wasserturm, Antwerpen**   Jo Crepain

124 **Bahnhof Berlin-Spandau**   gmp, von Gerkan, Marg und Partner

126 **Philips Messestand**   gmp, von Gerkan, Marg und Partner

128	**Restaurant VAU, Berlin**	gmp, von Gerkan, Marg und Partner
130	**Firmengebäude Tobias Grau, Rellingen**	Bothe, Richter, Teherani
134	**Science, Industry und Business-Bibliothek, New York**	Gwathmey Siegel & Ass.
136	**Umbau der ehemaligen „Deckelhalle", München**	Thomas Herzog, José-Luis Moro
138	**Theater Landshut**	Andreas Hild und Tillmann Kaltwasser
140	**Handels- und Kulturzentrum, Yamaguchi**	NTT Power and Building Facilities Inc.
142	**Presse- und Informationszentrum der Bundesregierung, Berlin**	KSP Engel und Zimmermann
146	**Kongress- und Veranstaltungszentrum Gürzenich, Köln**	KSP Engel und Zimmermann
150	**Stadtbibliothek Landau**	Lamott Architekten, Caterina und Ansgar Lamott
154	**Agenturräume Ketchum, München**	LBGM Architekten
158	**Spandauer Seebrücke, Berlin**	Walter A. Noebel
160	**Torhaus, Düsseldorf**	Petzinka, Pink und Partner
164	**Fondation Beyeler, Riehen bei Basel**	Renzo Piano Building Workshop
168	**Wettbewerb Umgestaltung Biennale-Pavillon, Venedig**	Barbara Schlei
170	**Staatstheater Mainz, Kleines Haus**	schoyerer möbius architekten
174	**Krematorium Baumschulenweg, Berlin**	Axel Schultes Architekten
178	**Theater der Landeshauptstadt Magdeburg**	Harald Stricker
180	**Rechtsanwaltskanzlei, Wien**	the unit
184	**„Organ" Architekturbüro, Kyoto**	Katsu Umebayashi mit Kazuo Kobayashi
188	**„Aura" Wohnhaus, Tokio**	Katsu Umebayashi mit Kazuo Kobayashi
190	**Mehrzweckhalle, Losone**	Livio Vacchini
192	**Juridicum, Halle a. d. Saale**	Thomas van den Valentyn und Gernot Schulz

5 Studium und Technik

198	**Fachhochschule Hildesheim/Holzminden (Lehrgebiet Lichtplanung)**	Michael Rohde
202	**Lichtvorhänge oder Fensterbehänge**	Christian Bartenbach
210	**Das Fenster und das Licht**	Christian Bartenbach
216	**Neue Reflektor-Materialien für die Lichttechnik**	H. Küster, W. Pohl/Alanod
220	**Flexibles Licht für Büros**	Johann Reitmaier/Siteco

Editorial

Licht und Architektur 2000
Ingeborg Flagge

Licht ist trotz aller zunehmenden Publikationen der letzten Jahre ein Medium, das die Architekten erst noch wirklich entdecken müssen. Zwar ist die Bezeichnung „Lichtarchitektur" mehr und mehr in Gebrauch, aber nur wenige wissen, woher dieser Terminus kommt. Sie benutzen ihn in vielen Fällen nur deshalb als Wortschöpfung, weil er noch nicht zu Tode geritten worden ist.

Gerhard Auer schrieb einmal vor Jahren, es fehle eine Baugeschichte des Lichtes, die die allgemeine Baugeschichte ergänze. Er selbst hat mit seinen Publikationen, besonders mit seinen Definitionen zu unterschiedlichen Inhalten und Wirkungen von Lichtentwürfen zeitgenössischer Architekten, Wichtiges zur Vertiefung des Themas geleistet.

Architektur wird auf drei Wahrnehmungsebenen erlebt und beurteilt: einer pragmatischen, einer ästhetischen und einer emotionalen. Die Bauten in diesem Jahrbuch sprechen vermutlich diese drei Ebenen unterschiedlich stark an. In seltenen Fällen wie dem Krematorium von Axel Schultes, der Sporthalle von Livio Vacchini und dem Museum Basel von Renzo Piano vereinen sich alle drei Ebenen untrennbar und gleichberechtigt zu dem Erlebnis großer Architektur, deren wesentliches Element die Gestaltung mit Licht ist.

Vier Architekten äußern sich in diesem Jahrbuch zu der Kunst, mit Licht zu bauen. Thomas Herzog meint zwar, Architekten hätten schon immer mit Licht gebaut. Heute schreibe und spreche man darüber nur. Sverre Fehn dagegen, dessen Ausstellungspavillon in Venedig bis heute eine ebenso einfache wie kunstvolle Lichtlösung darstellt, hält Bauen mit Licht für ein bisher unerschöpftes Thema. Ulrich Coersmeier und Meinhard von Gerkan analysieren an Bauten ihrer Büros die Wirkungen von Licht im Zusammenklang mit Baukonstruktion, Farbe und Materialien.

Die Lichtplaner – Bartenbach Lichtlabor, Innsbruck; Johannes Dinnebier, Wuppertal; Kress und Adams, Köln, und Ulrike Brandi, Hamburg – stellen sich selbst und ihre Lichtphilosophie in ihren neueren Bauten vor. Dabei wird deutlich, dass Bauherren nach wie vor zögern, besondere Gelder beim Bauen für Lichtplaner vorzusehen, so dass die Architekten sie häufig aus eigener Tasche zahlen müssen, wenn sie besondere Lichtlösungen realisieren wollen.

Lichtbaumeister, denen keine Lichtplaner zur Seite stehen, sind auf „Selbstversuche" angewiesen. Einige Projekte dieses Jahrbuches zeigen, dass es vornehmlich junge Büros sind, die Licht als Gestaltungsmerkmal für sich entdecken, besonders beim Innenausbau. In solchen Fällen sind die Bauherren nicht selten Künstler, PR-Agenturen oder unkonventionelle Berufsgruppen, die Licht als effektives Mittel der Selbstdarstellung und zur Herstellung besonderer Atmosphäre für sich entdeckt haben.

Die meisten Projekte machen jedoch deutlich, dass Bauen mit Licht heute vor allem als eine Frage des Bauens mit Glas und damit als eine Auseinandersetzung mit Transparenz und Transluzenz verstanden wird, in seltenen Fällen gelingen Lösungen in der Tradition der Kapelle von Ronchamp, die Od Aicher wohl zu Unrecht kritisierte, als er in seinem Aufsatz „Was Architektur sein könnte", schrieb; „Das Aufregendste am Pantheon ist, wie ein Loch im Zenit der Kuppel den Raum erhellt. Dagegen dürfte die Lichtarchitektur Le Corbusiers in Ronchamp etwas bemüht dastehen, auch gegenüber den Originalen in der Nordsahara, die ihn zu dieser Kirche inspirierten."

Licht wird auch von immer mehr Künstlern entdeckt. Deswegen ist ein Teil dieses Jahrbuches Projekten LIT Fischers im Rahmen der IBA gewidmet, den weißen Räumen Laurent Parientes, den interessanten Arbeiten Daniel Hausigs und den faszinierenden Landschaften Vadim Kosmatschoffs und Natalia Zetalova. Ausführlich beschrieben werden auch die Kompositionen von Robin Minard und seiner „Licht-Musik, die er seit Jahren bearbeitet.

Im letzten Teil des Buches wird der neue Studiengang Lichtplanung an der Hildesheim/Holzminden/Göttingen Fachhochschule Holzminden vorgestellt. Er ist der erste in Deutschland und lässt uns hoffen, dass angehende Architekten davon in Zukunft profitieren. Das Bartenbach Lichtlabor unter der Regie von Christian Bartenbach und dem Bartenbach Lichtlabor wird dann das Thema Tageslicht mit mehreren grundsätzliche Beiträgen behandeln, die den letzten Stand der Forschung wiedergeben.

Ich danke Christian Bartenbach für seine Arbeit an diesem Jahrbuch, den Sponsoren, dem Ingenieurbüro Kuehn Bauer und Partner in München, der Trilux-Lenze GmbH und der Siteco Beleuchtungstechnik, für ihre finanzielle Unterstützung.

Licht und Architektur 2000
Ingeborg Flagge

Licht ist trotz aller zunehmenden Publikationen der letzten Jahre ein Medium, das die Architekten erst noch wirklich entdecken müssen. Zwar ist die Bezeichnung „Lichtarchitektur" mehr und mehr in Gebrauch, aber nur wenige wissen, woher dieser Terminus kommt. Sie benutzen ihn in vielen Fällen nur deshalb als Wortschöpfung, weil er noch nicht zu Tode geritten worden ist.

Gerhard Auer schrieb einmal vor Jahren, es fehle eine Baugeschichte des Lichtes, die die allgemeine Baugeschichte ergänze. Er selbst hat mit seinen Publikationen, besonders mit seinen Definitionen zu unterschiedlichen Inhalten und Wirkungen von Lichtentwürfen zeitgenössischer Architekten, Wichtiges zur Vertiefung des Themas geleistet.

Architektur wird auf drei Wahrnehmungsebenen erlebt und beurteilt: einer pragmatischen, einer ästhetischen und einer emotionalen. Die Bauten in diesem Jahrbuch sprechen vermutlich diese drei Ebenen unterschiedlich stark an. In seltenen Fällen wie dem Krematorium von Axel Schultes, der Sporthalle von Livio Vacchini und dem Museum Basel von Renzo Piano vereinen sich alle drei Ebenen untrennbar und gleichberechtigt zu dem Erlebnis großer Architektur, deren wesentliches Element die Gestaltung mit Licht ist.

Vier Architekten äußern sich in diesem Jahrbuch zu der Kunst, mit Licht zu bauen. Thomas Herzog meint zwar, Architekten hätten schon immer mit Licht gebaut. Heute schriebe und spreche man darüber nur mehr. Sverre Fehn dagegen, dessen Ausstellungspavillon in Venedig bis heute eine ebenso einfache wie kunstvolle Lichtlösung darstellt, hält Bauen mit Licht für ein bisher unerschöpftes Thema. Ulrich Coersmeier, Meinhard von Gerkan und Michael Schumacher analysieren an Bauten ihrer Büros die Wirkungen von Licht im Zusammenklang mit Baukonstruktion, Farbe und Materialien.

Die Lichtplaner – Bartenbach LichtLabor, Innsbruck, Johannes Dinnebier, Wuppertal, Kress und Adams, Köln, und Ulrike Brandi, Hamburg – stellen sich selbst und ihre Lichtphilosophie in ihren neueren Bauten vor. Dabei wird deutlich, dass Bauherren nach wie vor zögern, besondere Gelder beim Bauen für Lichtplaner vorzusehen, so dass die Architekten sie häufig aus eigener Tasche zahlen müssen, wenn sie besondere Lichtlösungen realisieren wollen.

Lichtbaumeister, denen keine Lichtplaner zur Seite stehen, sind auf „Selbstversuche" angewiesen. Einige Projekte dieses Jahrbuches zeigen, dass es vornehmlich junge Büros sind, die Licht als Gestaltungsmerkmal für sich entdecken, besonders beim Innenausbau. In solchen Fällen sind die Bauherren nicht selten Künstler, PR-Agenturen oder unkonventionelle Berufsgruppen, die Licht als effektives Mittel der Selbstdarstellung und zur Herstellung besonderer Atmosphäre für sich entdeckt haben.

Die meisten Projekte machen jedoch deutlich, dass Bauen mit Licht heute vor allem als eine Frage des Bauens mit Glas und damit als eine Auseinandersetzung mit Transparenz und Transluzenz verstanden wird. In seltenen Fällen gelingen Lösungen in der Tradition der Kirche von Ronchamp, die Otl Aicher wohl zu Unrecht kritisierte, als er in seinem Aufsatz „Was Architektur sein könnte" schrieb: „Das Aufregendste am Pantheon ist, wie ein Loch im Zenit der Kuppel den Raum erhellt. Dagegen dürfte die Lichtarchitektur Le Corbusiers in Ronchamp etwas bemüht dastehen, auch gegenüber den Originalen in der Nordsahara, die ihn zu dieser Kirche inspirierten."

Licht wird auch von immer mehr Künstlern entdeckt. Deswegen ist ein Teil dieses Jahrbuches Projekten LIT Fischers im Rahmen der IBA gewidmet, den weißen Räumen Laurent Parientes, den interessanten Arbeiten Daniel Hausigs und den faszinierenden Landschafts-Illuminationen einer Magdalena Jetelová. Ausführlich beschrieben werden auch die Kompositionen Karlheinz Stockhausens am Beispiel seiner „Licht"-Musik, die er seit Jahren bearbeitet.

Im letzten Teil des Buches wird der neue Studiengang „Lichtplanung" für Architekten an der Fachhochschule Holzminden vorgestellt. Er ist der erste seiner Art in Deutschland, und es ist zu hoffen, dass angehende Architekten davon in Zukunft profitieren werden. Unter der Regie von Christian Bartenbach und dem Bartenbach LichtLabor wird dann das Thema Tageslicht in mehreren grundsätzlichen Beiträgen behandelt, die den letzten Stand der Forschung wiedergeben.

Ich danke Christian Bartenbach für seine Zuarbeit und den Sponsoren, dem Ingenieurbüro Kuehn Bauer Partner in München, den Firmen Alanod GmbH, Osram GmbH und Siteco Beleuchtungstechnik, für ihre finanzielle Unterstützung.

ARCHITEKTEN

Sverre Fehn
Hinter und über dem Horizont

Interview

Ist es richtig, dass Sie Licht für eines der wichtigsten Elemente des Bauens halten?

Aber sicher. Die Norweger sind ihrer Natur nach Waldmenschen. Eine lange Zeit des Jahres ist es dunkel hier und wir müssen im Dämmer leben. Umso mehr feiern wir das Licht im Sommer; bei vielen meiner Einfamilienhäuser kann man die Wände so weit öffnen, dass der Übergang zwischen innen und außen fließend wird. Doch so wichtig wie das Licht ist der Schatten, sein dunkler Bruder. Das eine kann nicht ohne das andere. Menschen suchen den Schatten, wie sie das Licht suchen.
Im Schatten erst erkennen wir uns selbst und die Welt. Am Äquator kann man seinen Schatten nicht sehen, am Nordpol ist der Schatten länger als der dazugehörige Mensch. In Norwegen muss man eine Wand errichten, um den Schatten daraufzuprojizieren. Der Schatten ist der schweigende Partner des Menschen.

Wie unterscheidet sich das Licht in Norwegen von dem in südlichen Ländern?

In Norwegen ist das Licht diffus, es wirft keinen präzisen Schatten. Im Süden ist das Licht grell und direkt und der Schatten scharf konturiert. Es hat Härte und Prägnanz. Dass wir im Norden keine gute Skulptur haben, mag daran liegen, dass uns dieses präzise Licht fehlt. Ähnlich ist es in der Architektur; wir bauen weitgehend ohne Schatten. Das ist von Nachteil für unsere Bauten. Deshalb war für mich die Erfahrung des Nordischen Pavillons in Venedig auch so wichtig: eine große Halle, deren Decke aus parallelen Betonscheiben das intensive Licht der Lagune auffängt und herunterbricht zu einer milden, schattenlosen Helligkeit wie in Norwegen.

Es ist auffallend, dass einige Ihrer Bauten wie Präzisionsgeräte sind, scharf konturiert, spitz wie ein Pfeil. In ihrer Härte scheinen sie die sanft gerundeten Felsen zu attackieren. Der häufige Nebel scheint die harten Kanten der Bauten auflösen zu wollen. Ahmen Sie mit solcher Gestaltung die Härte des südlichen Lichtes nach?

Mag sein, dass da etwas dran ist. Vielleicht suche ich die kristalline Härte des südlichen Lichtes in solchen Bauten. Gewöhnlich jedoch inszeniere ich eher den Dämmer. Die Museen in Norwegen sind Häuser ohne Schatten; ihr mildes Licht kennt keine scharfen Gegensätze. Bei zwei Ausstellungen über mittelalterliche Kunst und über chinesische Krieger habe ich genau das versucht: das Modell eines Schiffes, das – besonders angestrahlt – mit seinem Schatten an der Wand konkurriert. Die sieben chinesischen Krieger aus Terrakotta dagegen und ihre zwei Pferde stehen vor Spiegeln, die ihr Bild mehrfach reflektieren. Der Effekt ist der einer ganzen Armee, die in den Raum hineinreitet. Bei Ausstellungen arbeitet der Architekt wie ein Theaterfachmann. Er inszeniert Objekte dramatisch und raffiniert; er

Der Nordische Pavillon in Venedig

Das Museum in Hamar

Das Gletschermuseum

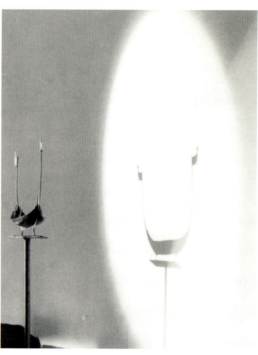

Licht und Schatten an Details der Installation in Hamar

Das Objekt und sein Schatten

Chinesische Terrakotta-Krieger im Licht

rückt Gegenstände nicht nur ins richtige Licht, sondern er arbeitet mit allen Mitteln, um sie zum Sprechen zu bringen. Mit Architektur kann man das nicht tun – im Museum in Hamar ging es mir um Wege durch das Haus, die vom Hellen ins Dunkle und wieder zurück ins Licht führen, begleitet von Öffnungen im Dach oder in den Wänden, durch die das Licht einsickert und Teile der Räume ausleuchtet.

Sie nennen die Beleuchtung in Hamar „historisch". Was meinen Sie damit?

Ich will nicht sagen, dass die Ruinen des alten Bischofspalastes den Tenor des Museums und seines Lichtes vorgeben. Ich habe mich hier jeder besonderen Lichtinszenierung enthalten. Man folgt dem Weg mit seinen Brücken und Passagen in das Dunkel des Mittelalters und taucht wieder daraus hervor, wie der Bau es bestimmt.

Ist das Thema Licht immer eines, das mit jedem Bau von anderer Bedeutung ist?

Ich versuche, mit dem Licht meinen Häusern ein wenig von der Atmosphäre zurückzugeben, die sie früher hatten, als die Kerze noch den Raum bestimmte. Im Kerzenlicht sieht man nur, was im unmittelbaren Umkreis steht, der Rest des Raums ist schwarz und verschwunden. Im Schraner Haus (1963) habe ich das Wohnzimmer nur mit Ausblick in den Garten geplant. Die schmalen Lichtbänder am Übergang zum flachen Dach sind nicht zum Hinausschauen gedacht, sondern um das ganz unterschiedliche Licht der vier Himmelsrichtungen in den Raum zu lassen.

Ist für Ihre Bauherren Licht ein Thema?

Nein. Nur für die Museumsbauherren ist Licht wichtig bzw. unwichtig. Museumsdirektoren haben heute eine höllische Angst – vor allem vor Tageslicht. Deshalb schließen sie es aus und inszenieren ein perfektes Kunstlichtambiente. Am liebsten jedoch würden sie ihre Museen ganz dunkel lassen. In ihrer Angst, dass Licht ihre Kunstwerke zerstören könnte, setzen sie auf ein altersloses, immer gleiches Licht. In der Natur gibt es so etwas nicht; das natürliche Licht ist nie dasselbe. In Museen aber, in diesen Kathedralen der ewigen Erhaltung, wo man das Leben und den Tod gleichermaßen fürchtet, will man unveränderliche Ausleuchtung. Das ist langweilig.

Würden Sie Ihr Verhältnis zum Licht eher für rational oder emotional halten?

Weder noch. Mir geht es um die Konstruktion und ihre bestmögliche Wirkung im Licht. Man darf das Licht auch nicht zu wichtig nehmen, dann endet man im Lichtterror. Um einen guten Bau zu erstellen, brauche ich das Licht auf meiner Seite. Gute Architektur ist gleichbedeutend mit gutem Licht.

Ingeborg Flagge

Thomas Herzog
Es braucht mehr Ausbildung in Sachen Licht

Interview

Was verstehen Sie persönlich unter „Lichtarchitektur"?

Ich selbst verwende den Begriff nicht. Architektur hat immer mit Licht zu tun. Wie sollte sie sonst wahrgenommen werden?
Für die meisten Nutzungen, die in Gebäuden stattfinden, ist zur inneren Orientierung eine taugliche – natürliche oder künstliche – Beleuchtung erforderlich. Dies vorzusehen, gehört zu den grundlegenden entwurflichen Aufgaben des Architekten. Es gibt natürlich Bauaufgaben, bei denen die Qualität der Handhabung von Mitteln zur Ausleuchtung (z.B. bei Museen) oder zur Abdunklung und Manipulation mit Kunstlicht (z.B. bei Theater, Kinos als Lichtspieltheater) ein dominierender Aspekt ist.

Stellen Sie in den letzten Jahren ein größeres Lichtbewusstsein unter Architekten fest? Wenn ja, woher scheint das zu kommen? Wenn nein, wieso ist das Lichtverständnis der Architekten so defizitär?

Bisher nicht allzu sehr. Es mag mit der Reflexion der eigenen Rolle als Generalist zu tun haben, dass Architekten von so vielen Dingen nur wenig wissen, aber auch damit, dass man oft lieber im Unverbindlichen bleibt, lieber von Poesie als von Physik spricht. Nach meinem Eindruck fehlen in der Ausbildung an den meisten Architektur-Fakultäten ernstzunehmende Lehrveranstaltungen über die Physik des Lichtes, die Physiologie der Wahrnehmung, die psychologische Wirkung von Licht und Farbe, die Technik der Erzeugung, Leitung und Verteilung von Kunst- und Tagslicht. Oft sind nicht einmal die Grundbegriffe klar, geschweige denn die Zusammenhänge.

Ist es Ihre Meinung, dass die Gestaltung mit und durch Licht eine größere Rolle in der Architektenausbildung spielen sollte? Wenn ja, wie könnte dies umgesetzt werden?

Wichtig sind die schon beschriebenen Informationen. Wichtig ist die Sensibilisierung und das Training, das seinen Schwerpunkt im Bereich von Modellstudien nach Möglichkeit im „künstlichen Himmel" haben sollte. Derartige Einrichtungen existieren m. W. bisher nur an den Architektur-Fakultäten in Berlin, Darmstadt und München.

Es gibt keine Baugeschichte des Lichtes. Warum eigentlich nicht bei der Bedeutung, die Licht in allen Kulturen hat und seit jeher auch in der Architektur spielt?

Die natürlichen Lichtverhältnisse sind immer die gleichen gewesen. Je nach Aufgabenstellung, lokaler Situation und verfügbaren technischen Möglichkeiten haben sich im Laufe der Zeit die baulichen Lösungen geändert. Die Unterschiede in der architektonischen Ausformung und Wirkung von Gebäuden sind aber selbst unmittelbar Sache der

Baugeschichte. Mag sein, dass man in dieser Disziplin das Maß des eigenen Wissens gelegentlich – jedenfalls was das Licht angeht – überprüfen müsste.

Wie würden Sie die verschiedenen Möglichkeiten beschreiben, Licht einzusetzen? Was verstehen Sie unter
- **rationalistischem Licht,**
- **vitalistischem Licht,**
- **illustrativem Licht,**
- **puristischem Licht?**

Es sind dies Begriffe, die Gerhard Auer geprägt hat. Wir leben in einer Zeit neuer Wortprägungen. Vor allem die alten Sprachen, Latein und Griechisch, werden dafür „geplündert". Ich selbst beteilige mich nach Möglichkeit nicht daran und bin ohnehin der Meinung, dass unser vorhandenes Repertoire an Fremdworten und ggf. Fremdsprachen ausreicht, um unsere eigene Sprache zu erweitern.
(Bei Studenten beobachte ich allerdings im Deutschen zunehmend Defizite, was mit der bildungspolitischen Torheit der Abschaffung des Allgemein-Abiturs ebenso zu tun haben mag wie mit der sprachlichen Schlamperei in den Medien.)
Im konkreten Fall schlage ich vor, die Adjektive durch Adverbien zu ersetzen. Ich bestreite im Übrigen, dass es, streng genommen, überhaupt richtig ist, dem Licht – das selbst man ja bekanntlich nicht sehen kann, sondern nur von ihm beschienene Oberflächen – diese Merkmale zuzuschreiben. In Wahrheit sind es die räumlichen oder plastischen Wirkungen, die man so charakterisieren könnte, wie sie in Ihrer Frage aufgeführt sind.

Ist Licht für Sie ein Entwurfselement? Zu welchem Zeitpunkt des Entwurfes denken Sie über Licht nach?

Wer sich für die Wirkung solarer Strahlung und die Möglichkeit ihrer Nutzbarmachung interessiert – wie wir dies seit fünfundzwanzig Jahren tun –, wird sich zwangsläufig neben den thermischen Auswirkungen auch die Frage des natürlichen Lichtes zum Thema machen. Wir befassen uns bei jedem Projekt sehr früh mit Lichtwirkungen. Wir haben auch immer wieder Lichtplaner im Arbeitsteam und überprüfen die Ergebnisse im Modell. Die Einzelheiten der Entwicklung neuer Komponenten der Tageslicht-Nutzung bearbeiten wir an der Hochschule, sowohl was Simulationen als auch was experimentelle Studien angeht.

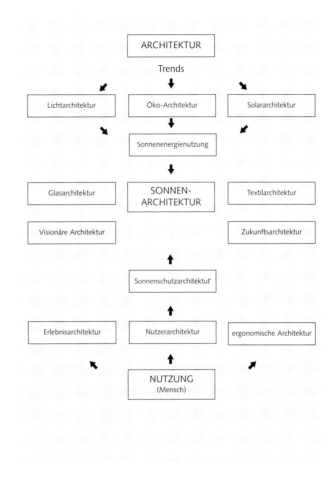

Bitte beschreiben Sie an einem Ihrer Bauten Ihre Lichtauffassung.

In Linz hatten wir ein großes Ausstellungs- und Kongressgebäude zu realisieren. Die gesamte Großhalle hat ihre Charakteristik der Arbeit einem neuen Konzept zur Nutzung von Tageslicht zu verdanken. Brillante Ausleuchtung ist bei einem Ausstellungsgebäude von zentraler Bedeutung. Um Strom in großem Umfang zu sparen, haben wir – beginnend mit dem Wettbewerbsprojekt – die gläserne Hülle dahin entwickelt, dass wir eine maximale Nutzung des Zenitlichtes über die Dachfläche erhielten, bei gleichzeitiger Vermeidung von Aufheizung durch direkte Sonneneinstrahlung (was ja hohe Kühllasten im Sommer bedeuten würde). Die Zusammenarbeit mit dem LichtLabor von Christian Bartenbach und dem Institut für Solare Energiesysteme in Freiburg war notwendige und erfolgreiche Voraussetzung dafür.

Ingeborg Flagge

Michael Schumacher
Lichtgestaltung in transparenten Gebäuden

Werbeagentur J. Walter Thompson, Frankfurt
Bei Tage ein sachlich-kühler Bau, bei Nacht eine leuchtende Schönheit.

Viele gute Gründe sprechen bei Bürogebäuden für die großzügige Verwendung von Glas. Über die energietechnischen und praktischen Aspekte hinaus interessieren uns, das Büro Schneider + Schumacher in Frankfurt, die poetischen Eigenschaften dieses Werkstoffes. Das Reflexionsverhalten des Materials Glas aus unterschiedlichen Winkeln betrachtet ist dabei weit wichtiger als die offensichtliche Eigenschaft der Durchsichtigkeit. Bei Gebäuden mit weitgehender Verglasung spielt die Beleuchtung eine wesentliche gestalterische Rolle.

Die Arbeit am Beleuchtungskonzept teilt sich in Pflicht und Kür. Die gesetzlichen Vorschriften in Bezug auf Helligkeit und Blendfreiheit des Arbeitsplatzes so energieeffizient wie möglich zu erfüllen, ist die Pflicht. Für extrem verglaste Gebäude ist es notwendig, ausreichend thermische Masse im Inneren zur Verfügung zu haben. Deshalb dürfen die Decken nicht abgehängt werden, was bei dem Bau für J. Walter Thompson noch erhebliche Überzeugungsarbeit gegenüber dem Generalunternehmer bedurfte. Bei diesem Gebäude in Frankfurt, bei dem Haus für die KPMG in Leipzig und bei der neuen Hauptverwaltung für die Braun GmbH in Kronberg wird die Grundbeleuchtung deshalb durch Einbauleuchten in der Betondecke gewährleistet. Die runden Leuchten sind in Betoneinbautöpfen in die Decke integriert und mit stromsparenden 18 Watt TC-L-Leuchtmitteln bestückt. Um die Flexibilität in der Raumaufteilung nicht zu behindern, sind die Raster sorgsam auf die Fassade und die möglichen Gangbereiche abgestimmt. Darklightreflektoren gewährleisten die erforderliche Blendfreiheit.

In Abstimmung mit den Haustechnikern versuchen wir, die nach DIN geforderten Werte gerade eben zu erreichen, um einerseits den Verbrauch zu minimieren und andererseits die durch die Leuchtmittelwahl als kalt empfundene Lichtwirkung so gering wie möglich zu halten. Das Leitideal für diesen Teil der Beleuchtung ist der bedeckte Himmel. Gäbe es die Möglichkeit, würden wir anstelle der runden Einbaudownlights die ganze Decke sanft schimmern lassen.

So weit ist es jedoch noch nicht, und noch entwickeln wir weiter Einbautöpfe, die sich bei dem Braun-Gebäude schon stark verändert haben. Hier mussten Sprinkler integriert werden, und aufgrund dieser Forderung haben wir eine Leuchte entwickelt, die neben der Funktionserfüllung der gleichmäßigen Ausleuchtung noch weitere Aufgaben erfüllt. In dem Einbautopf gibt es eine separate Kammer, die im Bedarfsfall den Sprinklerkopf oder Ventile für die Kühldecke oder Lautsprecher oder Halogenstrahler aufnehmen kann.

Mit dem Begriff Halogen beginnt die Kür. Zu dem eher kühlen, auf Fotografien immer grünen Licht kommt nun das warme, gelbe Licht der Niedervolt-Technik. Mit Strahlern an Lichtschienen akzentuieren wir die wesentlichen Elemente der Gebäude, die Treppen oder die eingestellten Wände, die Gebäude rhythmisieren und gliedern. Das Licht

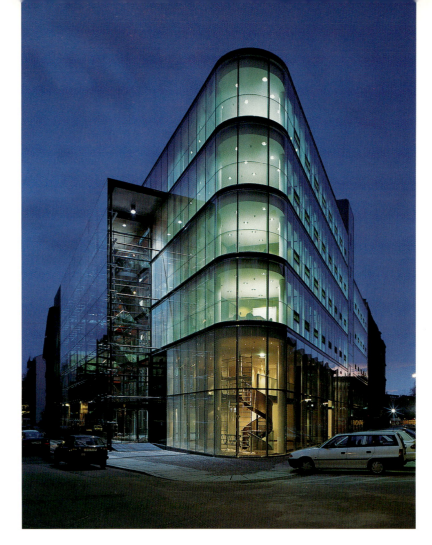

KPMG, Leipzig
Was am Tage bei bedecktem Himmel fast undurchsichtig wirkt, enthüllt sich bei Nacht.

kommt aus möglichst vielen Richtungen, oft von unten, um die „Auftritte" der Menschen zu dramatisieren und sie zu einem lebendigen Teil der Fassade werden zu lassen.

Die auffälligste „Effektbeleuchtung" hat mein Frankfurter Erstlingswerk, eine denkmalgeschützte Fabrik aus der Gründerzeit. Das Leitmotiv zur Gestaltung des Treppenhauses ist die größtmögliche Kontrastierung zu der aufwendig gegliederten Gründerzeitfassade. Dabei entstand eine Treppe, die sich als skulpturales Element elegant nach oben schraubt. Eine blaue Neonröhre akzentuiert diese Aufwärtsbewegung. Da sich das Gebäude in Frankfurts Rotlichtviertel befindet, schien diese „Eskapade" gerechtfertigt. Auffällig ist, dass die Neonröhre häufiger eingeschaltet wird, wenn wieder neue Mieter gefunden werden müssen.

Bei allen bisherigen Beispielen haben wir ohne Lichtplaner gearbeitet, das heißt, wir haben geplant und die Haustechniker sorgten dafür, dass alles richtig ausgeschrieben und ordentlich angeschlossen wurde. Oft fühlten wir uns dabei leicht überfor-

Fabrik, Frankfurt
Eine effektvolle Ausleuchtung durch die blaue Neonröhre in einem gläsernen Treppenhaus.

dert, weil Lichtdichten und -stärken, Luxzahlen und was es sonst noch so alles gibt, nicht einfach einzuschätzen sind.

Inzwischen gibt es ein Projekt, bei dem wir mit einem Lichtplaner zusammenarbeiten. Im Zuge der Entwicklung, dass Investoren glauben, bessere Gebäude zu erhalten, wenn sie nur möglichst viele Fachplaner einschalten, arbeiten wir an einem Büro- und Hotelgebäude mit einem Lichtplaner zusammen. Die wesentlichen gestalterischen Ansätze für die Lichtplanung kommen weiterhin von uns, da sie sich fast immer aus den räumlichen oder strukturellen Dispositionen des Gebäudes ergeben. Der Grad an Differenzierung erhöht sich jedoch durch das Wissen unseres Lichtplaners.

Eine wesentliche Schwierigkeit bei der Zusammenarbeit liegt in der Visualisierung von Lichtatmosphären. Um einen wirklichkeitsnahen Eindruck zu gewinnen, sind immer noch sehr aufwendige Computersimulationen erforderlich, die sich kaum eignen, damit spielerisch zu entwerfen. Es entstehen zwar grandiose Bilder, um die Möglichkeiten der Computer vorzuführen, aber wenn diese generiert sind, ist der Planungsstand meist schon so weit, dass man nur noch feststellen kann, was man alles hätte besser machen können. So bleibt vieles im Bereich der Vorstellungskraft: und da unterscheidet sich der gute vom schlechten Lichtplaner.

Generell wünschen wir uns kleine Planungsteams. Aus unserer Sicht wäre es daher das beste, wenn der Lichtplaner Teil des Teams der Haustechniker wäre, der bedarfsweise zu Rate gezogen wird. In Abstimmung mit den Architekten sollten dann die so gewonnenen Erkenntnisse direkt Einzug in das Leistungsverzeichnis halten. Der eigenständige Lichtplaner, der sich seinerseits mit anderen eigenständigen Planungsbeteiligten koordinieren muss, scheint für einen Großteil der Bauaufgaben überzogen. Für Großprojekte und besondere Projekte ist er unerlässlich, und das Profil des Planers ist gefragt.

Michael Schumacher

Ulrich Coersmeier
Licht und immer wieder Licht

Lichtinstallation von Uwe Slabke

Die Bedeutung von Licht für unser Büro und für meine Hochschultätigkeit

Architektur ist mehr als Körper, Form, Raum und Material. Schall und vor allem Licht machen nicht nur das Gebäude erst erfahrbar; sie sind auch eigene Qualitäten, wesentlicher Teil dieser Kunst, die wir als „Architektur" bezeichnen. Lichtinstallationen, zunehmende Experimentierfreude mit Licht zeigen, dass das Licht zur eigenständigen Kunstgattung wird.

Verwunderlich! Licht, das war kein besonderes Thema in den frühen sechziger Jahren, während meines Studiums. Da waren nur Ziegel, Beton, Le Corbusier, ein wenig Mies, Kubus, Skulptur, Masse. Bei 1/8 der Grundrissfläche als Mindestfensterfläche für Aufenthaltsräume hörte die Information über Licht auf. Der erste Auftrag, eine Ladengestaltung, führte mich denn auch schnurstracks zur nächsten Beleuchtungsfirma, um mir Rat fürs Licht zu holen. Zufall oder Schicksal, ich traf auf Hans-Theo von Malotki, damals noch Geschäftsführer dieser Firma, aber schon ein Besessener in Sachen Licht. Der Funke sprang über. Die Gesetze, mit Licht zu gestalten, bekamen Kontur.

Entwurfsintegrierte Lichtplanung (künstliches wie Tages-Licht) musste also auch wesentlicher Lehrschwerpunkt werden, als ich 1986 zum Entwurfs-Hochschullehrer an der RWTH Aachen berufen wurde. Was lag näher, als von Malotki als Lehrbeauftragten in diese Aufgabe mit einzubinden.

Mit seiner Überzeugungskraft und mit seiner visionären Ausstrahlung wurde ein vielbeachteter Anfang für die Lichtinformation an die Studenten gemacht. Seine tödliche Krankheit unterbrach diese Entwicklung, aber durch seinen, von ihm selbst bestimmten „Erben", Heinrich Kramer, wurde im selben Sinne konsequent und erfolgreich weitergearbeitet. Heute ist alles institutionalisiert, der Brückenschlag von der Architektur zur E-Technik, Seminare an großen Lichtlabor-Standorten wie Eindhoven, Lüdenscheid und Mailand, Vorlesungen zum Licht, Licht-Vertiefung von Hochbauentwürfen, Promotionen bis hin zu Events wie Lichtinstallationen. Der RWTH ging im wahrsten Sinne des Wortes das Licht auf.

Nicht nur in der Lehre, natürlich auch in der Praxis sind Licht, Beleuchtung, Leuchtendesign zum wichtigen Architekturthema geworden. Der Entwurf wird davon bestimmt, aber auch für umfangreiche Transparenz hinsichtlich Forschung und Markt ist gesorgt. Zumindest versierter Gesprächspartner des Lichtplaners, oft leider auch Vordenker für vom Bauherrn vorgegebene E-Ingenieure, muss das Architekturbüro heute sein.

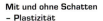
Mit und ohne Schatten
– Plastizität

Streiflicht

Wie kommen wir zu unseren Licht-Lösungen?

Wie kommen wir, ein ganz normales Architekturbüro mittlerer Größe an drei Standorten (Köln, Leipzig, Berlin), zu unseren Licht-Lösungen? Wie sind unsere Erkenntnisse, unsere Konzepte?

Organisatorisch ist das schnell erklärt. Voraussetzung ist die Vorbereitung und Sensibilisierung für diese Thematik im Studium der späteren Mitarbeiter. Dann, in der Praxis, wird im frühesten Entwurfsstadium die Tageslichtrelevanz der einzelnen Konzeptansätze überprüft. Dies ist kein großer Aufwand, sofern jeder sich mit selbstverständlicher „Automatik" bei jedem Planungsschritt diese Frage stellt und ausreichendes Wissen um die wesentlichen Licht-Gesetzmäßigkeiten vorhanden ist. Vertiefte Kenntnisse und umfangreiche entsprechende Dokumentationen werden zentral im Kölner Büro betreut. Alle Beleuchtungskonzepte werden hier entwickelt bzw. idealerweise die externen Lichtplaner von hier begleitet.

Neben der Erfüllung von Standard- oder DIN-Ansprüchen und ökonomischen Aspekten gilt es vor allem, durch Licht die architektonischen Planungsziele zu stützen, je nach Anspruch und Bedeutung zu beruhigen oder zu inszenieren. Licht kann leiten, begleiten, Zielpunkte verdeutlichen, Räume in Helligkeit tauchen, aktivieren oder besänftigen, Besonderes hervorheben. Licht kann „schreien" oder „einschläfern", zwischen wichtig oder kaum wahrnehmbar sein. Zwischen Spot, Linie, Struktur, indirekter Zurückhaltung, selbststrahlender bis eitler Leuchte, entfernter, entrückter Lichtquelle, Farbigkeit, Kälte und Wärme, bietet sich ein weiter Bogen der Möglichkeiten des Umgangs allein mit künstlichem Licht an. Aber auch die planerischen Tageslichtansprüche und -potenziale sind unerschöpflich. Das Lichtspiel auf den Fassaden, aus Himmelsrichtungen, Zenitlicht, Löcher, Strukturen, Transparenz, Masse, Reflexe, Sonnenschutz, Lichtlenkung, Streiflicht, sind nur einige der vielen Stichworte, die den Umgang mit Tageslicht ausmachen.

Alle diese Aspekte sind auch Themen unserer Arbeit.

Fassaden

Licht bedingt Schatten. Nur so wird die Plastizität (natürlich auch Farbe und Materialhaftigkeit) erst erfahrbar. So steht die Tiefe der ins massive Mauerwerk des Köln-Sürther Wohnhauses eingegrabenen Fensteranlage gegen die flächenbündigen „Löcher", die den Kubus undramatisch ergänzen. Im Innenraum führt ein Lichthof ergänzendes Tageslicht ins Zentrum und unterstützt den plastischen Charakter des Hauses. Im Umgang mit Ziegel entwickelt sich fast zwangsläufig skulpturale Architektur. Dieses Material nimmt in unserer Arbeit einen großen Raum ein.

Auch die Mehrschichtigkeit der Hausfassade in der Leipziger Humboldtstraße wird erst durch das

Schattenspiele

Lichtturm

Tag und Nacht in der City

Tag und Nacht im Bergischen Land

Mehrschichtigkeit (oben) und
Wasser im Wohnpark

Wasser im Bürokarree

Licht erfahrbar, auch die Stapelung seiner Nutzungen, weil die Schatten der tiefen Loggien einen deutlichen Hinweis auf das Wohnen in den oberen Geschossen geben. Die subtile Reliefierung der benachbarten gründerzeitlichen Bebauung wird zwar nicht historisierend kopiert, aber in Rhythmus und Gliederung fortgesetzt. Das „Netz" der linearen Beton- und Metallelemente interpretiert diese Ansprüche – auch ohne Putzornamente.

Eher spielerischer sind dagegen die Schattenspiele des lamellierten Sonnen-Vordaches auf der Marktfassade des Stolberger Verwaltungsgebäudes zu verstehen. Vormittags lässt die Sonne ein bizarres Schattenspiel der Vordächer entstehen, das sich mit den Fassadenstrukturen reizvoll überlagert.

Wundersam, gleichwohl aber auch planerisch kalkulierbar, sind die unterschiedlichen Tag- und Nachtwirkungen von Gebäuden. So wird der tagsüber dunkle Glas-Zentralkörper des Wohnhauses in Leverkusen-Schlebusch durch massive weiße Putzkuben gefasst. Nachts kehrt sich dann das Ganze um. Das Rauminnere zeigt sich in der lichten Mitte, die flankierenden Bauteile verschwinden in der Dunkelheit. Lediglich die Lochfenster geben noch einen Hinweis auf deren Existenz. Ähnlich löst sich nachts die Primärstruktur des Kölner Klosterfrau-Turms in lineare Strukturen auf, die den lichten Raum fassen.

Als signifikante Tag-/Nacht-Architektur ist die Fassade des DuMont-Projektes in der Kölner Einkaufsmeile, der Breite Straße, konzipiert. Diese urbane Innenstadtstruktur mit Einkaufsmall, Wohnstraße auf oberer Ebene und Büroflächen in den Randbereichen ist in der Tradition horizontalisierter Kaufhausarchitektur zu sehen. Sie wird inszeniert durch starke dunkle U-Profil-Parallelen, in die an den Ecken helle Betonplatten eindringen, zwischen denen expressive, eckbetonende, dunkel erscheinende Glaskörper „eingeklemmt" sind. Nachts werden die Profile durch Slimlines im Wechselspiel zu hellen Fassadenstreifen, während dunkle Betonelemente gläserne Lichtkörper definieren. Zu jeder Zeit ist so die Identität des Gebäudes in differenzierten Bildern deutlich gegeben.

Fast geheimnisvoll sind schließlich die „lebendigen" Bilder, die gebäudenahe Wasserflächen durch Lichtspiegelungen zeigen. Zudem werfen z.B. in der Kölner Wohnanlage Beethovenpark oder im Hof der Stolberger EWV die Reflexe des Zenit-Lichtes eine bewegte Helligkeit auf die Fassaden und in die Räume.

Tageslicht im Inneren

Die Bedeutung des Tageslichtes für Aufenthalts-, Wohn- oder Arbeitsräume steht außer Frage. Hier kann durch Lichtlenkung die Qualität von Räumen unterstützt, oft muss sie durch Sonnenschutz geregelt werden. Unüblich, aber nicht minder wichtig ist das Tageslicht für einige Bereiche, an die keine „gesetzlichen" oder konkret arbeitstechnischen

Lichtflure

Lichttreppenhaus

Anforderungen gestellt werden. So ist nicht einzusehen, warum Büroflure „Innenzonen" sein müssen. Auf ihnen findet so viel Kommunikation und atmosphärischer Einfluss statt, dass die Qualität der Arbeitswelt nicht unwesentlich von ihrer Qualität abhängt. In den Medienanstalten bezeichnet man dies überspitzt mit: „Rundfunk wird auf den Fluren gemacht." Das Mindeste sollten gläserne Türen sein. Schall und Privatheit sind stereotype Gegenargumente, die erfahrungsgemäß ohne wesentliche Aufwände technisch zu regeln sind.

Im Stolberger EWV-Gebäude hat sich darüber hinaus ergeben, dass durch geringe Breitenzugaben (ca. 50 cm) in den Flurzonen galerieartige Räume ermöglicht werden, in die das Zenitlicht an durchgehenden Wänden entlang in die darunter liegenden Geschosse fließen kann. Zugleich bietet sich so die Chance, die Geschosse in den Lufträumen mit leichten eingeschobenen Treppen direkt und offen zu verbinden. Dies stellte sich letztendlich wegen der kurzen Wege auch als großer funktionaler Vorteil heraus.

Ähnlich wirksam ist das von oben über die hellblau lasierte Betonwand nach unten geführte Licht im Zentraltreppenhaus der Leipziger Humboldtstraße. Der Nutzer wird gleich am Eingang von der durch Streiflicht dramatisierten brettgeschalten Oberflächenstruktur empfangen und dann über die weit geschwungene Freitreppe mehrere Geschosse hoch zum Licht begleitet. Ganz im Gegensatz zu seinem negativen Image erweist sich die Nordorientierung von Büroräumen zunehmend als besonderer Vorteil. Zunehmend, weil mit fortschreitender Computerisierung der Arbeitsplätze sich das Tageslicht als Direktstrahlung störend und belästigend erweist. Kontraste, Blendung, ein schwer zu regelnder Sonnenschutz bei wechselndem Wetter sind Stichworte zu diesem Thema. Das erleben wir in unserem nach Westen orientierten Kölner Büro in der Rosenstraße in dem Maße, wie die CAD-Arbeit der Mitarbeiter sich ausweitet. Zum ursprünglichen halbtransparenten textilen Außen-Sonnenschutz wurde zusätzlich ein innerer, steuerbarer Lamellen-Blendschutz erforderlich. Was für das gesunde Wohnen unerlässlich ist, die direkte Besonnung von Innenräumen, wird für reine PC-Arbeitsplätze zum Mangel. Für unser Architekturbüro in der Leipziger Humboldtstraße erweist sich die großflächige reine Nord-Verglasung als ideale Lösung. Die Atmosphäre wird von der besonnten Baumkulisse gegenüber bestimmt. Eine diffuse, gleichmäßige Belichtung über die großzügigen Fensterflächen schafft beste Arbeitsbedingungen für die vorwiegende Computerarbeit der Architekten.

Tageslicht dient in vielen Fällen auch der Orientierung und der Sicherheit. Im neuen Köln-Mülheimer U-Bahn-/S-Bahn-Verknüpfungsbahnhof wurde durch ein signifikantes wellenförmige Dach, das sich erst im Schwerpunkt des Bahnsteiges in die Tiefe schwingt, die natürliche Helligkeit zum Leitelement gemacht. Durch die großzügige Offenheit wird der Zielbereich des Weges von überall erfasst. Im

Westverglasung

Nordverglasung

Weg in die Tiefe

Himmelsschlitz

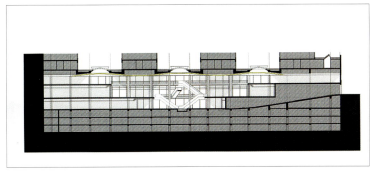
Lichtwelle

Gegensatz zu herkömmlichen U-Bahn-Fluren vermittelt die lichte Offenheit des Raumes Sicherheit; man spürt die soziale Kontrolle.

Offen ist auch das Konzept des geplanten U-Bahn-Kreuzungspunktes der Kölner Nord-Süd-Strecke mit der Ost-West-Achse. Das Tonnengewölbe der oberen Station ist in seinem Zenit „aufgeschlitzt", der Himmel wird sichtbar; das Licht in die Tiefe geführt, die Verteilerebenen an den Kopfenden in den kathedralenartig hohen Raum integriert. Ähnlich großzügig ist die räumliche Verküpfung mit der darunter liegenden Station. Auch hier wird über die hochführende Schräge des Treppenraumes viel Licht in die Tiefe „geschaufelt"; auch hier ist großzügige Offenheit gegeben.

Eine besondere Bedeutung hat natürlich das Tageslicht für die Lebensqualität in Einkaufszentren wie dem Kölner DuMont-Komplex. Solche innerstädtischen Malls sind mehr als nur Geschäftsstraßen, sie sind Aufenthaltszonen mit tendenziellem „Entertainment"-Charakter. Zumindest aber muss hier ein Leben wie auf südlichen, vom Wetter begünstigten Plätzen ermöglicht werden. In diesem Projekt ist zwar der entsprechend großzügige, mehrgeschossige Raum gegeben. Die Überbauung dieses urbanen Projektes mit dichten Wohnbaustrukturen lässt aber nur begrenzte Tageslichtöffnungen zu. Um diesen „Mangel" auszugleichen, drängt die wellenförmige Decke an ihren Hochpunkten in den Außenraum und leitet von dort das Licht, von künstlicher Beleuchtung unterstützt, in den Innenraum.

Kunstlicht

Überall da, wo direktes Tageslicht die innere Raumsituation bestimmt, stellt sich als Ergänzung tagsüber oder für die Nacht auch die Frage nach dem Kunstlicht. Immer dann, wenn eine besondere Architektur-Inszenierung durch Licht erfolgt, bietet sich die Positionierung der Beleuchtungskörper in der Fensterebene an; der Tages- und Nachteffekt ist – fast – identisch.

Dieses wurde in den EWV-Fluren durch Aufsetzen von Lichtleisten auf die Oberlicht-Sprossen umgesetzt. Die Hauptbelichtung fließt auch abends an der „Leitwand" hinunter durch die Geschosse, ergänzt durch markierende Downlights an den Bürozugängen, im Wechsel mit indirekten Lichtaustritten aus den Segmenten der Abhangdecken über den Brücken zu den Einzelbüros. Von hier werden die Emporen zusätzlich beleuchtet. Diese drei Belichtungsquellen verdeutlichen das räumliche Gefüge des mehrgeschossigen, in seiner Längsachse rhythmisierten Erschließungsraumes.

Ein anderes Beispiel für die Kopplung von Tages- und künstlichem Licht ist die Essplatzbeleuchtung meines Köln-Sürther Einfamilienhauses. Trotz der Lichtfülle durch die seitlichen Glaswände ist zentral über dem Tisch noch eine Lichtkuppel eingesetzt worden. Der Gefahr, dass durch Gegenlicht die Speisen und vor allem die Gesichter der Speisenden beleuchtungstechnisch in den Hintergrund geraten, wurde durch dieses „Licht von vorne" begegnet. In

Zu Tisch

Beim Friseur

Beim Einkaufen

Badspiegel

Eileen Gray

das Balkenkreuz eingefügt, übernimmt bei Dunkelheit eine Vierergruppe von Niedervolt-Spots diese Aufgabe. Die Lichtquellen sind so hoch angesetzt, dass sowohl Blendung durch die Leuchtmittel als auch Störung durch die Leuchten selbst vermieden wird.

Gesichter/Stoffe

Die Ausleuchtung von Gesichtern bzw. Köpfen oder Körpern „ohne zu blenden" ist besonders bedeutsam bei Bad- oder WC-Spiegeln, aber z.B. auch bei Friseur-Kundenplätzen. Alleiniges Licht von oben wirft Schlagschatten in Augen-, Nasen- und Kinnbereiche, verstärkt Hautfalten, muss also ergänzt werden durch zweiseitige Frontalbeleuchtung in Höhe des Kopfes. Hier spielt die Leuchtdichte der Lampen eine besondere Rolle, um Blendung zu vermeiden. Wegen seiner angenehmen, fast schmeichelnden Lichtfarbe und wegen seiner problemlosen Regelbarkeit sind hier Glühfadenlampen besonders geeignet. Trotz des gegenüber Leuchtstofflampen wesentlich höheren Verbrauchs hat sich in solchen Fällen der Einsatz von Lynestra-Röhren bewährt, nackt, als Leuchtstäbe, wie die Bad-/WC-Beispiele oder die dargestellten Friseurläden zeigen. Entweder sind die seitlichen Röhren wie Spiegel in die Wand eingelassen oder wie in dem Kölner Geschäft gemeinsam mit anderen Infrastrukturelementen wie Elektroanschlüssen Föhn, Ablagen oder Fußraster an eine völlig freistehende Trägerkonstruktion vor der „unverletzten" Spiegelwand montiert. Das Licht der Röhren beleuchtet über Reflexe die Gesichter sanft von der Seite, während Deckenspots dem Haar von oben den nötigen Glanz geben. Schon Eileen Gray hat die gestalterische Qualität der Lynestra-Lampen für ihr reduziertes Design genutzt.

Hier spielt die schmeichelnde, warme Lichtfarbe ihre besondere Rolle. Ganz anders verhält sich die Erwartung des Kunden, wenn er Textilien beurteilen möchte. Ideal ist das Tageslicht in der Nähe der Ware, damit der Weg auf die Straße oder an das Fenster erspart wird. Zumindest müssen Lichtintensität und Leuchtmittel so beschaffen sein, dass die Materialfarbe annähernd erfasst werden kann und sich daraus Vertrauen in die Richtigkeit der gesehenen Ware entwickelt. Dies ist durch die Mischung verschiedener Lichtfarben zwar erreichbar, gleichwohl ist dabei bedeutsam, dass der Licht-„Druck" stärker auf der Ware als auf deren Umfeld liegt. Im Kölner Franz-Sauer-Geschäft wie im Mönchengladbacher Ladenlokal ist neben dem Tageslicht, das durch einen zentralen Lichtgraben bis in die Untergeschosse geführt wird, sowohl aus der vorderen Schrankebene Leuchtstoff-Streiflicht als auch von der Decke Niedervolt-Licht auf die Ware gerichtet. Durch diese Mischung von Tageslicht und die Kombination unterschiedlicher Zusatz-Lichtfarben entsteht Sicherheit beim Kauf, und unangenehme Überraschungen später werden vermieden.

Beim Einkaufen

Vor dem Sitzungssaal

Cafeteria in der Fabrik (oben)
und Sitzungssaal in der Fabrik

Bedeutung

Letztlich geht es darum, Situationen herauszustellen wie im Falle der Klosterfrau-Lichtdecke, die innerhalb der Lobby den unmittelbaren Vorbereich des Sitzungssaales in besonderes Licht taucht. In der EWV-Hauptverwaltung, die aus einem Büro-Neubau und der umgenutzten ehemaligen Brauerei Ketschenburg in Stolberg besteht, ist eine ehemalige Maschinenhalle heute Cafeteria. Nicht nur die Küche mit Sitzempore darüber ist von der früheren zweigeschossigen Antriebsanlage gestalterisch abgeleitet, auch die freitragende Kappendecke ist durch lineare Licht-Lochblechschalen in ihrem Charakter verdeutlicht worden. Selbstverständlich konnte auch der Sitzungssaal im Dachgeschoss nicht mit der üblichen eleganten Beleuchtung ausgestattet werden. Hier kamen, ergänzt durch die Firstverglasung, robuste einfache Industrie-Glas-Hängeleuchten zum Einsatz, die im Rhythmus der Konstruktion positioniert, die Geschichte dieses Raumes in angemessener Gestaltung weiterschreiben. Nicht allein die Lichtqualität oder die Ausleuchtung, auch die Leuchte selbst ist also ggfs. ein wichtiger Gegenstand des Gestaltens mit Licht.

Indirektes Licht

Aber auch die unsichtbare Lichtquelle, das indirekte Licht, nimmt einen großen Raum in unserer Arbeit ein. Die Möglichkeit, hierdurch Bauteile voneinander zu trennen, die Leichtigkeit der Bauglieder zu unterstützen oder ganz einfach eine ruhige, unaufgeregte Grundhelligkeit zu schaffen, sind einige der häufig von uns genutzten Gestaltungseffekte. Gerade die Notwendigkeit, leichte Decken unterzuhängen, um Kabel- oder Lüftungstrassen aufzunehmen, gibt häufig Anlass, durch Stufung und Konturierung dieser Deckenfelder die oberen Raumabschlüsse, Deckenränder oder den Raum zu gliedern, Lichtfelder zu setzen oder in diesen Deckenversprüngen auch Lüftungsfunktionen aufzunehmen.

In Büroräumen ist es längst nicht immer opportun, die Decken insgesamt abzuhängen. Die Temperaturregulierung der Deckenspeichermasse würde dadurch sonst ausgeschaltet oder auch das Raumvolumen, die Raumhöhe, unnötig reduziert. Die Zurücknahme der Deckenkontur bietet dagegen die Chance, das Tageslicht tiefer in den Raum dringen zu lassen und zugleich eine gerade für PC-Arbeitsplätze wichtige, kontrastarme, reduzierte künstliche Grundbeleuchtung zu ermöglichen. Gipskarton, dieses anpassungsfähige dünne Material, lässt gebogene Formen ebenso zu wie „papierne" leichte Deckenränder. An ihnen bricht sich die Lichtdichte messerscharf und zeichnet so, weiß in weiß, die gegeneinander stehenden Flächen.

Friseurdecke

Büroflurdecken

„Unsere" Leipziger Bürodecke

Illusionen

Ein wichtiger, flächenwirksamer ist der eher illusionäre Effekt von gläsernen Reflexflächen. Spiegelnd können sie raumerweiternd oder körperbegrenzend eingesetzt werden. Im zentralen Lichthof der Kölner Projekte „Rhenag" oder „Faldergarten" durfte der notwendige Dachaufbau den Lichtaufsatz auf der Primärstruktur nicht stören. Höchstens gespiegeltes Licht bzw. die Fortsetzung der Filigranstrukturen durften erscheinen. Der Einsatz von Spiegelfüllungen bewirkte die beabsichtigte Leichtigkeit.

Raumerweiternd mussten die Wände der Köln-Mülheimer U-Bahn-Station erscheinen. Der großzügige Raum mit seinen Tageslichteffekten sollte im Schwerpunkt des Bahnsteigs nicht in eine bedrängende Enge übergehen. Das Gefühl des „Unterirdischen" sollte nirgendwo auftreten. Da keinerlei Raum für eine Hinterleuchtung dieser Wände zur Verfügung stand, wurden sie in große Glasbaustein-Segmente aufgeteilt und von außen angestrahlt. Der weiße Hintergrund wirft das Licht zurück und lässt dabei das dicke Gussglas grünlich schimmern. Eine imaginäre Raumerweiterung ist zu erahnen, die tatsächliche Enge wird nicht wahrgenommen.

Lichtsignale

Licht hilft nicht nur zu sehen, Licht wird auch gesehen, wenn erforderlich signalhaft, bedeutungsvoll. Das zeigt seine eigentliche Aufgabe.

So leuchtet der Aufzugsturm im U-Bahnhof auch, indem Diagonalsprossen seiner Tragkonstruktion von Leuchtstoffröhren begleitet werden. Aber eigentlich bewirkt seine Lichtinszenierung noch mehr, nämlich die Verknüpfung zwischen den Ebenen und spielerische Reize zu vermitteln, all das, um eine positive Aufenthaltsqualität und Eindeutigkeit der Wege zu erreichen. Dem dienen auch die Lichtstelen-Elemente, die (leider in zu großen Tellern geliefert) von oben, über Rolltreppen und Bahnsteig bis hin zur S-Bahn den Weg begleiten.

Hier wie auch in anderen Bauten signalisieren Straßenleuchten, selbst wenn sie in Innenräumen stehen oder hängen, dass es sich um halböffentliche Bereiche handelt. So werden in die Halle des EWV-Komplexes nicht nur die Fassaden und der Straßenbelag hineingeführt, sondern auch die Beleuchtung, so dass der der eigentlichen Cafeteria vorgelagerte Sitzbereich eher den Charakter eines ganzjährig geöffneten Boulevardcafés hat und entsprechend angenommen wird.

Die Leuchte ist also Zeichen und hat schließlich in diesem glasgedeckten Großraum ähnlich zu funktionieren wie auf einem richtigen Platz: Das Licht muss nach unten abgelenkt werden, seine Energie darf nicht nach oben verloren gehen.

Spiegel nimmt die Masse

Lichtstelen

Lichtaufzug

Stimmung und Ordnung des Raumes

Viel subtiler erfüllt „Reizlicht" seine Aufgabe. Kleine Halogenpunkte oder -strahler, jeder mit relativ geringer Lichtstärke, werden in ihrer Gesamtheit erst als Beleuchtung wirksam. Sie erreichen einen hohen Aufmerksamkeitswert durch die ungefiltert sichtbaren Lichtquellen, je nach Situation sogar mit festlicher Wirkung durch Assoziationen wie „Kristall-Lüster" oder „Sternenhimmel". Bei dem Olpener AOK-Sitzungssaal gibt es ein solches Feld von Minilichtern zentral über den Tischen. Sie stützen den axial orientierten Raum, behalten aber wegen ihrer geometrischen Anordnung noch genügend Nüchternheit, um der Arbeitsatmosphäre gerecht zu bleiben.

Dagegen soll im Restaurant der Köln-Weidener Servicewohnanlage der „Lichthimmel" tatsächlich eine „himmlische" Wirkung verleihen. Der zweigeschossige Gesamtraum mit seinem Kirschbaumholzkubus, der unten dienende Funktionen und oben einen Clubraum aufnimmt, ist durch seine gläserne Hülle tagsüber von Licht erfüllt. Man sitzt mit direktem Bezug zur Landschaft draußen. Abends verkehrt sich die Situation. Der Kubus wird durch indirektes Licht in seiner warmtönigen Materialhaftigkeit herausgestellt, während die Decke durch unregelmäßig verteilte, engstrahlende Spots den Tischen die angemessene Beleuchtung gibt. Durch regelbare Lichtstärken können sehr unterschiedliche Stimmungen erzielt werden. Der Raum selbst

Reflexe

Gliederung

"Draußen"

Reizlichter

Lichthimmel

wird nach oben nicht mehr durch die weiße Decke definiert, sondern durch die Vielzahl von Reizlichtern durch den Lichthimmel. Als einziges spielerisches Element löst er die sonstige Strenge des Raumes auf.

Im benachbarten Clubraum hat die Decke, ein Lichtband, vor allem gliedernde Funktion. Die durch äußere Umstände extrem niedrige Decke ließ für diesen breiten Raum nur unglückliche Proportionen zu. Dies konnte gemildert werden durch die axiale abgehängte Lichtdecke, die in der Medienwand ihr Ende findet und den Raum gliedert. Seitlich wird von hier indirektes Licht auf die Decke oberhalb der Esstische geworfen, um diese durch ihre Helligkeit höher erscheinen zu lassen.

Design

Schließlich ist in besonderen Fällen das Leuchtendesign auch ein Thema der eigenen Entwicklung. Ob nun die schmale Rhenag-Stütze reduzierte Schlankheit der an ihr montierten Leuchte verlangte, was damals mit PL-Bestückung auf dem Markt noch nicht angeboten wurde, oder die identitätsstiftende Straßenlaterne für die Fußgängerzone des ansonsten gestalterisch sehr heterogenen Leverkusener Zentrums. Dabei war es für uns auch ein Aspekt, erstmals Edelstahl für die mechanisch beanspruchten Sockelzonen dieser Leuchten einzusetzen, um hier nicht mit den sonst üblichen leicht verletzlichen Farbaufträgen arbeiten zu müssen. Die Eigenständigkeit dieses Ortes und das Defizit am Markt waren Anlass für ein selbstentwickeltes Design.

Fazit

Die Anzahl der Aspekte zum Thema „Licht" in unserem Büroalltag ist unbegrenzt. Jedes Projekt führt zu neuen Fragestellungen und Lösungsansätzen. Alles in allem ist das Licht mit seinen funktionalen, gestaltenden, gliedernden, dienenden, beruhigenden und aktivierenden Möglichkeiten von so großer Bedeutung für die Architektur, dass der souveräne und qualitätvolle Umgang damit selbstverständliches Rüstzeug des Planers sein muss, und zwar vom Anbeginn der Planung an. Denn schon die ersten Gestaltungsüberlegungen, oft auch schon die frühen städtebaulichen Entscheidungen, haben starken Einfluss auf das schließliche Lichtkonzept.

Architekt und Lichtplaner

Der Architekt muss durch intensive Kenntnis der Licht-Gesetze in der Lage sein, die Grundstrukturen des Lichtkonzeptes seines Projektes zu setzen, Lichtführungen zu kalkulieren, Auswirkungen seiner Baukörper- und Raumkonzeptionen auf ihre

Straßenleuchte
und Stützenleuchte (unten)

Tages- und Kunstlichtpotenziale hin zu überprüfen. Gleichwohl ist das Wissen um den Gesamthorizont des Lichtspektrums so weit, dass im Architekturbüro mindestens eine Person hier ihren Verantwortungsschwerpunkt haben muss. Letztlich ist vor allem dessen kontinuierliche Beschäftigung mit diesem Aufgabenbereich und das für den „Normal"-Architekten kaum zu leistende elektrotechnische Grundlagenwissen Grund dafür, dass der Lichtplaner unabdingbar als kooperierender Fachingenieur notwendig ist.

Licht-Menge, -Qualität, -Farbe, -Wirkung, -Lenkung, -Begrenzung, gesetzliche Grundlagen, Akzeptanz, Leuchten-Design, Markttransparenz sind nur einige der vielen Themenbereiche, die jeder für sich einen umfangreichen Komplex darstellen. Diese kann nur der Lichtplaner bearbeiten. Hiermit ist nicht der „Elektroingenieur" gemeint; dessen Qualifikation ist nur ein Teil dessen, was Lichtplanung erfordert. Die gestalterischen Gesetze im Umgang mit Licht und Beleuchtung zu verinnerlichen und planerisch umzusetzen erfordert eine ganz spezielle Ausbildung, lange Erfahrung und vor allem ein großes Maß an Kreativität.

Dies ist noch lange nicht der Standard bei der Zusammensetzung der Planungsteams. Vielen Bauherren reicht es, auf der vom Fachingenieur gesetzlich abgesicherten Seite zu sein. Zusatzkosten für den Lichtplaner sind oft nicht durchzusetzen. Es ist schon ein Glück, unter Verrechnung der entsprechenden Honorare, den Lichtplaner als (weisungsgebundenen) beratenden Subunternehmer des Elektroingenieurs zu erreichen. Oft bleibt es Sache des Architekten, mit seinen zwangsläufig wesentlich geringeren Potenzialen, mehr schlecht als recht und ohne zusätzliches Honorar den kreativen Part bei der Beleuchtungsplanung zu übernehmen.

Das kann so nicht bleiben! Sowohl Architekten als auch Elektroingenieure müssten sich durch Überzeugungsarbeit für die Notwendigkeit des qualifizierten Lichtplaners als eigenständigem Fachingenieur einsetzen. Durch HOAI oder andere Regulative sollte dies durchgesetzt werden, z.B. indem ansonsten Honorarzuschläge für den Architekten fällig werden.

Ein Hinweis auf die Notwendigkeit des Lichtplaner-Einsatzes mag allein schon die Tatsache sein, dass bei allen vorbildlichen, „großen" Bauten dieser Zeit eine enge partnerschaftliche Zusammenarbeit mit ihnen selbstverständlich war und ist. Diese Forderung hat viel mit der Qualität der Planung zu tun; und da unsere Gebäude in der Regel eine Lebensdauer von vielen Jahrzehnten haben und sie Lebensraum darstellen, ist eine gute Lichtplanung letztlich auch im gesamtgesellschaftlichen Interesse.

Ulrich Coersmeier

Meinhard von Gerkan
Die Gestaltkraft des Lichtes in der Architektur

Glasdach über dem Innenhof des Museums für Hamburgische Geschichte

Der gläserne Himmel

Keine noch so raffinierte und aufwendige Apparatur mit Tausenden von Watt und Hunderten von Scheinwerfern, Spiegeln, Filtern und Reglern vermag uns nur annähernd eine vergleichbare Vielfalt des Lichtes zu bescheren wie die Natur mit ihrer einzigartigen Lichtquelle, der Sonne.

Es ist faszinierend, was der menschliche Geist erfunden, erdacht, entwickelt hat, um künstliches Licht zu erzeugen und damit unterschiedlichste Stimmungen zu zaubern, Körper und Räume zu modellieren und die Wahrnehmungen des menschlichen Auges zu manipulieren.

Fast täglich wird das Arsenal der Apparaturen, Techniken und Leuchtmittel größer und vielfältiger, das Spektrum der Anwendung komplexer. Gleichwohl bleibt eine annähernde Simulation des Tageslichtes der Technik versagt und damit für uns ein unerreichbares Ziel. Dies gilt sowohl für die Intensität als auch für die Farbe des Lichtes. Vor allem ist es die unendliche Modulationsvielfalt, die durch das Zusammenspiel von Erde und Sonne sowie die Konstellation des Himmels und der Atmosphäre Lichtstimmungen erzeugt:

Der regelmäßige Wechsel von Tag und Nacht, der sich im Zyklus des Jahres bezüglich der täglichen Helligkeitsdauer wandelt. Die sich verändernden Grundstimmungen, die durch die Neigung der Sonnenlaufbahn im Wechsel der Jahreszeiten bestimmt werden; von der gleißenden und bis zur Schmerzgrenze blendenden Sommersonne über die weiche, milde Herbstsonne bis hin zu den fahlen, langen Schatten des Winters.

Diese Grundstimmungen werden durch die Unregelmäßigkeit unterschiedlichster Wetterkonstellationen, durch Wolkendunst, Nebel, Regen oder klarem Himmel überlagert und zu einer unendlichen Vielfalt für unsere Sinneswahrnehmung modelliert. Es gibt also für die Wahrnehmung unserer Umwelt kein besseres Medium als Tageslicht. Dies gilt auch für die Architektur: ihre Wahrnehmung und Erfahrung wird am besten durch den Einsatz des Himmelslichtes gestaltet. Aus dieser Erkenntnis steht für uns das Sonnenlicht als Gestaltungsmedium für nahezu alle architektonischen Aufgaben im Mittelpunkt.

Die tradierten Spender von Tageslicht in der Architektur sind Fenster. Jeder von uns weiß, wie der Charakter eines Raumes durch Größe und Anordnung der Fenster bestimmt werden kann.

Mittlerweile hat die Bautechnik unendlich viele neue Möglichkeiten eröffnet. Die Gestaltung mittels Tageslicht lässt sich intensivieren, wenn es direkt vom Himmel, also durch das Dach einfällt. Für uns hat diese Erkenntnis beim Entwerfen von Architektur seit Anbeginn eine dominante Rolle gespielt.

Somit ist der „gläserne Himmel" zu einem wesentlichen Leitbild unserer Architektur geworden. Dies gilt im besonderen Maße für Bauten wie Flughäfen, Bahnhöfe und Einkaufszentren. Sei es der Flughafen Stuttgart, bei dem sich die große Flug-

Flughafen Stuttgart
Blick in die Halle – axial
Der Wettbewerbsentwurf sah ein zweischaliges Glasdach vor, das nach langem Ringen zugunsten der Lesbarkeit von Computern an den Check-in-Arbeitsplätzen der realisierten Version weichen musste, in der Dachoberlichter über den Baumstützen angeordnet sind.

Flughafen Hamburg
Check-in-Halle des Terminals 4
Oberlichter über den gekrümmten Fachwerkträgern sorgen für ausreichende Tagesbelichtung bei gleichzeitiger Lesbarkeit der Computerbildschirme.

hafenhalle, die nur von der filigranen Baumstruktur des Daches überspannt wird, wie ein klimageschützter Freibereich nach allen Seiten öffnet und als zeichenhafte Großform dominiert. Oder der Flughafen Hamburg, bei dem der neue Terminal als weite, luftige und tageslichtdurchflutete Halle konzipiert ist.

Die Gleisanlagen des Fernbahnhofs Spandau werden in voller Länge durch eine Glaskonstruktion überdeckt. Beim Lehrter Bahnhof werden sowohl die Bahnhofshalle selbst als auch die quer dazu verlaufende Ost-West-Trasse mit den Bahnsteigen von einem filigranen Gitterschalennetz überdeckt. Die innere Raumanordnung sieht große Öffnungen vor, die das Tageslicht bis in den 16 m unter der Erde befindlichen Nord-Süd-Bahnhof einfallen lässt. Insbesondere bei Bahnhöfen, denen oft Dunkelheit und Zwielichtigkeit zu eigen ist, kann die konsequente Gestaltung mit Licht ein neues Image schaffen, Verweilqualität erzeugen und damit Akzeptanz bewirken.

Das Prinzip des „gläsernen Himmels" ist für Passagen und wettergeschützte Einkaufsstraßen, die man nach amerikanischem Vorbild „Malls" nennt, geradezu ein Muss der Gestaltung. Alle Nutzungsangebote für den Einzelhandel, die situationsbedingt in unterirdischen Passagen und Passarellen oder mit überbauten Blöcken großer Volumina auskommen müssen, leiden nicht nur atmosphärisch, sondern auch ökonomisch unter dem Defizit von Tageslicht. Viele Passagen und Einkaufszentren, die man in den fünfziger und sechziger Jahren als „black boxes" gebaut hatte, sind in den zurückliegenden Jahren mit teilweise erheblichem Aufwand umgebaut worden, um Tageslicht für die öffentlichen Zonen zu gewinnen.

Auch viele Gebäude des Hochschul- und Schulbaus der sechziger und siebziger Jahre leiden noch heute unter der damaligen Geringschätzung gegenüber dem Wert des Tageslichtes im Inneren der Gebäude. Nahezu alle in der damaligen Zeit entstandenen Gesamtschulzentren Berlins, die aus der ideologischen Verblendung gegenüber Flexibilität und Variabilität als tageslichtlose Kisten konzipiert wurden, hat man mittlerweile schon wieder abgerissen. Hauptgrund war zwar die Asbestversuchung, atmosphärisch waren die Gebäude aber gleichermaßen durch Tageslichtabstinenz verseucht.

Selbst beim Messebau, für den das Ausblenden der Sonne und die freie Manipulierbarkeit des Lichtes jahrzehntelang oberstes Gestaltungscredo waren, hat sich vor sieben Jahren das Dogma ins Gegenteil gewandelt. Tageslicht, das in dosierter Form in die Ausstellungsbereiche einfällt, gilt mittlerweile als ein entscheidender Milieugewinn, der sich bei der Vermarktung besonderer Attraktivität erfreut.

Die partiell verglasten Dachflächen der Hallen 4 und 9 auf der Hannover Messe tragen diesem Umstand Rechnung. Die zusätzlichen Baukosten „rechnen" sich auch dann, wenn sichergestellt werden muss, dass man die transparenten Dachflächenanteile für spezielle Ausstellungen verdunklungsfähig ausbilden muss.

Bahnhof, Berlin-Spandau
Die verglasten Tonnenschalen folgen dem Leitbild tradierter Bahnhofsbaukultur.

Lehrter Bahnhof, Berlin
Die 450 m lange, gekrümmte Bahnsteighalle wird von der Konstruktion eines großen „gläsernen Himmels" überdacht.

Lehrter Bahnhof, Berlin
Unterirdische Bahnsteigebene 16 m unter Straßenniveau
Große Öffnungen in der Decke sollen dafür sorgen, dass Tageslicht bis auf die unterste Ebene fällt.

Amtsgericht, Braunschweig
Die „rue interieur" dient als innere Erschließung. Eine langgestreckte Halle mit kaskadenförmiger Treppe im Inneren des Komplexes empfängt Tageslicht über ein sattelförmiges Glasdach und gewinnt damit den Charakter eines öffentlichen Raumes.

Nordseepassage, Wilhelmshaven
Eine aus Dreiecken geformte Faltwerkkonstruktion bildet das gläserne Dach über der öffentlichen Passage des Einkaufszentrums.

Technische Universität Chemnitz, Hörsaalgebäude
Die tief innen liegende Foyerzone empfängt Tageslicht von oben durch drei Geschosse hindurch.

Wenn man aus diesem Grundverständnis vom Wert der Gestaltkraft des Sonnenlichtes Architektur konzipiert, bedarf es keiner ausdrücklichen Erwähnung, dass die technischen und strukturellen Voraussetzungen zur Gewinnung von Tageslicht nicht nur integraler Bestandteil beim Entwerfen sind, sondern vielmehr selbst zu einem dominierenden generierenden Faktor für die Architektur werden.

Trotz allem bleibt das immer nur die eine Seite der Medaille, denn die Sonne scheint im Durchschnitt nur zur Hälfte des Tages, trübes Wetter mindert oft ihre Lichtwirkung und viele Bauteile und Räume bleiben insbesondere bei kompakter und intensiver Bebauung auch trotz aller konstruktiven und technischen Tricks ohne jedes Tageslicht. Deswegen kommt der anderen Seite der Medaille, der Gestaltkraft des künstlichen Lichtes, eine gleichermaßen hohe Bedeutung in der Architektur zu.

Die Gestaltkraft des künstlichen Lichtes

Als wir begannen, Architektur zu entwerfen und größere Bauten zu realisieren, war uns nicht bewusst, dass die Gestaltung mit künstlichem Licht vornehmlich eine konzeptionelle Frage und keine technische ist. Beim ersten großen Komplex, dem Flughafen Berlin-Tegel, waren wir vornehmlich damit beschäftigt, die Lampen konstruktiv und geometrisch zu integrieren. Ansonsten vertrauten wir den Ingenieuren – zumeist Elektrotechnikern – mit ihren Berechnungen. Diese beschränkten sich – und tun dies auch heute noch – darauf, geforderte Luxzahlen rechnerisch nachzuweisen und dementsprechend Lichtquellen zu verteilen.

Für sie gab und gibt es überwiegend nur zwei Kriterien: Die Ausbeute an Lichtmenge gemessen in Lichtstärke und den Aufwand im Verbrauch von elektrischer Energie. Wir hatten sehr schnell gelernt, dass die Beschränkung auf diese beiden Parameter für die Gestaltung der Architektur und die Erzeugung von Raumstimmung die kurzsichtigsten, um nicht zu sagen unsinnigsten Messgrößen darstellen. In dem Maße, wie wir das erfahren mussten, haben wir zunehmend Lichtplaner bereits in der konzeptionellen Phase hinzugezogen, um die integrale Bedeutung des Kunstlichtes bei der architektonischen Gestaltung als einen der wesentlichen generierenden Faktoren bereits von Anbeginn zu etablieren. Dies stößt bei vielen Bauherren, zumal wenn es zusätzliches Honorar kostet, auf Ablehnung und Reserviertheit. Viele Bauherren sind der Meinung, man könne Lampen im Katalog aussuchen, sie bei großen Bauten mit Mengenrabatt einkaufen, vom Monteur einbauen und an das Stromnetz anschließen lassen: fertig ist die Beleuchtung des Hauses! Wenn sich dann durch die Einschaltung

Messehalle 9, Hannover,
Die Oberlichter sind deutlich sichtbar. In der neuen Generation von Messehallen ist Tageslicht erwünscht. Dies steht im Gegensatz zum bisherigen Dogma, das „black boxes" als Idealtypus für Ausstellungshallen forderte.

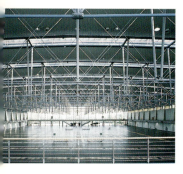

Messehalle 4, Hannover

Neue Messe Leipzig Zentralhalle
Das Glasdach der Empfangshalle ist zum identitätsstiftenden Merkmal des Komplexes geworden.

Flughafen Hamburg Passagierterminal
Während der dunklen Tageszeit erfolgt die Ausleuchtung der Halle durch die Reflexion der weißfarbigen Deckenkonstruktion, die von nach oben gerichteten Strahlern ihr Licht empfängt.

eines Lichtplaners während der Projektierung auch noch erweist, dass die anteiligen Baukosten für die Beleuchtung weit höher zu werden versprechen, als sich der Bauherr dies auch nur annähernd wünscht, wird die anfängliche Skepsis bestätigt und der Verdacht genährt, Lichtplanung und aufwendige Lichtinstallation seien wie vieles andere am Bau nur selbstgefällige Spielereien der Architekten. Nach Fertigstellung des Bauvorhabens räumen die meisten Bauherren allerdings ein, dass die konzeptionelle Planung des Lichtes und der Beleuchtung eines Bauwerks von eminenter Wichtigkeit ist.

Aus der komplexen Vielfalt der Aspekte zu diesem Thema sollen einige Beispiele aus der eigenen Praxis den Umgang mit der Gestaltkraft des künstlichen Lichtes argumentativ und bildlich „beleuchten".

Substitution von Tageslicht

Eine vermeintlich selbstverständlich nahe liegende Aufgabe wird oft darin gesehen, die Bedingungen, die das Tageslicht in einem Raum liefert, durch künstliche Beleuchtung während der dunklen Tageszeit zu ersetzen. Dies kann und wird nie gelingen. Man braucht sich nur das technische Aufgebot professioneller Filmteams anzuschauen mit ihren 1000-Watt-Scheinwerfern, Reflektoren, Defuserwänden und großen Blitzlichtanlagen. Selbst mit dem größten technischen Equipment schafft man lediglich in Raumteilen und für den begrenzten Sektor des Kameraauges eine annähernde Simulation natürlicher Lichtverhältnisse. Deswegen wird jeder Versuch, dies in der Architektur zu leisten, zum Scheitern verurteilt bleiben. Es verbleibt nur die Chance, aus der vermeintlichen Not eine Tugend zu machen, also mit den Mitteln des künstlichen Lichtes eine eigenständige und für den Raum zumeist fast entgegengesetzte Beleuchtung zu konzipieren.

Die probateste Lösung, große Räume neutral auszuleuchten, ohne dass die Lichtquelle selbst Dominanz gewinnt, besteht darin, reflektierende Deckenflächen indirekt anzustrahlen, wobei die Leuchtquellen selbst möglichst verdeckt angeordnet werden sollten. Die Lichtstimmung ist zwar modulationsarm, aber zumeist angenehm gleichmäßig und ohne störende Blendwirkung. Der Wirkungsgrad im Hinblick auf Energieverbrauch ist ungünstig und stark abhängig vom Reflexionsgrad der Decke.

Ein Sonderkapitel im „künstlichen" Umgang mit Tageslicht hat in der letzten Zeit zunehmend an Bedeutung gewonnen: die Lichtlenkung.

Mittlerweile ist der Guru unter den Lichtplanern, Christian Bartenbach, bei weitem nicht mehr der Einzige, der mit seinen Spiegeltricks Hongkonger Bankbauherren und Stuttgarter Flughafendirektoren einzufangen weiß. Die Verheißungen des Nutzeffektes sind gleichwohl bei oftmals sehr aufwendigen Apparaturen weit ehrgeiziger als die Messdaten der realisierten Praxis.

Elbchaussee 139, gmp Büro
Gruppenarbeitsraum im Atelier gmp an der Elbchaussee unter Tageslicht und Kunstlichtbedingungen.

**Flughafen Stuttgart
Heliostaten auf dem Dach des Passagierterminals**
Bewegliche, vom Computer gesteuerte Spiegel reflektieren das direkt einfallende Sonnenlicht durch die Oberlichter hindurch auf die sich verästelnde Konstruktion der Baumstützen.

Flughafen Hamburg Gepäckausgabe im Passagierterminal
Parabolisch geformte Deckenspiegel reflektieren das von Leuchtstofflampen ausgehende Licht. Die Raumhöhe wird dadurch optisch erhöht.

Flughafen Hamburg Passagierterminal – Untergeschoss
Die langgestreckte Einkaufsmall wird in ihrer räumlichen Ausdehnung durch die indirekte Lichtführung strukturell betont.

Tageslichtlose Räume

Räume, die, zumeist funktional oder baukonstruktiv bedingt, zu keiner Zeit Tageslicht empfangen, unterliegen eigenen Gesetzmäßigkeiten der Lichtgestaltung, weil für sie der natürliche Wechsel unterschiedlicher Lichtstimmungen zwischen Tag und Nacht von vornherein ausgeschlossen bleibt. Umso mehr kommt es darauf an, die jeweils spezifische Lichtstimmung der Nutzungsart des Raumes und dessen funktionellen Anforderungen anzupassen. Dabei darf es jedoch nicht unterbleiben, dem jeweils lichtgestalterisch disponierten Raum mit dem Mittel des Lichtes einen eigenständigen und unverwechselbaren Charakter zu geben. Eine Möglichkeit besteht darin, die Lichtquelle selbst zu verbergen und lediglich die Objekte im Raum als empfangende Flächen aufscheinen zu lassen, wie dies beim großen Zuschauerraum in der Stadthalle Bielefeld der Fall ist.

Da die Raumhöhen in Dunkelbereichen zumeist niedrig sind, ist die Ausbildung der Decke als Reflexionsfläche mit indirekt angeordneten Leuchten ein gut geeignetes Mittel, um räumliche Weite, Großzügigkeit und klare Raumorientierung zu erzeugen. Der Gepäckausgabebereich im Flughafen Hamburg und die Einkaufsmall im Untergeschoss des gleichen Gebäudes wurden auf diese Weise gestaltet. Die Bahnhofshalle unter den Gleisen des Bahnhofs Berlin-Spandau mit ihrer konstruktiv bedingten sehr niedrigen Raumhöhe thematisiert die Wellenbewegung als gestaltprägendes Motiv. Angenehme Verweilstimmung eines Raumes vermag immer der Einsatz von vielen kleinen Lichtquellen, die mit starker Modulation Objekte anleuchten, zu erzeugen. Dies zeigt das Beispiel des Kohlenkellers im Restaurant VAU in Berlin.

Lux contra Lichtmodulation

Überall wo Normierungen Platz gegriffen haben, gab es für die Beleuchtung nur noch einen Kennwert: die zu messende Luxzahl. Dies führte in Großraumbüros gleichermaßen wie unter Bahnsteigdächern zu einer unterschiedslosen „Lichtsoße". Der technizistische Gleichmacherfetischismus führte dazu, dass an jeder Stelle gleich viel, aber auch gleich wenig Licht war und damit jede Modulation, also bewusste Unterscheidung, lichtmäßige Hervorhebung und bewusstes In-den-Schatten-Stellen willentlich und wissentlich unterblieb. Ich sehe in diesem Phänomen eine Hauptursache für die oftmals unwirtliche und unfreundliche Atmosphäre in öffentlichen Gebäuden.

Viele Klassenräume, deren Ausleuchtung diesem Diktat folgen, sind eine Zumutung. Trotzdem: Die Norm ist in Deutschland unverbrüchliches Gesetz, ihre Werte sind messbar und deswegen objektiv. Die Modulation von Lichtstimmungen hingegen ist ob ihrer subjektiven Einschätzung deutschen Planungsbehörden schieres Teufelswerk.

Restaurant VAU, Berlin Kohlenkeller
Die mit Kohlenbriketts bestückten Wandregale empfangen punktförmiges Akzentlicht, das in seiner Vervielfachung die Raumstimmung bestimmt.

**Stadthalle Bielefeld
Großer Saal**
In der neutralen und bewusst nicht farbigen Raumgestaltung werden die Licht empfangenden Objekte für die Raumgestaltung dominierend, während die LichtOquellen überwiegend im Verborgenen bleiben.

Fernbahnhof Berlin-Spandau
Die Charakteristik des sehr niedrigen Raumes wird durch die wellenförmige Ausbildung der Decke mit indirekter Lichtführung betont.

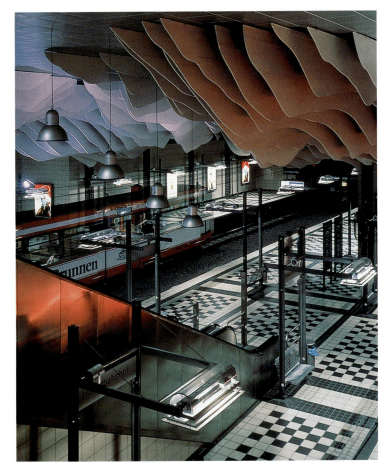

Stadtbahnhof Bielefeld
Die bewusste Differenzierung der Lichtintensität und die gestalterische Sichtbarmachung der Leuchtquellen ist eine Gegenposition zur Normierung der Lichtsoße in den öffentlichen Gebäuden Deutschlands.

Hauptbahnhof Hamburg
Der neu entwickelte Typus zur Überdachung von Bahnsteigen setzt die Beleuchtung gezielt modulierend ein.

Waggoninnenraum des „Metropolitan"
Die mit Edelstahlgewebe bekleidete Deckenuntersicht dient als brillierend reflektierende Reflexionsfläche für die Allgemeinbeleuchtung und schafft damit eine modelliert temperierte Raumstimmung.

Die erste Attacke gegen die normierte „Lichtsoße" auf deutschen Bahnhöfen haben wir 1983 beim Stadtbahnhof Bielefeld geritten. Unsere Position forderte genau das Gegenteil von dem, was Norm war: nicht einheitlich gleiche Ausleuchtung, sondern bewusste Differenzierung, Ausbildung von Lichtinseln und -zonen, gerichtetes Licht auf die Bodenflächen reflektierendes Licht in der niedrigen verspiegelten Decke, verstecktes Licht in den „Scheinwolken".

Sehr viel offener war man auf der Bauherrnseite einige Jahre später bei der Ausgestaltung des S-Bahnhofes am Flughafen Stuttgart. Während die den Bahnsteigen gegenüberliegenden Zonen im Dunkeln ohne Licht bleiben, werden die spiegelnden Verkleidungen des Bahnsteigdaches und der Bahnsteigaufbauten in der Ausformung eines Röhrenquerschnitts als Reflexionsflächen zur Erzeugung der Lichtmodulation herangezogen. Die Fahrt- und Rückleuchten der einfahrenden und ausfahrenden Züge spiegeln sich darin gleichermaßen wie die Innenbeleuchtung der Waggons. Auf diese Weise erfährt der Bahnsteig auch eine zeitliche Modulation der Lichtstimmung.

Vollends thematisiert wurde die Modulation des Lichtes auf Bahnsteigen bei der Entwicklung des Typenbahnsteigdaches. Von Anbeginn in Zusammenarbeit mit dem Lichtplaner Helmut Angerer (Conceptlicht GmbH) entstand ein integriertes System, das Tageslichteinfall auf die Bahnsteige gleichermaßen gezielt einsetzt, wie eine Differenzierung des Kunstlichtes mit indirekten und direkten Strahlungsanteilen und einer Betonung der Bahnsteigkante.

Für die Innengestaltung des neuen „Metropolitan" waren neben der Wahl natürlicher Materialien die Disposition einer hellen, gleichwohl freundlichen Ausleuchtung der Waggons zentraler Gegenstand der Konzeption.

Architektonische Lichtinszenierungen

Das Medium Kunstlicht entfaltet seine größte Virtuosität in der Inszenierung virtueller Räume und Architekturen. Adolf Hitler schon entdeckte die demagogische Dimension von lichtdramaturgischen Inszenierungen und verstand es, sie in den Dienst seiner großen Shows zu stellen. Mit der Gestaltkraft des Lichtes aus großen Scheinwerferkanonen gelang es, die Dimension der Realität dramatisch zu steigern und die vorgetäuschte Scheinwelt unter die Haut gehen zu lassen. Neue Techniken und die Intensivierung der Lichtstärken haben das Medium Licht zu einem festen Bestandteil jeden Showgeschäfts gemacht.

Gemessen daran ist der inszenatorische Einsatz des Lichtes im Rahmen tradierter Architekturgestaltung eher bescheiden. Historische Baudenkmäler werden in fast jeder Stadt durch nächtliches Anstrahlen in Szene gesetzt. Öffentliche Straßen und Plätze, die mehr sein wollen als nur Verkehrsfunktionsräume in den Städten, wissen die Wirkung

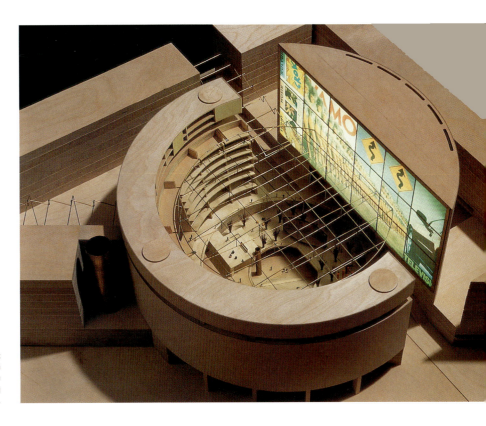

Entwurf für den Sonykomplex Potsdamer Platz, Berlin
Leitbild des Entwurfes war eine dramatische Lichtinszenierung des zentralen Forums.

Gebäude der Dresdner Bank am Pariser Platz, Berlin
Ein gläserner Himmel überspannt den Innenhof und macht ihn zum Atrium.
Lichteffekte in den Glasumgängen des Atriums geben dem Raum als Veranstaltungshalle einen spezifischen Charakter.

Elbchaussee 139, Hamburg
Ein öffentlicher Platz auf privatem Grund vor dem Bürogebäude der Architekten von Gerkan, Marg und Partner dient als Aussichtsplattform auf den Containerhafen von Hamburg und führt Besucher zum Restaurant „Le Canard". Rote Stelen und rote Fahnen dienen der Information und der Wegweisung. Beleuchtungen unterhalb der Glasbausteinflächen auf der Tiefgarage inszenieren eine intime Platzatmosphäre.

Stadthalle Bielefeld
Die Kreisgeometrie des Entwurfes wird in der Deckenstruktur durch die Führung indirekter Beleuchtung inszenatorisch betont.

Musik- und Kongresshalle Lübeck
Das Multifunktionsfoyer des Veranstaltungsgebäudes öffnet sich als gesellschaftlicher Ort gegenüber dem Stadtraum.

Flughafen Stuttgart
Blick in die nächtlich erleuchtete Halle des Passagierterminals.

des Lichtes zur Erzeugung positiver Stimmungsmodulation sehr wohl zu nutzen.

Mancher Konzern lässt seine Hauptzentrale – gegen jede Logik des Energiesparens – in nächtlicher Illumination erstrahlen. Gegenüber der erdrückenden Allmacht ordinärer Leuchtreklame zählt diese Art der Selbstdarstellung für das Ambiente einer Stadt trotz allem zu den positiven und Milieu prägenden Aktivitäten.

Mit sehr bescheidenen Mitteln haben wir dem öffentlichen Platz auf privatem Grund vor unserem Bürogebäude an der Elbchaussee in Hamburg auch eine Lichtinszenierung zugedacht. Die Glasbausteinfelder über der Tiefgarage, die tagsüber zu deren Belichtung dienen, empfangen nachts das künstliche Licht aus dem Garagengeschoss und verwandeln den Platz in Kombination mit den roten Lichtstelen und Informationsfahnen des Restaurants „Le Canard" zu einem kleinen Stadtraum mit individueller Ausprägung. Das Gegenüber des Containerhafens jenseits der Elbe bildet den Kontrapunkt zum Lichtschauspiel, das nicht nur den Gästen des Restaurants vorbehalten ist, sondern auch zu einem Stück architektonischer Identität unseres Büros geworden ist.

Der mit einem „gläsernen Himmel" überdachte zylindrische Hof der Dresdner Bank am Pariser Platz in Berlin dient funktional der Lichtversorgung für die angrenzenden Arbeitsräume. Als Veranstaltungsort in den Abendstunden wandelt er seinen Charakter. In den angrenzenden Büros gehen die Lichter aus und in der zentralen Halle finden Konzerte, Diskussionen und Vorträge statt. Der Stimmungsmodulation dieses Raumes dienen die Lichtinstallationen in den umlaufenden Glasgängen. Sie erzeugen eine eigenwillige Entmaterialisierung der Raum umfassenden Wände.

Architektur bei Nacht

Wenn einem Haus nicht die Ehre zuteil wird, ob seiner Schönheit auf Kosten der Öffentlichkeit nachts angestrahlt zu werden, wandelt sich das Gesicht desselben radikal. Wenn es völlig dunkel ist, sieht man bestenfalls seinen Umriss; ansonsten konfigurieren die Öffnungen und das Licht im Haus sein Erscheinungsbild. Wenn das Haus sich optisch öffnet und Einblick gewährt, wenn die Beleuchtung im Inneren der Wirkung nach außen Rechnung trägt, macht sich das Gebäude öffentlich und leistet einen Beitrag zur Stadtgestalt. Vor dem Hintergrund der Verödung und Vereinsamung unserer Städte ist dieser Aspekt nicht nur ein Nebeneffekt des Themas, das sich der Gestaltkraft des Lichtes in der Architektur widmet. Die optische Öffnung des Aktionsraumes in der Musik- und Kongresshalle von Lübeck ist ein Beitrag zur Interaktion zwischen Stadt und gesellschaftlichem Leben. Eine 430 m lange leuchtende Glashalle wie die des Bahnhofs Berlin-Spandau bildet ein signalhaftes Zeichen für ein öffentliches Gebäude. Die Messehalle 4 in

Hauptverwaltung der Bertelsmann Stiftung, Gütersloh
Zur Nachtzeit offenbart sich die innere Struktur des Gebäudes, die durch die Art der Beleuchtung besonders deutlich hervortritt.

Haus Salamander am Tauentzien, Berlin
Die Begrünung mit Rankgewächsen zwischen den zwei Fassadenschalen tritt durch die nächtliche Illumination als ein leuchtender Baukörper im Stadtraum auf.

Messehalle 4, Hannover Messe
Die Längsfront des Gebäudes offeriert sich als großes Schaufenster.

Hannover und die zur Start- und Landebahn gewandte große Glasfront der Jumbohalle auf dem Hamburger Flughafen offenbaren sich gegenüber dem Publikum als Schaufenster größter Dimension.

Ob Tag oder Nacht, ob Sonne oder Glühbirne – Licht ist ein Medium, dessen Gestaltungskraft in und für die Architektur von dominierender Bedeutung ist und deswegen konzeptionell bei jeder Bauaufgabe als integraler Bestandteil für die Wohlgestalt gesehen werden muss.

Meinhard von Gerkan

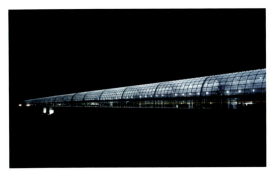

Bahnhof Berlin-Spandau
Die 430 m lange leuchtende Glashalle bildet ein signalhaftes Zeichen für ein öffentliches Gebäude.

Jumbohalle der Deutschen Lufthansa auf dem Werftgelände des Flughafens Hamburg
Für die Passagiere startender und landender Flugzeuge wird die Wartungsarbeit an Großflugzeugen wie in einem großen Showroom präsentiert.

LICHTPLANER

Worauf es uns ankommt
Die Lichtphilosophie des Bartenbach LichtLabors

Zu Beginn meiner Arbeit galt meine Aufmerksamkeit wie bei allen Lichttechnikern ausschließlich technischen und physikalischen Gesichtspunkten. Lux-Werte bildeten den wesentlichen Bewertungsmaßstab; das Messen und Berechnen von Lichtlagen war wichtig ... Es ging mir damals um den höchsten Wirkungsgrad des Lichtes.

Die Frage nach dem Warum des Ganzen führte aber bald über die Analyse der Sehvorgänge unter Einbeziehung physiologischer Tatsachen und Prozessen wie Sehschärfe, Unterschiedsempfindlichkeit, Adaptionsvorgängen und anderem mehr zum menschlichen Auge. Und weil die visuellen Reize, die das Auge empfängt, vom Hirn zu Bildern verarbeitet werden, begann ich zu begreifen, dass visuelle Erscheinungen erst durch geistige Vorgänge entstehen.

Für die Gestaltung optischer Erscheinungsbilder, die der Architekt mit seinem Entwurf bestimmt, ist es daher notwendig, eine präzise Kenntnis der visuellen Wahrnehmung und der Umsetzung der Vision in die Realität zu haben.

„Sehen. Man könnte sagen, das ganze Leben sei darin beschlossen – wenn nicht in seinem Ziel, so doch in seinem Wesen. [...] Deshalb entspricht die Geschichte der lebenden Wesen zweifellos der Ausgestaltung immer vollkommenerer Augen inmitten eines Kosmos, in dem die Möglichkeit eines sich immer schärfer ausbildenden Unterscheidungsvermögens besteht." Pierre Teilhard de Chardins Einsicht „Der Mensch im Kosmos" (Le Phénomène humain, Paris 1955) begann, meine Arbeit zu bestätigen. Sie führte zu einer Umkehr des üblichen Vorgehens: nicht von der Leuchte zum Erscheinungsbild über die visuelle Wahrnehmung zum Lichtkonzept, und dann über Physik und Lichttechnik zur Leuchte oder zu ganzen Leuchtensystemen, sondern das Erscheinungsbild eines Raumes, dem Nutzungsanforderungen und ästhetische Überlegungen zugrunde liegen, ist der Ausgangspunkt unserer Arbeit. Dieses Erscheinungsbild analysieren wir zusammen mit Architekten und Bauherren und entwickeln, gestützt auf visuelle Darstellungsmittel, ein erstes Konzept. Die Abstraktion der visuellen Komponenten wird in Modellen simuliert und mit allen an einer Planung Beteiligten bewertet, um schließlich zu einer visuellen Vorstellung zu gelangen.

Unsere Kenntnis visueller Verhaltensmuster beruht auf Erfahrungen und auf Vorstellungen der späteren Nutzer ebenso wie der der Architekten. Dabei geht es um ergonomische Anforderungen, um die Berücksichtigung von DIN-Normen und anderen technischen Regelwerken – Physik, Mathematik, Lichttechnik –, aber ganz entscheidend immer auch um wahrnehmungspsychologische Versuche, bei denen – im Hinblick auf die Akzeptanz bestimmter Lösungen – Langzeitwirkungen getestet werden. Diese Versuche sind Teil unserer Forschung auf der Grundlage optischer und wahrnehmungspsychologischer Tatsachen und Prozesse. Wenn die visuellen Erscheinungsbilder „stehen", lassen sich die optischen Komponenten über den Zusammenhang von Leuchtdichte, Materialstruktur und Beleuchtungsstärke objektivieren und technisch in Leuchten oder Lichtsysteme übersetzen. Die Lichtlösungen, die wir vorschlagen, stützen sich aber wesentlich auf die Vorstellung visueller Erscheinungsbilder, die wir erreichen wollen. Das Zusammenwirken optimierter visueller Wahrnehmungsvorgänge mit physikalischen, technischen und gestalterischen Überlegungen mündet schließlich in Lösungen, deren entscheidender Vorzug darin besteht, mit besserem Licht einen Beitrag zu größerer Lebensqualität zu leisten.

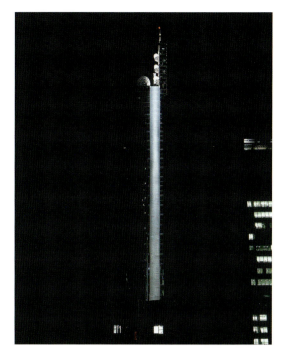

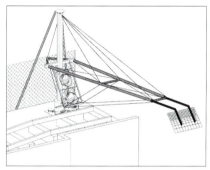

Posco Center, Seoul

Architekt: Bauabteilung Posco
Lichtplanung: Bartenbach LichtLabor, Aldrans, Crelux, Seoul
Ausführung: Sonderkonstruktion und Leichtbau GmbH, Stuttgart
Fertigstellung: 1997

Das Posco-Verwaltungsgebäude besteht aus zwei Hochhaustürmen von 130 m bzw. 90 m Höhe, die durch eine gläserne Eingangshalle miteinander verbunden sind. Die strukturlose, grünlich schimmernde Fassade wird von jeweils einem 4 m breiten, vertikalen Aluminiumstreifen unterbrochen. Dieser reicht jeweils vom Dach der Eingangshalle bis zur obersten Dachkante und symbolisiert für den Bauherrn die „Leiter des Erfolges".

Um den Aluminiumstreifen des höheren Turmes so exakt auszuleuchten, dass keine angrenzenden Fassadenbereiche mitbeleuchtet werden, konzipierten die Lichtplaner eine eigens dafür konstruierte „slewing machine". Diese wird während des Tages in eine Parkposition hinter der Dachkante gedreht; erst während der Dunkelheit wird sie zur Beleuchtung des Fassadenstreifens ausgefahren.

Ein auf einem 10 m langen Kragarm montiertes Spiegelfeld von 1,45 m x 1,00 m reflektiert die konzentrierte Strahlung zweier annähernd waagerecht strahlender 2 kW Hochleistungsscheinwerfer auf den Aluminiumstreifen. Ein integrierter Lamellenkasten verhindert dabei Streulicht.

Um die Ausleuchtung auch der untersten Bereiche des Streifens zu erreichen und gleichzeitig die geforderte Helligkeitsverteilung zu erzielen, wurde das Spiegelfeld aus insgesamt 210 Einzelfacetten unterschiedlicher Größen aufgebaut. Um die exakte Lage jedes Einzelreflektors gemäß seinem Zielbereich zu gewährleisten, wurde das gesamte Spiegelfeld aus einem Stück CNC-gefräst und hinterher mit Aluminium-Facetten bestückt. Die Wirkung ist eine wie mit dem Stift gezogene, genau begrenzte senkrechte Lichtlinie bei Nacht, die zum typischen Erkennungsmerkmal des Posco-Hochhauses geworden ist.

Christian Anselm

Der überdachte Innenhof bei Tag und Nacht und innenräumliche Atmosphäre.

Deutsche Bank AG, Berlin
Architekten: N+M Architekten
Novotny Mähner & Assoziierte, Offenbach
Lichtplaner: Bartenbach LichtLabor GmbH
Fertigstellung: 1998

Das bestehende Gebäude Unter den Linden 13–15, Ecke Charlottenstraße, wurde zum neuen Verwaltungsgebäude der Deutschen Bank Berlin umgebaut. Dabei wurde der Innenhof, in dem alte und neue Bauten aufeinandertreffen, glasüberdacht. Zu diesem und zur Außenfassade liegen Gruppen- und Einzelräume, die tageslichtorientiert sind. Das von Bartenbach LichtLabor realisierte Tageslichtsystem geht von einem Umlenksystem aus, das gleichzeitig als Sonnen- und Blendschutz sowie als Tageslichtumlenksystem bei den Büros zur Innenhofseite und zur Außenfassade verwendet werden kann.

Das System besteht aus einzelnen, an der Oberseite Aluminium-hochglänzenden Lamellen (Unterseite lackiert). Sie weisen nach innen ca. 30 % Lochanteil auf, so dass der Sichtbezug nach außen auch in ausgefahrenem Zustand erhalten bleibt. In der lichttechnisch optimalen Lamellengrundstellung wird ein Teil des im Außenraum vorhandenen diffusen Tageslichtes in den Büroraum umgelenkt und verteilt.

Durch die speziell verformten Aluminiumlenklamellen wird das diffuse Tageslicht an die Decke des Innenraumes reflektiert und an die im vorderen Teilbereich angebrachte Aluminiumdecke gelenkt. Durch die Aluminiumdecke und die Umlenklamellen wird erreicht, dass eine Tageslichtumlenkung in die Raumtiefe erfolgt. Die Lamellengeometrie führt dazu, dass die Blendwirkung durch zu hohe Umgebungsleuchtdichten des Außenraumes beziehungsweise bei direkter Sonneneinstrahlung auf das erforderliche Maß reduziert wird. Durch eine zusätzliche Steuerungsmöglichkeit (stufenlose Verdrehbarkeit der einzelnen Lamellen) wird mit dem Lamellensystem auch die Sonnenschutzfunktion erreicht. In Abhängigkeit des Sonnenstandes werden die Lamellen über eine entsprechende Steuerung so verstellt, dass eine direkte Sonneneinstrahlung in die Büroräume verhindert wird und die Sonnenstrahlung, bedingt durch ihre Parallelstrahlung, wieder nach außen zurückgelenkt wird (Retroreflexion).

Das Tageslichtsystem wird durch Kunstlicht ergänzt. Für die Arbeitsplatzbeleuchtung wurde ein System realisiert, das, sekundär strahlend, über das bereits für die Tageslichtumlenkung genutzte Aluminiumdeckensegel strahlt (gleiche Lichtrichtung wie bei Tageslicht) und ergänzend mit einem Indirektsystem den Arbeitsplatz beleuchtet.

Die zonierte Beleuchtung des Arbeitsplatzes erfolgt durch zwei Büroleuchten, bestückt mit einer Halogenmetalldampflampe HQI-T 70W/NDL, die, sekundär strahlend, über die Aluminiumdecke den Arbeitsplatz ausleuchtet. Zur Aufweitung und Lichtpunktzerlegung der Werferstrahlung ist die Aluminiumdecke kalottenförmig ausgebildet, so dass

Der Eingangsbereich

keine störenden Blendungen bzw. Reflexionen an Arbeitsplatz und Bildschirm auftreten. Die Büroleuchten werden an der Fassade montiert. Mit diesem Bildschirmarbeitsplatz-tauglichen Kunstlichtsystem wird im Bereich des Arbeitsplatzes eine Beleuchtungsstärke von 500 lx zoniert und bei einer spezifischen Anschlussleistung von 8 W/qm erreicht.

Das zweite Kunstlichtsystem, bestehend aus einer Indirektleuchte, ist bestückt mit 2x Dulux L 55W, die im Bereich der Fassadenrückwand montiert ist. Diese über die weiße Decke diffus strahlende Komponente dient bei Abnahme des Tageslichtes als Ergänzungsbeleuchtung, so dass am Arbeitsplatz die notwendige Beleuchtungsstärke erreicht wird. Des Weiteren dient sie zur Ergänzung der Allgemeinbeleuchtung bei Verwendung der direkt strahlenden Werfersysteme. Durch dieses Indirektsystem wird auch die Vertikalbeleuchtungsstärke erhöht, welche für die Aufhellung der vertikalen Flächen zuständig ist. Mit der Indirektleuchte wird eine Beleuchtungsstärke von 120 lx bei einer spezifischen Anschlussleistung von 6 W/qm erreicht.

Richard Knapp

Die angestrahlten Pylone sind vor allem auf Fernwirkung angelegt.

Øresund-Brücke, Dänemark
Architekten: Georg Rotne, ASO Group, Kopenhagen
Lichtplaner: Bartenbach LichtLabor GmbH
Fertigstellung: ca. 2000

Die Anforderungen an Brückenbeleuchtungen können sehr unterschiedlich sein. Sie reichen von der funktionellen Ausleuchtung der Nutzflächen wie Straßen-, Rad- und Fußwegen über eine Sicherheitsbeleuchtung bis hin zur Fern- und Symbolwirkung von Brückenelementen in ihrem Umfeld. Ein weiterer Aspekt ist die Wartungsmöglichkeit der Lichtsysteme, da die Langlebigkeit des Leuchtmittels und die Möglichkeit der Wartung entscheidende Kriterien zur Anordnung der Lichtsysteme darstellen.

Bei der Øresund-Brücke, einem Jahrhundert-Bauwerk, geht es dem Bauherrn, dem Øresund-Consortium, vor allem um die Fernwirkung der Brücke und ihre Hervorhebung als Symbol der Verbindung zwischen Dänemark und Schweden. Die Brücke, die als Autobahn und Bahnstraße dient, ist als Hängekonstruktion konzipiert. Den höchsten Punkt der Brücke machen vier Stahlbetonpylone aus, die ca. 200 m über künstliche Inseln aufragen. Die Pylone sollten so ausgeleuchtet werden, dass sie sich gegenüber dem nahe gelegenen Flughafen absetzen. Für diese Fernwirkung war es von Vorteil, dass im Umfeld keine anderen hohen Leuchtdichten vorhanden sind. Daher konnte die Leuchtdichte auf einen Wert von ca. 2 cd/qm bis 12 cd/qm fixiert werden. Die Leuchtdichteverteilung auf den Pylonenflächen wurde dabei so ausgewählt, dass die beiden Außenseiten mit ansteigender Intensität zur Mitte hin mit ca. 10 bis 12 cd/qm an der Vorderseite, die Seitenflanken mit ca 6 cd/qm und die Innenseite mit ca. 3 cd/qm beleuchtet werden. Durch diese Abstufung wird auch auf eine große Distanz die Plastizität der Pylone hervorgehoben.

Durch Freiformflächen-Werfer, die am Fußpunkt der Pylonen über dem Meeresspiegel angeordnet sind, wird die Begrenzung des Lichtes auf dem Pylon erreicht und somit mit möglichst wenig Streulichtanteil die gewünschte Ausleuchtung realisiert. Die Seitenflächen werden über an der Fahrbahnebene angebrachte Freiformflächen-Werfer so auf die Seitenflächen gelenkt, dass eine Störung des Flugverkehrs von der Straßenebene aus nicht erfolgt.

Robert Müller

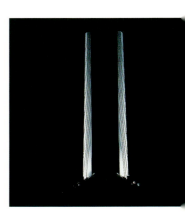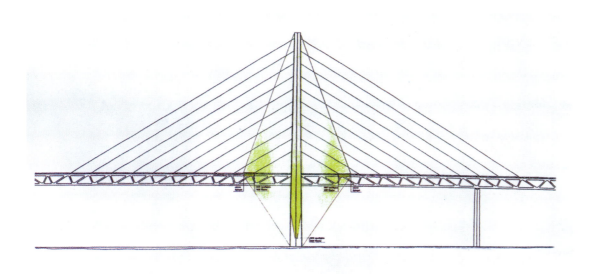

Modellaufnahme der Kuppel: Die Nuancen des Tageslichtes sollten im Inneren deutlich werden.

Moschee Wilayah Persekutuan, Kuala Lumpur
Architekten: JKR
Lichtplaner: Bartenbach LichtLabor GmbH
Fertigstellung: 1999

Es ging vorrangig um eine Tageslichtwirkung der Moschee und um eine Verdeutlichung jeder äußeren Lichtveränderung im Innenraum. Ergänzend dazu sollten besondere Elemente der Moschee wie die Kiblawand und die Medaillons durch Kunstlicht hervorgehoben werden.

Die besondere Schwierigkeit bestand darin, dass sämtliche Tageslichtöffnungen dem historischen Vorbild entsprechende Strukturen aufweisen mussten, da der gesamte Stil des Bauwerkes klassischen Vorbildern folgt. In Computersimulationen wurden alle Tageslichtsituationen durchgespielt. Um eine Blendung durch direkte Sonneneinstrahlung in den Gebetsbereichen zu verhindern, wurden die Gitterstrukturen in ihrer Ausrichtung und ihrem Querschnitt so optimiert, dass sie einen maximalen Tageslichtanteil durchlassen und von unten das gewünschte historische Schattenbild vor dem Fenster erzeugen; die Sonnen- und Blendschutzkomponenten wurden außen in die Fensterkonstruktion integriert; verstellbare Umlenklamellen wurden teilgelocht eingesetzt. Sie lenken das gesamte auftreffende Tageslicht sowohl der Sonne als auch des diffusen Himmels an die Kuppelschalen um und belichten über diese den Raum blendfrei.

Zudem wurde in der Hauptkuppel ein Oberlichtelement mit zentral gesteuerten Heliostaten angeordnet, das mittels eines speziellen Lüsters das Sonnenlicht im Innenraum verteilt. 50 % des eintretenden Sonnenlichtes werden dabei durch die Totalreflexion des zentralen Lüsters und über die Mehrfachreflexion der Kuppelinnenschalen gleichmäßig verteilt. Somit wird die Helligkeit und die spektrale Zusammensetzung des Tageslichtes von außen nach innen übertragen.

Damit die komplexen Simulationen nachvollziehbar dargestellt werden konnten, fertigte Bartenbach LichtLabor ein Modell 1:33 vom gesamten Gebets- und Kuppelbereich an. Im Modell wurden dann durch austauschbare Böden und Kuppelschalen auch die Farbigkeit und Reflexionsgrade sowie deren Auswirkung auf den Gesamteindruck untersucht, um dem Bauherrn ein realistisches Raummilieu zu vermitteln.

Der zentrale Lüster ist das wesentliche Element des Innenraumes, da dieser sowohl das Tageslicht im Innenraum reflektiert und verteilt, als auch in der Nachtsituation eine entscheidende Rolle spielt. Für die Nachtsituation sind die Lichtquellen in die Kuppelschale integriert, damit keinerlei sichtbare Beleuchtungskörper den Lichtverteilungskörper Luster stören und ein ruhiger und doch brillanter Raumeindruck entsteht.

Der zentrale Luster mit einem Durchmesser von ca. 9,5 m bei 3 m Höhe und einem Gewicht von ca. 12 Tonnen wird in einer Raumhöhe von ca. 19 bis 20 m im Zentrum der Hauptkuppel abgehängt. Er ist vollkommen ohne elektrische Installationen. Trotzdem stellt er das zentrale Lichtverteilungselement dar. Der Luster besteht aus einer in Glas integrierten, speziellen prismatischen Struktur, die nach oben eine Totalreflexion bewirkt und nach unten eine Lichtaufweitung und Lichtzerlegung erzeugt. Durch die gläserne Konstruktion, die nur mit ringförmigen Edelstahlringen und Stahlseilverspannungen auskommt, wird ein brillanter funkelnder Lichtkristall im Zentrum der Gebetshalle erzeugt.

Robert Müller

Der große Lüster ist das zentrale Lichtverteilungselement der Moschee.

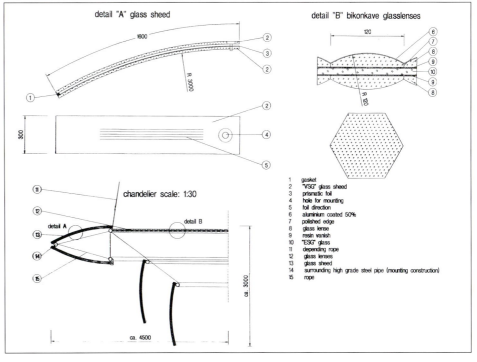

detail "A" glass sheed

detail "B" bikonkave glasslenses

chandelier scale: 1:30

1 gasket
2 "VSG" glass sheed
3 prismatic foil
4 hole for mounting
5 foil direction
6 aluminium coated 50%
7 polished edge
8 glass lense
9 resin vanish
10 "ESG" glass
11 depending rope
12 glass lenses
13 glass sheed
14 surrounding high grade steel pipe (mounting construction)
15 rope

Stadtplatz St. Pölten
Architekt: Boris Podrecca
Lichtplanung: Bartenbach LichtLabor GmbH
Fertigstellung: 1997

Das Beleuchtungskonzept für den Stadtplatz in St. Pölten sieht eine räumliche Fassung des gesamten Platzbereiches vor. Diese wird dadurch erreicht, dass die raumbegrenzenden Flächen, die Hausfassaden und die angrenzenden Straßenzüge helligkeitsdifferenziert angestrahlt werden. Der horizontale Platz selbst und seine Bestandteile wie Brunnen, Säulen etc. werden getrennt von den Fassaden beleuchtet. Durch diese unterschiedliche Ausleuchtung ist es möglich, die Raummilieus des Platzes zu verändern bzw. eine sich unterschiedlichen Gegebenheiten anpassende Platzbeleuchtung zu realisieren.

Die Beleuchtungskonzeption geht vom Nutzwert für die Platzbesucher aus. Sie unterscheidet die vertikale und horizontale Blickrichtung, wobei es wichtig ist zu wissen, dass 70 % der Platznutzer in der Betrachtung vor allem die vertikalen Flächen wahrnehmen. Insofern kommt der Fassadenbeleuchtung besondere Bedeutung zu.

Die Horizontalfläche des Platzes dient als Ausgangsbasis der Helligkeitsbestimmung. Die Helligkeitsdifferenzierungen (Zonierungen) wurden so gewählt, dass sie mit Informationen verbunden werden und so eine Lichtführung entsteht. Der Platz wird mit einer Grundhelligkeit von ca. 2 cd/qm beleuchtet; der Brunnen, die Treppenaufgänge und die Pestsäule werden mindestens in doppelter Leuchtdichte hervorgehoben.

Die Grundausleuchtung des Platzes erfolgt durch zwei Mastreihen, die parallel zu den Fassaden angeordnet sind. An jeder Masteinheit werden, zur Mastmitte hin orientiert, Werfer-/Spiegelsysteme montiert, die den Platz ausleuchten. Die Lichttechnik basiert auf Werfersystemen, die das Licht über Umlenkelemente nach oben strahlen und in den Platzbereich hineinreflektieren.

Der schmale Bereich zwischen den Mastreihen und der Fassade wird mit direkt strahlenden Komponenten ausgeleuchtet. Die Leuchteinheiten sind in einer Höhe von ca. 4 m montiert. Durch diese Ausleuchtung werden einzelne Zonen hinter den Masten hervorgehoben, was eine Rhythmisierung dieser Bereiche bedeutet.

Die Fassadenbeleuchtung basiert ebenfalls auf dem Werfer-/Spiegelsystem. In der Höhe des ersten Obergeschosses sind an den Fassaden Werfereinheiten angebracht, die über Umlenkspiegel im Bereich des Gesimses die Fassaden rhythmisierend ausleuchten. Die hierfür verwendeten Halogen-Metalldampflampen der Werfersysteme haben sehr gute lichttechnische Eigenschaften und eine Lichtqualität mit brillanter Wirkung sowie sehr gute Farbwiedergabeeigenschaften und eine entsprechend hohe Lebensdauer.

Die Anstrahlung der Pestsäule erfolgt mit einzelnen Halogen-Werfereinheiten in den Pollern, die um die Pestsäule herum aufgestellt werden. Bei diesem Beleuchtungssystem ist eine feine Justierung der Brennpunkte möglich, wodurch eine optimale Ausrichtung des Lichtkegels auf die Pestsäule möglich ist.

Christoph Gapp

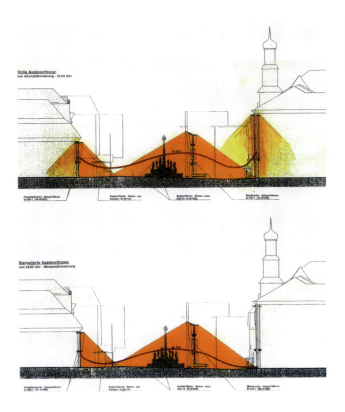

Eine differenzierte Ausleuchtung stellt den Platz und seine Architektur und Kunst zu jeder Zeit ins rechte Licht.

Ziele und Grundlagen
Ulrike Brandi Licht

Das Büro Ulrike Brandi Licht in Hamburg, gegründet 1986, ist ein reines Planungsbüro und arbeitet unabhängig von Herstellerinteressen. Inzwischen verfügen wir über das Wissen von mehr als 240 Bauvorhaben aller Größenordnungen in Deutschland, Frankreich, Großbritannien, Luxemburg, Österreich, China und Japan. Auf den klassischen Gebieten der Lichtplanung und in der Bewältigung des Planungsprozesses fühlen wir uns sicher. Die Kunstlicht- und Tageslichtplanungen, Planungen in frühen Stadien mit Architekten und Ingenieuren, Wettbewerbe und Entwürfe, die Innenlicht und Außenlicht verbinden, gehören zu den traditionellen Aufgaben unseres Büros. Gleichzeitig sind es Lernprozesse, die unsere Neugierde immer wieder aufs Neue anstacheln.

Es gibt eine verstärkte Nachfrage bei Ulrike Brandi Licht nach Masterplanungen im Außenbereich. Zu den Stärken des Büros gehört es, weiträumige öffentliche Flächen mit Licht zu gliedern und zu beleben. Wir sind fasziniert davon, die EXPO 2000, die VW-Autostadt, adidas world of sports oder Städte wie das historische Miltenberg, das kriegszerstörte Bremerhaven und den Garten des Schlosses Schönbrunn in Wien neu zu beleuchten. Das Büro verfolgt hier konzeptionell geprägte Ansätze mit nachhaltigem und langfristigen Nutzen. Sie unterscheiden sich grundlegend von der Aufgabe, Architektur zu beleuchten.

Wir haben uns weiter mit Joint-Ventures im Hochschulbereich für intelligente Planungen des Lichts im energieoptimierten und solaren Bauen engagiert und verfolgen dort vor allem frühzeitig beginnende integrale Planungsmöglichkeiten. Dazu brauchen Planer umfassende Computersimulationen der zu erwartenden Gebäudezustände. Ulrike Brandi Licht kann bereits heute die zusammenhängenden Variablen Kunstlicht-Tageslicht-Thermische Belastung im Verbund dreidimensionaler Computermodelle simulieren. In diesen Zusammenhang gehört auch die vor kurzem abgeschlossene Entwicklung der Software L.E.O.S. 1.0 (Licht Energie Optimierung und Service), dem ersten hochintegrierten, dennoch offenen und kompatiblen CAD-geführten Werkzeug für den gesamten Lichtplanungsprozess und den späteren Betrieb von Beleuchtungsanlagen auf dem Markt.

Die Gelegenheit zu dieser Entwicklung gab uns der stark expandierende Markt des Licht-Contracting, für den die Software fehlte. Wir beraten Investoren des Bereiches der Energieversorgungsunternehmen in diesem großem Markt für Licht, weil wir vom Sinn der mit dem Contracting einhergehenden Energieeinsparung und dessen volkswirtschaftlichen Nutzen überzeugt sind und erreichen wollen, dass sich die Lichtqualität auch für Standardlösungen spürbar verbessert. Ganz bewusst stellen wir uns dieser (neuen) Tätigkeit neben unseren individuellen Lösungen auf höchstem architektonischen Niveau.

Wir versuchen, in die täglichen Abläufe des Büros vermehrt intellektuelle Arbeit zu integrieren. Errechnete Lichtwerte oder die Berücksichtigung und Steuerung von Tageslichtanteilen gehören neben dem anspruchsvollen Entwurf zum Handwerk unseres hochspezialisierten Büros. Aber: Wir wollen weiterkommen und noch anspruchsvollere Lösungen anbieten können. Derzeit faszinieren uns Schatten auf Bildern (andere als Schatten in Gebäuden, nämlich zweidimensionale). Wir versuchen, die Bedeutung des Lichtes für Räume in unseren Entwürfen gleichsam zu invertieren und so zu einem neuen, aufregenden, phänomenalen Verständnis von Licht in der Architektur zu gelangen. Genauso interessieren wir uns für Schleier, für opake wie diaphane Oberflächen, Häute, Membranen, Spiegel, für das Spannungsfeld von Sehen und Berühren, von Präsenz und Absenz. Wir experimentieren mit neuen Materialien und sehen für die nächste Zeit ein verstärktes Interesse an der Materialität der Stoffe; sie sind ohne das entsprechende Licht nicht zu begreifen.

Wir fürchten die im Lichtbereich und in der Architektur verbreitete Einfallslosigkeit. Wir begegnen ihr durch Internationalisierung und pragmatisch durch Gastprofessuren an verschiedenen Fach- und Kunsthochschulen. Der Umgang mit anderen Kulturen und einfallsreichen Studenten und Studentinnen beflügelt und schafft viele neue Impulse.

Licht ist ungeheuer lebendig und vielfältig, und so agiert auch das Büro Ulrike Brandi Licht. Wir bieten eine Mischung und professionelle Kooperation auf hohem (und international einzigartigem) Softwareniveau gepaart mit viel Erfahrung im Planungs- und Beratungsbereich für vielfältige Beleuchtungslösungen. Unsere Ansprüche sowohl für Einzel- wie für Standardlösungen sind erwiesen, unsere engagierten (Fach-)Leute und ein nach wie vor unbändiger Wille, mit präzisen Entwurfsideen zu den besten neuen Lösungen zu gelangen, sind eine gute Voraussetzung dafür. Wir haben früher unsere Arbeit mit dem Gedanken des Widerstreits des einen gegen das andere charakterisiert. Heute können wir unser Wissen im Büro durch Erfindungen immer wieder neu befragen. Erfindungen, das Neue, rufen bei den Hütern traditioneller Methoden immer Unbehagen hervor; sie verunsichern. Dieses Unbehagen nutzen wir. Unser Büro bewegt sich in relativ lang andauernden Prozessen und empfindet in der Folge die immer wieder auftauchenden Strudel zwischen Architektur und Nicht-Architektur, zwischen Schönheit und Hässlichkeit, zwischen Engagement und Verlust als eine bereichernde, grenzerweiternde innere Spannung bis zur endgültigen, gelungenen und bleibenden Realisierung von Ideen.

Christoph Geissmar-Brandi

Neues Hörsaalgebäude, TU Chemnitz
Architekten: gmp, Hamburg
Lichtplaner: Konzept Ulrike Brandi Licht,
Mariana Müller-Wiefel
Fertigstellung: 1997

Das Gebäude gruppiert sich um zwei große Hörsäle. Ihre Formen dominieren das Haus innen wie außen. Den Architekten ging es um einen farbigen Bau. Dem Licht kam daher die Bedeutung zu, die großen farbigen Flächen des Gebäudes richtig zu akzentuieren und dabei zu helfen, das große Volumen der Hörsäle zu integrieren. Sie stehen sich als „Rampen" gegenüber, ihre tiefste Stelle ist die Gebäudemitte.

Für das Staatshochbauamt Chemnitz hatte eine energiesparende und wartungsfreundliche Beleuchtungsanlage die erste Priorität. Nun sind die sparsamsten Leuchtmittel nicht für eine gute Farbwiedergabe bekannt. Ulrike Brandi Licht konnte mit Entladungslampen dennoch die farbigen Flächen zur Geltung bringen. Dafür wurde vor Ort jedes Leuchtmittel und die entsprechende Lichtfarbe auf die richtige Farbwiedergabe geprüft. Entsprechende Leuchten halfen dann, das Licht auch gleichmäßig und weiträumig auf die farbigen Wände und Decken zu bringen. Das Ergebnis: eine Symbiose aus guter Architektur, die in Sachen Farbe und Licht einzigartig ist – und das Ganze zu minimalen Investitions- und Betriebskosten.

Christoph Geissmar-Brandi

Fachhochschule Nordostniedersachsen
Bauherr: Staatshochbauamt Lüneburg
Architekten: Prof. Gerber und Partner, Dortmund, Braunschweig, Berlin
Tages- und Kunstlichtplanung: Ulrike Brandi Licht; Ulrike Brandi, Mariana Müller-Wiefel
Fertigstellung: 1997

Der neue Maschinensaal mit den Arbeits- und Verwaltungsräumen des Fachbereiches Automatisierungstechnik der FH in Lüneburg verklammert zwei langgestreckte Gebäuderiegel. Saal und Gebäude erschließt ein großzügig bemessener Eingangsbereich, der von den Architekten als „Arena" der Studenten/innen konzipiert ist. Für zwanglose Sitzmöglichkeiten sorgt eine große mittige Holztreppe. Neben der Kunstlichtplanung fiel Ulrike Brandi Licht die Aufgabe zu, den natürlichen Tageslichteinfall klimatisch verträglich zu bemessen. Eingriffe in die Architektur, etwa durch Verschattungselemente, wollten alle Beteiligten vermeiden.

Das Büro Ulrike Brandi Licht hat in einem sehr frühen Planungsstadium den Sonnenlichteinfall über das Jahr und die daraus resultierende thermische Belastung der Eingangshalle sowie den notwendigen Kunstlichtanteil mit Hilfe von Software errechnet. So kamen die Planer darauf, dass Lichtlenkung oder Verschattungselemente nicht notwendig waren. Es war nicht einmal notwendig, das Glas über der „Arena" zu bedrucken. Sonnenschutzglas mit hoher Lichtdurchlässigkeit in einer weit offenen Konstruktion war ausreichend, so dass sich in der ausgeführten Halle eine wunderbare, von Sonne und Tageslicht geprägte Stimmung ergibt. Auch der Kunstlichtanteil bleibt bei dieser Lösung gering.

Christoph Geissmar-Brandi

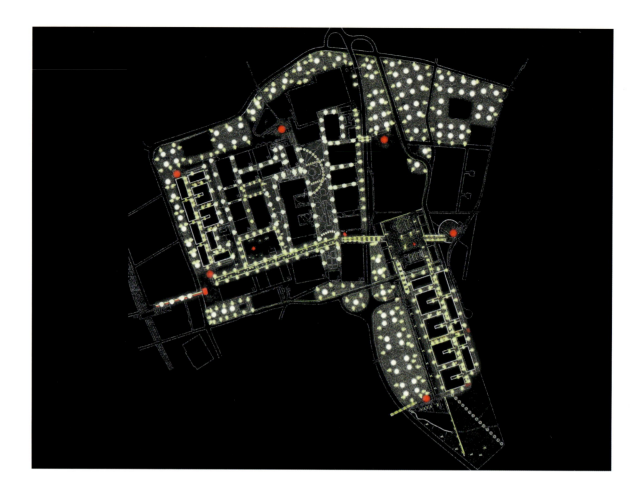

Licht der EXPO 2000 in Hannover
Masterplan Städtebau und Freiraumplanung:
A. Speer + Partner, Frankfurt/Hannover,
K. Louafi, Berlin, Kienast Vogt Partner, Zürich
Lichtplaner: Projektleitung Ulrike Brandi Licht; Ulrike Brandi, Mariana Müller-Wiefel
Fertigstellung: 1997

Die Deutsche Messe AG und die EXPO 2000 möchten mit dem Masterplan Licht dem Gelände für die Weltausstellung einen einheitlichen Rahmen geben. Tagsüber ist das heterogene Erscheinungsbild der Messe Hannover und des neuen EXPO-Geländes (zusammen ca. 3 Millionen qm) mit Licht nicht zu harmonisieren, doch in den Abendstunden und nachts ist das Licht für die Besucher aus aller Welt mit entscheidend für ihren Eindruck und das Wohlbefinden.

Der Masterplan von Ulrike Brandi Licht sieht bestimmte Lichtarten und Lichtcharakteristika für alle Bereiche vor. In den Pavillonbereichen ist das Licht zurückhaltend, weil viele unterschiedliche Architekturen zu erwarten sind. Das direkte Licht stammt aus den regelmäßig aufgestellten Mastleuchten. Die unterschiedlichen Erscheinungen der Länderpavillons erhalten dadurch einen ruhigen Hintergrund, der durch die Verkehrsachsen gegliedert wird. Hingegen werden die Gartenbereiche mit ihren sehr differenzierten Themen durch das Licht im Dunkeln herausgestellt. Hier wird das Licht dramatisch und kontrastreich sein. Der Masterplan Licht erfasst auch Bereiche wie die EXPO-Plaza, Eingänge, Brücken, Kreuzungen und Parkplätze; er sucht sie zu integrieren.

Die spezielle EXPO-Leuchtenfamilie gehört ebenfalls zu den Leistungen des Büros. Diese Leuchten mit variablen Lichtpunkthöhen finden sich auf dem gesamten Gelände und erlauben mit ihrem Licht eine Strukturierung unterschiedlichster Gebäude und Flächen. Sie sind in ein strenges Raster gestellt und folgen einer gestalterischen Hierarchie. Die Wegkreuzungen werden durch niedriges Licht hervorgehoben und schaffen – perspektivisch gesehen – einen gewollten Rhythmus.

Christoph Geissmar-Brandi

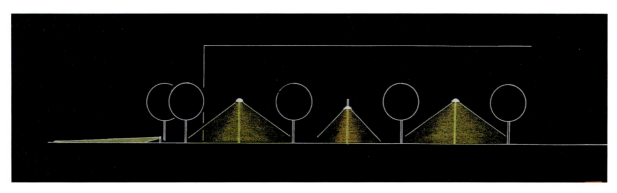
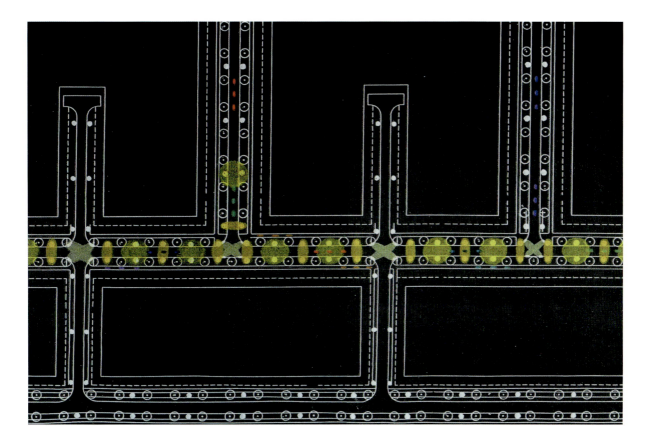

Eine aufgeständerte glas-
umschlossene „Straße", die
bei Nacht wie ein
Leuchtwurm strahlt.

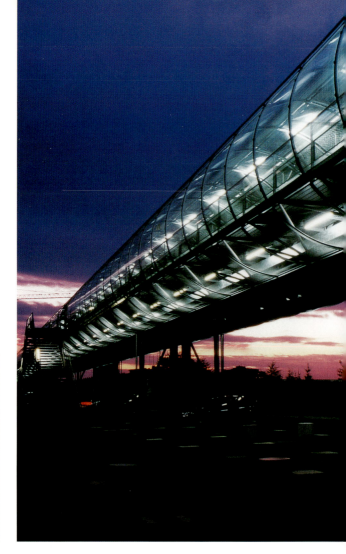

Skywalk, EXPO 2000, Hannover
Architekten: Schulitz + Partner, Braunschweig
Lichtplanung: Projektleitung Ulrike Brandi Licht;
Marina Müller-Wiefel, Oliver Ost
Fertigstellung: 1998

Der Skywalk ist eine 340 m lange transparente Röhre und ermöglicht den wettergeschützten Zugang zu dem Ausstellungsgelände vom Messebahnhof her. Der aufgeständerte Skywalk verläuft linear in der Straßenmitte und befördert den Besucher wie „im Himmel über den Dingen schwebend" zu seinem Ziel. Die Straßenfläche sieht der Besucher wie einen Teppich, der in ein 6-m-Raster parallel zu den Leuchten aufgeteilt ist.

Das Licht des Skywalk entsteht aus zwei unabhängig voneinander funktionierenden Beleuchtungssystemen. Die allgemeine Beleuchtung der Verkehrsflächen im Straßenbereich durch Mastleuchten der EXPO-Leuchtenfamilie (bestückt mit CDM-T, 70W) schafft ein statisches, gleichmäßiges Licht. Die Beleuchtung im und unter dem Skywalk ist akzentuiert und veränderbar. Die Mastleuchten neben dem Bauwerk nehmen das 6-m-Raster auf und erfüllen bei einem Längsabstand von 30 m bei einer Höhe von nur 8 m alle technischen Anforderungen. Im Anfangs- und Endbereich verkürzt sich dieses Raster auf 24 m. Zusätzlich sind in den Achsen der Auf- und Abgänge Leuchten aufgestellt. Im unteren Teil des Skywalk befinden Leuchtstofflampen, die hinter einer durchscheinenden Metallverkleidung angebracht wurden. Dieses Licht unterstützt die leicht und schwebendend wirkende Konstruktion in ihrer Wirkung. Die geschwungene Decke im Inneren des Skywalk (momentan noch mit weißem Licht) wird während der EXPO mit rechnergesteuertem, farbigem Licht hinterleuchtet. Die unterschiedlich starke Mischung der Grundfarben Rot, Gelb und Blau wird eine lebendige, sich ständig ändernde, ineinander übergehende Lichtstimmung vor dem Himmelshintergrund erzeugen.

Christoph Geissmar-Brandi

Das Diodenlichtband an der Bahnsteigkante hat eher eine Zeichen- als eine Beleuchtungsfunktion.

Bahnhof Alexanderplatz, Berlin
Architekten: Chestnutt Niess, Berlin
Lichtplaner: Projektleitung Ulrike Brandi Licht;
Mariana Müller-Wiefel
Fertigstellung: 1998

Die Deutsche Bahn AG hat die Bahnhofshalle und einen Passagenbereich neu gestaltet. Die historische Bausubstanz wurde wiederhergestellt und feinfühlig durch moderne Elemente ergänzt, zu denen auch neues Licht gehört.

Mit den Architekten schuf Ulrike Brandi Licht Sonderleuchten, deren Form und Licht sich vollständig der Architektur unterordnen. Ein Aluminiumflügel überspannt die eine Hälfte der neuen Passage und unterscheidet den Shop- und Verkehrsbereich. In Abständen von 2 Metern befinden sich Lichtschlitze, die quer zur Laufrichtung für das Allgemeinlicht sorgen, ohne störende Blendungen in den Schaufensterscheiben zu erzeugen.

Die unterschiedlichen Deckenhöhen im Passagenbereich sind in indirektes Licht getaucht, der höhere Bereich gewinnt so an Weite und ist durch Wandeinbauleuchten mit angepassten Reflektoren exakt und gleichmäßig ausgeleuchtet. Auf diese Weise werden auch die Unterseiten der Viadukte beleuchtet, auf denen der Bahnhof Alexanderplatz liegt.

Die traditionsreiche Bahnhofshalle erhält ihr Allgemeinlicht durch Pendelleuchten, die jeweils in den Deckenfeldern zwischen den Bindern angeordnet sind und die Bahnsteige warm beleuchten. Die Binder der Halle sind durch kühles Licht angestrahlt.

Eine Besonderheit ist das in die Bahnsteigkante eingelassene Diodenlichtband. Es hat keine Beleuchtungs-, sondern eine Zeichenfunktion. Zunächst ist es eine Warnung, nicht zu dicht an die Gleise zu treten. Aber das besondere, noch ungewohnte gelbliche Schimmern der Dioden über die Länge des Bahnsteiges, das mit einer Art (Licht-) Strich die architektonischen Gegebenheiten prononciert, ist gleichzeitig eine atmosphärische Ergänzung der Architektur.

Christoph Geissmar-Brandi

Die Lichtphilosophie
Dinnebier – Licht GmbH

In den Jahren seit der Firmengründung in Wuppertal wurden mehrere hundert Kirchen, Opernhäuser (z.B. Istanbul), Theater (z.B. in Dortmund, Solingen und Würzburg), Schulen, Flughäfen (z.B. in Moskau, Istanbul, Hannover, Düsseldorf, Köln/Bonn) Banken, Verwaltungsgebäude und Hotels beleuchtet. Die Fülle der Aufgaben reichte vom Licht der Weltausstellungen in Brüssel, Montreal, Osaka und Hannover über die Beleuchtung des Diplomatic Quarter in Riad und des dortigen Justizpalastes, über Messen in Khartum und Philadelphia bis zu einer Privatuniversität in Japan, die ins rechte Licht gerückt wurde.

Die meisten Lichtlösungen werden von der Dinnebier – Licht GmbH und den ca. 35 Mitarbeitern in unseren eigenen Werkstätten gebaut. Das gilt besonders für Lichtplastiken, Lichtstelen und -säulen. Ein frühzeitig bereits im Entwurfsprozess eingebundener Lichtplaner sollte zum festen Bestandteil der Architekturplanung zählen. Denn viele kreative Lösungen ergeben sich erst im Gespräch und in der langen Diskussion mit dem Architekten über einen Bau.

Sinnvolle Lichtplanung geht von der komplexen Erfassung der gestellten Beleuchtungsaufgabe aus. D.h. alle Umgebungsfaktoren müssen Berücksichtigung finden. Bereits während der Wettbewerbsphase hilft der Lichtplaner dem Architekten, zu einem umfassenden Entwurfsansatz zu kommen. Abgeleitet vom alten Grundgedanken, Räume zu belichten, stellt uns die heutige Technologie innovative und vielfältige Gedanken zur Verfügung. Primäre Aufgabe des Lichtplaners ist es heute, sowohl Tages- als auch Kunstlicht physiologisch richtig in die Architektur einzubinden. Hierbei müssen gestalterisch ambitionierte und wirtschaftlich optimierte Lösungen ihre Anwendung finden.

Unzählige Beispiele in aller Welt zeigen, wie genial schon früher Tageslicht über Umlenkung geführt wurde. So wurden zum Beispiel in der Türkei Höhlen über spiegelnde, flache Wasserflächen belichtet. Die Fülle der Lichtquellen ermöglicht es uns heute, vor kurzem noch ungeahnte Wege zu gehen. Die technologischen Innovationen der Leuchtmittelindustrie geben dem Lichtplaner und Leuchtenentwickler eine Vielzahl von Möglichkeiten und Freiheiten an die Hand, unsere Umwelt positiv zu gestalten und zu verändern. Aber unsere Projekte werden sich auch in Zukunft neuen Herausforderungen stellen; Lichtlösungen kann man nicht wiederholen. Deswegen ist auch in Zukunft unsere Kreativität gefordert.

Der neue Ringleuchter mit seiner Lichtlinsenoptik war der Schlüssel für die Entwicklung einer ganzen Leuchtenfamilie.

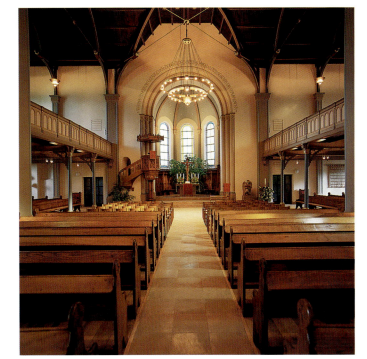

Zionskirche, Bielefeld-Bethel
Architekt der Restaurierung: Daniel Brunzema
Bauherr: Zionsgemeinde Bethel
Lichtplanung: Dinnebier – Licht GmbH
Fertigstellung: 1998

Die Zionskirche ist das Zentrum des Gemeindelebens in Bethel. Die Grundsteinlegung der Kirche war im Jahr 1883. Friedrich von Bodelschwingh selbst zeichnete die Entwürfe. Im Zuge der Restaurierung sollte eine neue Beleuchtung gestaltet werden. Hier wurden von Anfang an hohe Anforderungen an Lichtatmosphäre, Sehkomfort, variable Schaltbarkeiten und ansprechende Formensprache berücksichtigt. Der zentrale Ort vor dem Altar war bereits früher durch einen historischen Leuchter akzentuiert worden.

Der neue Ringleuchter sollte modern sein und sich gleichzeitig in die Gesamtgestaltung einfügen. Für die Knotenpunkte des Leuchters wurde eine Lichtquelle (Hochvolthalogen) gefunden, die sowohl blendfreies direkt gerichtetes Licht erzeugt, als auch indirekt die sehr schön erhaltene Holzdecke erhellt. Diese speziell entwickelte Licht-Linsenoptik war der Schlüssel für die Entwicklung einer kompletten Leuchtenfamilie.

Auf die Oberflächen aller Leuchten wurde sehr viel Wert gelegt. Sie sind messingbrüniert und bilden in Kombination mit der warmen Lichtfarbe je nach Dimmeinstellung mystisch leuchtende bis hell strahlende Lichtelemente.

Berlin Museum mit Jüdischem Museum
Architekt: Daniel Libeskind
Bauherr: Senatsverwaltung für Bauen, Wohnen und Verkehr Berlin
Lichtplanung: Dinnebier – Licht GmbH
Fertigstellung: 1999

Durch das barocke Kollegienhaus betritt man einen dramatischen Eingangs-Leerraum (Void). Über eine Treppe, die unter die Fundamente des Altbaus führt, gelangt man in ein unterirdisches Labyrinth, das sich über der Erde in einem eigenständigen Gebäude materialisiert. Der Altbau ist eng mit dem Untergeschoss des Erweiterungsbaus verbunden. So wird die widersprüchliche Autonomie von Alt- und Neubau an der Oberfläche bewahrt, während sie in der Tiefe von Raum und Zeit eng miteinander verbunden sind.

Die Form des Museums wird von einem Leerraum (Void) durchschnitten, einer geraden Linie, deren Unzugänglichkeit zentraler Bezugspunkt ist und um den die Ausstellung sich organisiert. Um von einem Teil des Museums in den anderen zu kommen, überqueren die Besucher 60 Brücken, die sich zum Leerraum hin öffnen – einem Symbol für die Verkörperung der Abwesenheit jüdischer Kultur.

Das Lichtkonzept wurde in enger Abstimmung mit dem Architekten entwickelt.

Lichtlinien Ausstellungsräume

In der Ausstellung steht die Akzentbeleuchtung im Vordergrund, die Grundbeleuchtung ist zurückhaltend. Beide Beleuchtungen sind in Lichtlinien integriert, die kreuz und quer, sich schneidend, über die Decke laufen.

Die Geometrie der Deckenspiegel steht in engem Zusammenhang mit der Geometrie der Fassaden und mit dem Zickzack des Hauses. Neben den sich schneidenden Linien des Hauses, der gewundenen Linie der Geschichte Berlins und der geraden Linie der Voids, die für die Abwesenheit von jüdischer Kultur in Berlin stehen, gibt es eine Vielzahl von weiteren Linien. Sie verbinden die Adressen von ermordeten Berliner Juden mit den Namen Berlin oder Berliner und wurden beim Layout der Fenster, der Fußböden und der Lichtlinien verwendet.

Die Decken sollten außer diesen Linien keine weiteren Elemente enthalten. So wurden diese Linien zum Träger der gesamten deckenmontierten Haustechnik. In den 2000 Metern dieser Linien wurden Not-, Grundbeleuchtung, die Stromschienen der Akzentbeleuchtung, die Rauchmelder, die Lautsprecher und die Antennen der funkgesteuerten Alarmtechnik sowie Revisionsklappen untergebracht. Lediglich die Abluftöffnungen der Quelllüftung sind unabhängige Elemente. Die Schienen haben eine um 30 mm in die Decke zurückgesetzte Abdeckung, um die technischen Elemente optisch in den Hintergrund zu setzen; bei quer verlaufenden Linien kann diese Abdeckung unsichtbar sein. Die Profile und Einsätze wurden von der Firma Semperlux geliefert, die auch die zum Teil extrem spitzwinkligen Kreuzungen mit bis zu 1,4 m Länge herstellen konnte. Die dimmbare Grundbeleuchtung wurde mit TC-L Lampen bestückt. Die Strahler der Akzentbeleuchtung werden in die Stromschienen eingesetzt und sind frei unter der Decke beweglich. Sie bestehen aus einfachen Rohrabschnitten mit einem Gelenk. Entsprechend der Anforderung des Museums wurden Spots und Fluter der Firma Schneider-Moll mit Halogen- und Metallhalogenbestückung geliefert.

Die fast 2000 m langen Linien des Baus in Decke und Wänden nehmen die gesamte Technik inklusive der Beleuchtung auf.

Lichtfugen Untergeschoss

Zu den langen Achsen, die wie Straßen vom Haupteingang zu der großen Treppe, zum Garten des Exils und zum Holocaust Memorial führen, gibt es jeweils eine beleuchtete Linie, die wie eine Führungslinie, außermittig, in der schwarzen Decke verläuft. Wichtig bei diesen Lichtlinien war die Abstraktion, das Fehlen von sichtbarer Lichttechnik. Die Linien sind aus Gipskarton gebaute Kanäle mit indirekt angestrahlter Oberseite. Neben den dimmbaren Langfeldleuchten mit geringster Aufbauhöhe wurden hier Notbeleuchtung, Lautsprecher und Rauchmelder eingebaut. Die neben der Öffnung eingebaute Stromschiene kann Strahler zur Objektbeleuchtung aufnehmen. Das Lichtkonzept sieht eine recht helle Grundbeleuchtung vor, die nur selten mit Akzenten verstärkt wird; zudem sind in die Wände beleuchtete Vitrinen eingebaut.

Voids und Voidbrücken

Das Konzept des Hauses verbietet eingebaute Objekte in den Voids. Die Brücken durch die Voids sind mit dicht über dem Boden montierten Aufbauleuchten beleuchtet. Passend zu dem rauheren Charakter der Voids sind die Leuchten aus gebürstetem Edelstahl mit einer sandgestrahlten Glasabdeckung. Die Innenräume der Voids werden mit Leuchten erhellt, welche die vorübergehenden Besucher als Schatten auf die gegenüberliegende Wand projizieren.

Treppe T5

Die große Ausstellungstreppe ist von Metallhalogenstrahlern beleuchtet, die unterhalb der Rauchabzugsöffnungen eingebaut sind und von oben gewartet werden. Sie erzeugen scharf abgegrenzte dramatische Lichtkegel, die einen Dialog zu den schrägwinkligen Balken aufnehmen. Dieses Lichtkonzept wurde an einem 1:30 Modell durch Mithilfe aller im Büro Libeskind vorhandenen Schreibtischlampen geboren. Der beleuchtete Handlauf gibt dem gewaltigen Treppenraum einen menschlichen Maßstab, an dem man sich zugleich festhalten und orientieren kann.

Außenbeleuchtung

Das Museum hat keine Anstrahlung von außen. Eine minimale Beleuchtung der Ausstellungsräume lässt nachts die Fenster als helle Linien in der unbeleuchteten Fassade hervortreten. In Bereichen, wo eine Beleuchtung notwendig war, wurden Außenstrahler in die Fensterschlitze integriert. Dies ermöglichte, die Freiflächen weitgehend frei von Außenleuchten zu halten.

Das Motiv der hohen schmalen Fenster in der Fassade kehrt in den langen Lichtstreifen unter der Decke wieder.

Hauptbahnhof Oberhausen
Architekt: Heinrich Böll, Essen
Bauherr: Deutsche Bahn AG, Stadt Oberhausen
Lichtplanung: Dinnebier – Licht GmbH
Fertigstellung: 1998

Der Entwurfsgedanke: Ein lichtdurchflutetes Gebäude, das zum Verweilen einlädt und sich dem Stadtgeschehen öffnet. Obwohl die Bahnhofshalle denkmalpflegerisch restauriert und rekonstruiert wurde, sollte das Licht den heutigen Zeitgeist widerspiegeln; dies im wahrsten Sinne des Wortes, denn im Haupthallenbereich fiel die Entscheidung auf ein Spiegel-Werfer-System.

Die Parallelwerfer für Halogen-Metalldampflampen (5 Stück in jedem der 12 Wandfelder) richten ihr gebündeltes Licht auf im Deckenbereich installierte Facettenspiegel. Dieses Beleuchtungssystem bietet eine Reihe von Vorteilen, z.B.
- blendfreie und wartungsfreundliche Beleuchtung (Strahlerposition ca. 4 m Höhe),
- durch die verdeckte Montage der Strahler entsteht bei einer Teilschaltung nie der Eindruck von defekten Lampen,
- die Halogenmetalldampflampen haben eine Lebensdauer von 9000 Stunden (ca. ein Jahr),
- die Facettenspiegel sind flexibel einstellbar und in 12 m Höhe völlig wartungsfrei.

Die Spiegeloberfläche besteht aus seidenmatten Alufacetten. Für Sonnenflecken als Lichtakzente auf dem Boden wurden die Spiegel mit zusätzlichen Facetten aus hochglänzendem Reflektormaterial belegt. Durch eine Fünf-Stufen-Schaltung der seitlich installierten Parallelwerfer können verschiedene Lichtstimmungen (Tages- und Nachtstimmung) erzielt werden.

Das Thema der Lichtdurchflutung setzt sich in den Querhallen durch Lichtdecken in den Mittelbereichen fort. Hierbei wurden die vorhandenen Tageslichtdecken durch spezielles Milchüberfangglas ersetzt. Durch zusätzlich verdeckt eingebrachte Lichtleisten werden die Lichtdecken ebenfalls nachts aktiviert. Diese Beleuchtung bietet sowohl den Vorteil des Sonnenschutzes als auch den weichen Übergang von Tages- zu Kunstlicht. Die rhythmisch angeordneten Downlights in den Seitenzonen stehen in einem reizvollen Kontrast zur Gleichmäßigkeit der Lichtdecken. Hier entstehen zwei Raumzonen, die besonders in der rechten Halle einen idealen Platz für zum Beispiel die Raumerweiterung eines Restaurants bieten. Die zurückhaltend indirekte Beleuchtung im Tunnelmund bildet das Ende der Hallen und den Zugang zu den Gleisen.

Das Oberlicht in Länge des gesamten Baukörpers ist strukturelles Rückgrat und Beleuchtungslinie.

Flughafen Düsseldorf, Flugsteig A
Architekt: J.S.K. Architekten, Düsseldorf
Bauherr: Flughafen Düsseldorf GmbH
Lichtplanung: Dinnebier – Licht GmbH
Fertigstellung: 1997–1998

Der Großflughafen Düsseldorf ist eine Drehscheibe für den internationalen Personenverkehr. Als repräsentatives Umfeld vorwiegend für Geschäftsleute ist der hauptsächlich von der Lufthansa genutzte Flugsteig A besonders wichtig. Um dem ca. 200 m langen Baukörper auch in der mittleren Erschließungszone Tageslicht zukommen zu lassen, erhielt das Dach in ganzer Länge ein Oberlicht. Die speziell entwickelten Leuchten sind an statisch notwendigen Unterzügen angebracht und projizieren Lichtstrahlen auf die Seitenflächen der Unterzüge und beleuchten den „Broadway" in Längsrichtung. In den übrigen ein- und zweigeschossigen Bereichen wurden die Decken mit transparent und leicht wirkenden Edelstahlgeweben abgehängt. Diese Gewebe bieten durch ihre Textur und die Art der leicht gewölbten Verspannung eine dynamische reflektierende Oberfläche.

Um die Materialwirkung und Brillanz dieser Decken zu inszenieren, wurde ein neuer Leuchtentyp entwickelt, der zwei Beleuchtungsfunktionen erfüllt: die Grundbeleuchtung mit einer vorgegebenen Gleichmäßigkeit bei entsprechender Blendungsbegrenzung sowie eine Akzentlichtkomponente, die gerichtetes Licht auf die Edelstahlgewebe bringt.

Gelöst wurde diese Aufgabe durch ein mehrteiliges, zylindrisches Downlight, das radialschattenfreies, direktes Licht durch eine Glasringlinse auf die Gewebe bringt. Der Einsatz dieses Leuchtentyps sowohl in ein- als auch in zweigeschossigen Bereichen schafft eine wahrnehmbare Durchgängigkeit bis hin zu der optischen Raumerweiterung durch Lichtpunktspiegelungen in den Glasfassaden. Bestückt wurden die Ringlinsendownlights je nach Raumhöhe mit 70–150 W Halogen-Metalldampflampen.

Besonders die VIP-Lounges mit ihrem exklusiven Ambiente bedurften einer besonderen Lichtatmosphäre. Erreicht wurde diese durch neu entwickelte Minimaldownlights für die CDM-R Par 20 Lampen von Philips, die in den Zwischenräumen der Deckenlamellen angebracht sind.

 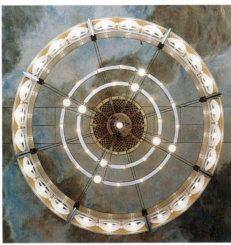
Der zentrale Kronleuchter im großen Saal zitiert sein historisches Vorbild.

Individuelle Leuchten in den unterschiedlichen Räumen.

Stadthalle Wuppertal
Architekten: Baltzer + Partner
Bauherr: Stadt Wuppertal
Lichtplanung: Dinnebier – Licht GmbH
Fertigstellung: 1995

Nach der aufwendigen Restaurierung zeigen sich die Festsäle der Stadthalle am Johannisberg in beeindruckender Pracht; die Wiederherstellung des Zustandes von 1910 ist geglückt. Detailliertes Nachbilden von Originalen und behutsame Erneuerungen sind charakteristisch für die Architektur der Innenräume. Bei der Lichtgestaltung stand die Moderne im Vordergrund. Wandleuchten, Leuchten in den Vouten, Lichtreihen auf den Galerien ermöglichen eine Dramaturgie der Illuminierung, die in ihrer Helligkeit regulierbar und mittels Computer programmierbar ist. Jede Beleuchtungseinheit und auch einzelne Leuchter können unabhängig voneinander bedient werden.

Die fast hundert Jahre alten Räumlichkeiten beherbergen heute einen modernen Kulturbetrieb; das erfordert eine anspruchsvolle und gleichzeitig variable Beleuchtung. Entwickelt wurde ein bewegliches Lichtsystem, das den technischen und ästhetischen Bedingungen Rechnung trägt. Die Beleuchtung erfolgt auf mehreren Ebenen, so dass alle Nuancen der Raumgestaltung zum Ausdruck kommen. In jedem Raum kann eine unterschiedliche Stimmung erzeugt werden. Einheitlich im Material wurden die Leuchtkörper für jeden Raum individuell entwickelt. Die Komposition folgt der Hierarchie der Räumlichkeiten, Treppe, Flure, Säle und als Höhepunkt der große Saal. Von Raum zu Raum werden die Lichtkörper aufwendiger und edler in der Verarbeitung.

Der zentrale Kronleuchter im großen Saal ist der prunkvollste der Stadthalle. Form und Aufbau zitieren den historischen Kronleuchter, der an dieser Stelle hing. Im äußeren Ring des Leuchters reihen sich durchbrochene elliptische Metallkörper aneinander, umschlossen von Gewebeschichten aus Kupfer und Edelstahl. Linsen bündeln das Licht der Halogenlampen nach unten. Eine zweite nach oben gerichtete Lichtquelle erhellt das Deckenfeld. Sind alle unterschiedlichen Lichtquellen eingeschaltet, umgibt den Leuchter eine festliche Aura.

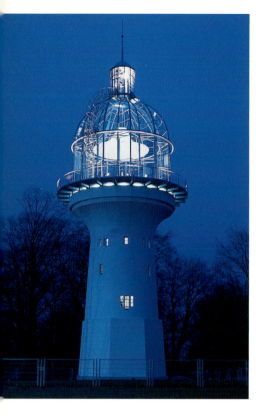

Der Wasserturm ist heute ein Lichtlabor, wo Experimente mit Tages- und Kunstlicht stattfinden. Die mittige Öffnung lässt das Licht aus der Kuppel bis ins Erdgeschoss durchfallen.

Wasserturm Gräfrath
Architekten: Fritz Figge / Jan Dinnebier
Bauherr: Johannes Dinnebier
Fertigstellung: 1998

1904 wurde der Gräfrather Wasserturm gebaut, 276 m über NN hoch, 200 Kubikmeter Füllung. Die Behälterkonstruktion beruht auf dem so genannten Intze-Prinzip. Der Boden des Kessels ist nach oben gewölbt. Schwer mitgenommen wurde der Turm im Zweiten Weltkrieg, jedoch kurzfristig wieder instand gesetzt. Da sein Fassungsvermögen bald nicht mehr reichte, wurde er 1983 stillgelegt. Sein Zustand war desolat. Der Ruhestand beschleunigte den Verfall. Er wurde schließlich Baudenkmal und in der Denkmalsliste geführt. Dabei war in erster Linie der Metallbehälter ein erhaltenswertes Detail.

„Einsturzgefahr" hieß es dann 1984. Abriss stand an. Bis Ende 1985 suchte man private Interessenten. Alle kannten die eingeschränkte Nutzung durch den Stahlbehälter. 1987 befand die Stadt die Rettung des Baus als technisch unmöglich. 1988 war der Architekt Heinz-Willi Müller Initiator des „Förderverein geldgeschichtliches Museum Wasserturm Gräfrath e.V." und verhinderte den Abriss. Zuschüsse waren zugesagt, kamen aber nicht. 1993 trat Johannes Dinnebier mit einem konkreten Vorschlag für Finanzierung, Restaurierung und Nutzung auf. Im April desselben Jahres kaufte er Turm und Grundstück.

Der alte Kopfbau wurde abgerissen und durch eine Kuppel – Durchmesser elf Meter – aus Stahl und Glas, geringfügig größer als der frühere Aufsatz, ersetzt. Die Stahl-Glas-Konstruktion fügt sich zu einer „gefalteten" Oberfläche. Für Erwärmung oder Kühlung sind die Stahlrohre mit Wasser gefüllt. Frischluft aus dem Erdreich als natürlichem Filter gelangt ins Innere. Sie kühlt im Sommer und wärmt durch Wärmetausch im Winter. Eine Photovoltaikanlage in der Kuppel erwärmt das Wasser und spendet Schatten. Mit Hilfe von Folien, Spiegeln, Prismen und Hologrammen wird direktes, indirektes oder reflektierendes Licht in die Innenräume gelenkt.

In der Skala der Nutzungsmöglichkeiten steht das Licht ganz oben. Das Gebäude ist ein Labor für Experimente mit Tages- und Kunstlicht. Der Standort prädestiniert den Turm geradezu für den Umgang mit dem Klima, für Experimente mit Energie in Theorie und Praxis. Darüber hinaus ist die Kuppel bestimmt für Gespräche, Tagungen, Kolloquien, Vorträge, aber auch Empfänge und kleine Konzerte.

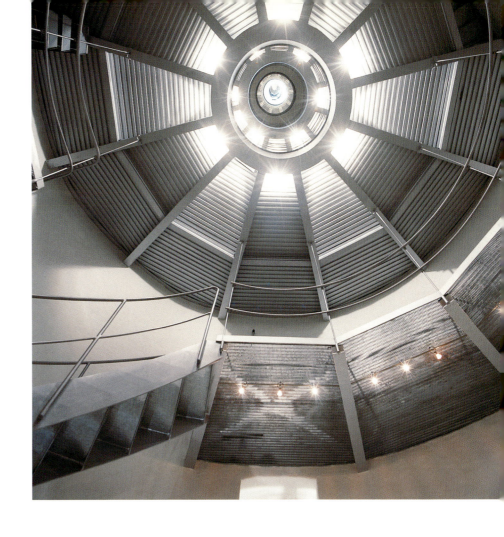

Weniger ist mehr
Atelier für Tages- und Kunstlichtplanung Kress & Adams

Am Ende dieses Jahrhunderts entdecken Architekten, Planer und Designer wieder die Reduktion der Formensprache auf das Wesentliche. Diese Architekturphilosophie erklärt auch unsere Haltung, da wir nämlich alles Geschmäcklerische ablehnen. Wir illuminieren Bauten, bei denen sich eine besondere Aufgabe stellt. Dies bedeutet für uns eine Herausforderung.

Ideenfindung endet nicht beim Licht. Als Lichtplaner ist man Grenzgänger, und so liegt bisweilen ein unwiderstehlicher Reiz darin, unsere Kompetenz auch in anderen Bereichen zu entfalten. Bei jedem Projekt ist uns von Anfang an daran gelegen, das Umfeld unserer Leuchten mitzubestimmen. Nicht selten beziehen wir gestalterische Lösungsansätze für die Deckengestaltung, die Klimatisierung oder Akustik in unsere Gedanken mit ein, um das Ziel eines ganzheitlichen architektonischen Konzeptes um- und durchzusetzen.

Wenn Architekten und Lichtplaner kooperieren, dann bedeutet das für den Architekten, Kompetenzen abzugeben, um einem Spezialisten das Feld zu überlassen. Mit diesem geschenkten Vertrauen muss der Lichtplaner verantwortlich umgehen, ohne eigenmächtig zu handeln. Nur sensibles Einfühlungsvermögen in die Architektur führt zu einer adäquaten Lichtplanung und einem guten, unmissverständlichen Leuchtendesign. Ein Lichtplaner bewegt sich zwischen diversen Interessenfeldern, die gleichermaßen Kompromiss- und Durchsetzungsfähigkeit verlangen. Je höher die Ansprüche sind, desto mehr braucht er von diesen Eigenschaften.

Mit dem Thema Lichtplanung haben wir uns einem problematischen Terrain verschrieben, das umso schwerer umzusetzen ist, je höher der Dialog zwischen Architektur und Licht angesiedelt ist. Mit unseren Beleuchtungslösungen versuchen wir, die räumliche Wirkung positiv zu beeinflussen und möchten vor allen Dingen auch Ästhetik vermitteln. Leider bewegen wir uns dabei in einem Dschungel von Normen und Gesetzen, der scheinbar jegliche Kreativität und Spontaneität bremst.

Trotz dieser Problematik lohnt es sich, gegen Gleichförmigkeit anzukämpfen. Das Ergebnis einer Lichtplanung wird umso besser, wenn die Architektur durch bewegtes Licht unter Beachtung der Nutzungsprämissen und der Einhaltung der notwendigen Normen interpretiert wird.

Probleme wie zum Beispiel die schlechte wirtschaftliche Lage des Baugewerbes, die immensen Sparmaßnahmen, die bei der öffentlichen Hand, bei Hochbauämtern, Staatshochbauämtern, bei Bundesbauämtern, aber auch bei Investoren in der freien Wirtschaft notwendig sind, leider aber auch der reduzierte Anspruch der Bauherren, wenn es darum geht, mit Architektur einen kulturellen Beitrag zu leisten, wirken sich nicht motivierend auf die Planer und unsere Ideenfindung aus. Trotzdem erlauben wir uns festzustellen, dass es die vielseitigsten, unterschiedlichsten Aufgaben, die in der gemeinsamen Zusammenarbeit mit Bauherren und Architekten an uns herangetragen werden, sind, die uns ermutigen, fordern und letztendlich dazu beitragen, unsere Kreativität auf die Probe zu stellen und zu einem außergewöhnlichen Ergebnis zu finden. Wir versuchen, uns jeder neuen Aufgabe zu stellen; wir erfinden das Rad immer wieder neu.

Lichtkonzeptionen für zeitgemäße Architektur zu entwickeln, ist für uns genauso reizvoll, wie an historischer Architektur zu arbeiten. Unsere überregionale Tätigkeit erfordert in Fragen des persönlichen Umgangs miteinander Toleranz, im fachlichen und kulturellen Bereich das Denken in Zusammenhängen und die Bereitschaft, für jedes Projekt neue Verantwortlichkeiten zu definieren.

Zu dem komplexen Prozess der Lichtplanung gehört auch die Entwicklung von Leuchten. Dabei handelt es sich um Leuchtenentwürfe, die von uns in eine spezielle Architektur hineingestellt werden. Hier verstehen wir uns auch in der Designsprache als Mittler zwischen Architektur und Licht und suchen eine reduzierte Formensprache der Leuchten zwischen Zurückhaltung und Minimalisierung. Die Architektur, die Menschen, die täglichen Abläufe stehen dabei im Vordergrund; eine Lichtkonzeption hat einzig die Aufgabe, den Raum in seiner architektonischen Aussage zu unterstützen, ihn unter Einbindung eines ästhetischen Designs zu rhythmisieren.

In einem kürzlichen Interview sagte Jean Nouvel: „Regisseure und Architekten sind in einer ähnlichen Situation. Sie arbeiten in einem Team, ihnen wird viel Geld anvertraut. Dieses Geld muss etwas einbringen. Wir haben keineswegs die Freiheit des Malers, des Schriftstellers. Wir werden regelmäßig zensiert im Namen der Ökonomie, im Namen der Sicherheit, im Namen des Kunden." Dies ist ein Statement, dem wir uns gerne anschließen und stellen.

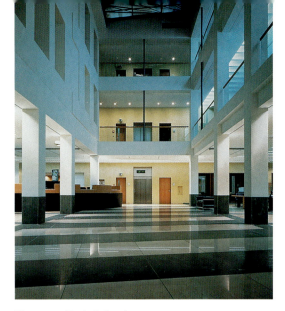

Eingang zur Kundenhalle mit linearen Bodeneinbauleuchten im Bereich der schräg eingestellten Glaswand

Cafeteria

Kundenhalle mit schmalen Deckenvouten, die mit zurückgesetzten Slimline-Röhren indirekt aufgehellt werden

Lichthof der Kundenhalle

Filiale der Commerzbank AG, Aachen
Architekten: Marlies Hentrup, Norbert Heyers, Aachen
Bauherr: Commerzbank AG, Zentrale Abteilung Bau, Düsseldorf
Lichtplanung: Kress & Adams, Atelier für Tages- und Kunstlichtplanung, Köln
Fertigstellung: 1995

Der Umbau der Commerzbank in Aachen bedeutete die Überlagerung der alten Gebäudestruktur mit einer neuen. Eingriffe in die Substanz sowohl außen als auch innen sind behutsam und doch eigenständig. Der Höhepunkt des Gebäudes ist ein Lichthof, der im Erdgeschoss von der Kundenhalle gerahmt wird und in den beiden Obergeschossen ein Atrium bildet.

Für die Lichtplanung waren geringe Leuchtdichtekontraste zwischen dem Tageslichtanteil, der durch den Hof flutet, und den angrenzenden Funktionsbereichen, die durch das Kunstlicht geprägt werden, angestrebt. Lineare, konzentrierte Deckenvouten werden indirekt mit zurückgesetzten Slimline-Röhren aufgehellt und assoziieren tageslichtähnliche Öffnungen in Form einer Deckengrafik, die entmaterialisiert, die Raumtiefe weitet und die Räume optisch höher erscheinen lässt. Hier ist ein Instrument gefunden, das Licht in seiner Immaterialität materialisiert. Diese Konzeption wird durch Niedervoltdownlighter und extrem schmal ausgebildete Darklightleuchten sparsam aufgebrochen.

Die Kundenhalle und SB-Zone sind von einer schräg stehenden, geneigten Glaswand getrennt, die ihre lichtarchitektonische Unterstützung durch eine parallel verlaufende Bodenleuchte findet. Das bedruckte Glas ermöglicht weiche Reflektionen und wirkt Raum bildend. Das Licht ordnet sich den Gesetzen des Raumes unter, konstruierte Schattenbildungen werden vermieden.

Innenhof

Schräg gestellte Glasfassade mit Besprechungsturm

Außenansicht an der Uerdinger Straße

Neubau Verwaltungsgebäude
IKB Deutsche Industriebank AG, Düsseldorf
Architekten: Siegfried Müller, Maja Djordjevic-Müller, Werner Krehl, Stuttgart
Bauherr: IKB Deutsche Industriebank AG, Düsseldorf
Lichtplanung: Kress & Adams, Atelier für Tages- und Kunstlichtplanung, Köln
Fertigstellung: 1997

Die Entwurfsidee der Architekten war es, ein introvertiertes Gebäude zu schaffen. Der Hauptkörper des sechsgeschossigen Verwaltungsbaus ist ein Quadrat, das durch einen Innenhof, der zur zentralen Halle führt, erschlossen wird. Als Passant und Autofahrer erlebt man ein strenges, monolytisch anmutendes Gebäude mit einer klassischen Lochfassade.

Der von außen so statisch und streng wirkende Gebäudeblock entwickelt sich im Innenhof zu einer erlebnisreichen Architektur mit schräg gestellter Glasfassade und einem Gebäudekörper mit einem Flugdach, der einen großen Konferenz-/Veranstaltungssaal, das Mitarbeiterrestaurant und die Cafeteria beherbergt. Ein besonderes architektonisches Statement bilden zwei ovale, komplett verglaste, transparente Treppenhaustürme, die als Verbindungselement zwischen dem „Quadrat" und dem „Riegel" postieren.

Maßgabe für die Beleuchtungsplanung war die Planung einer integralen Lichtkonzeption. Die transparente Halle mit den eingestellten Geschossebenen erhielt ein „Rückgrat" mit durchgehenden linsenförmigen Lichtlinien, die von Downlightteppichen mit weißmatten Reflektoren unterstützt werden. Glasaufzüge werden von blauen filigranen Slimline-Röhren begleitet. Diese Lösung schafft eine eindeutige Signifikanz. Die sechsgeschossigen Hallenbereiche werden von tief-breit-strahlenden Doppelfokusleuchten durchflutet, die sich in den Außenbereichen fortsetzen. Kreisförmige, an der Fassade gelegene Betonsegel werden von frei strahlenden weißen Slimline-Röhren nachgezeichnet. Die Architekten nannten diese Elemente „UFOs".

Die Themen des „sichtbaren Lichtes" in Gestalt von Linien, Quadraten oder Kreisen ziehen sich

Hallenebenen mit „UFOs", nachgezeichnet mit kreisförmigen Slimline-Röhren

Foyer mit „Beton-Wellendecke" mit eingebauten, diffusen Leuchten

durch das gesamte Gebäude. Im Betriebsrestaurant und der Cafeteria spinnen feine hinterleuchtete Glaslinien ein „Deckennetz" oder eine flächige diffuse Lichtdecke. Zugeordnete Niedervoltdownlighter durchbrechen die diffusen Licht-Decken-Strukturen, inszenieren die Materialien und bilden eine angenehme Raumatmosphäre.

Der Künstler Daniel Buren hat diese Raumbereiche mit „Kunst am Bau" mitgestaltet. Dominante Farbwahl und grafische Linien sind seine vorrangigen Elemente. Kunst und Licht verschmelzen hier zu einem homogenen Raumbild.

Bei dem Entwurf wurde die Frage der Klimatisierung und der Akustik mit einbezogen. So entstand ein „Licht-Klima-Segel"; ein arbeitsplatzbezogenes Deckenelement nimmt eigens entwickelte Reflektoren für 24 W Kompaktleuchtstofflampen auf. Eine Reflektorumlenktechnik aus mattem Spiegelmaterial mit einem zurückgesetzten, nicht sichtbaren Leuchtmittel ermöglicht einen hohen Leuchtenwirkungsgrad, eine blendfreie Bildschirmarbeitsplatzbeleuchtung, geringe Anschlussleistungen und den Verzicht auf die üblichen Darklightrasterabdeckungen.

Lageplan mit Außenbeleuchtungskonzeption

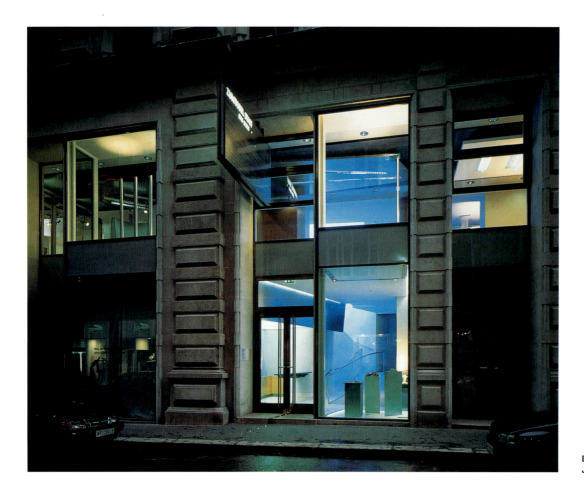

Eingangsbereich von der Jasimirgottstraße

Lichtforum Zumtobel Staff, Wien
Architekt: Hans Hollein, Wien
Bauherr: Zumtobel Staff, Dornbirn
Lichtplanung: Kress & Adams,
Atelier für Tages- und Kunstlichtplanung, Köln
Fertigstellung: 1996

Das repräsentative Zumtobel-Staff-Forum liegt in Wien in der Jasimirgottstraße, unweit des Stephansdomes. Das Unternehmen will mit diesem Forum seine Kompetenz durch die Präsentation von High-Tech- und High-Quality-Produkten darstellen und hervorheben.

Das Lichtforum ist ein Informationszentrum für Architekten, Lichtplaner und Bauherren. Mit Veranstaltungen und Ausstellungen werden kulturell Interessierte und Architekturtouristen angesprochen. Das Zentrum soll dem Anspruch des Bauherrn folgend „der Bedeutung des Lichtes für die Architektur eine Architektur für das Licht entgegenstellen".

Der Eingang in der Jasimirgottstraße interpretiert mit integralen Lichtlösungen und Lichtführungselementen den Eingang des Lichtforums. Eine flächig hinterleuchtete Leichtdecke weitet den Raum und simuliert Raumhöhe. Die Erschließung der eigentlichen Ausstellungsräume erfolgt über eine aufwendig gestaltete Marmortreppe. Dieser Treppenraum wird zum zentralen Erlebnisraum für den Besucher. Eine hinterleuchtete Leichtdecke entfaltet das Farbspektrum der blauen und weißen Lichtfarbe. Die Farbverläufe werden über computergesteuerte Bewegungsabläufe in Lichtszenarien umgesetzt. Diese verwandeln den Raum in eine Welt, die Immaterialität wie Materialität gleichermaßen dokumentiert.

Die Materialauswahl wurde auch im Hinblick auf die verschiedenen Lichtwirkungen ihrer Oberflächen vorgenommen. Ob Stein, Stahl, Stucco Lustro oder Holz, dem Architekten ging es darum, „Licht als Funktion, Licht als Erlebnis, Licht als Generator einer Atmosphäre erlebbar zu machen".

Kreisförmige, hinterleuchtete Spannlichtdecke im Treppenaufgang

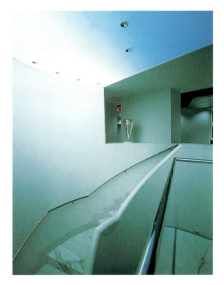

Ausstellungsbereich im 1. Obergeschoss

Treppenaufgang mit Blick in den Lichthof

Westfälisches Landesmuseum für Kunst- und Kulturgeschichte, Münster
Architekten: Landschaftsverband Westfalen-Lippe, Hochbauabteilung, Münster
Bauherr: Landschaftsverband Westfalen-Lippe, Münster
Lichtplanung: Kress & Adams, Atelier für Tages- und Kunstlichtplanung, Köln
Fertigstellung: 1998

Der Bau von 1908 wurde von Hermann Schaedtler, Hannover, errichtet. Das Konzept des Architekten ging von einem glasüberdeckten, reich dekorierten Lichthof aus. Um ihn herum gruppierten sich in zwei Ebenen Kreuzgänge, an die sich alle weiteren Räume anschlossen.

Frührenaissance und Spätgotik prägen die Schmuckgiebel der Fassade. „Als einige der wenigen noch erhaltenen historischen Großbauten am Domplatz und in der Altstadt kommt dem Museum eine außerordentliche architekturgeschichtliche Bedeutung zu." Dem Zweiten Weltkrieg fielen die Giebeltürme und das komplette Dach zum Opfer. Weitere Veränderungen erfuhr der Bau Ende der sechziger, Anfang der siebziger Jahre. Beim Umbau war das Ziel ein reiner Ausstellungsbau. Der Altbau wurde in wesentlichen Teilen erneuert und auf den Stand eines zeitgenössischen Museums gebracht.

Die Lichtkonzeption folgt der zeitgenössischen Architektursprache. Der imposante Lichthof ermöglicht unterschiedliche Lichtszenarien, eine Tageslichtwirkung durch das gewölbte Glasdach, die diffuse Kunstlichtdarstellung durch das flächige Hinterleuchten des Glasdaches und eine dramatische, theatralische Lichtstimmung mittels integrierter Doppelfokusdownlighter.

Für die Kreuzgänge/Galerien wurde eine filigrane Indirektleuchte entwickelt, die auch die Adaption zierlicher Strahlerelemente zur Ausleuchtung der Objekte ermöglicht. Die eigentlichen klassischen Ausstellungsräume stellen sich als „Lichträume" dar; gleichmäßig erleuchtete Wandflächen bilden den Hintergrund für die Kunstobjekte.

In der Wechselausstellung mit Blick auf den Domplatz sind drei unterschiedliche Lichtkomponenten vorgesehen. Ein diffuses Allgemeinlicht mittels schmaler Glasleuchtenbänder, ein stimmungsvolles Licht mittels Niedervoltdoppelfokusdownlightern und Stromschienen zur Adaption von Strahlerleuchten dienen zur akzentuierten Betonung der Kunstobjekte.

Innenhof mit Glasüberdachung mit integrierten Doppelfokus-Downlightern und Indirektbeleuchtung in den Kreuzgängen

Innenhof mit Glasüberdachung, ausgebildet als Tages- und Kunstlichtdecke

Wechselausstellungssäle

Treppenaufgang mit Anschluss an die Galeriebereiche

Showroom Hauptfassade: Eine blaue Niederspannungsleuchtröhre zeichnet die gebogene Glasbausteinwand nach.

Verwaltung, Showroom und Produktion der Rodust & Sohn Lichttechnik GmbH, St. Augustin
Architekt: Klaus Müller, Köln, mit Stefano Vidale
Bauherr: Rodust & Sohn Lichttechnik GmbH, St. Augustin Lichtplanung: Kress & Adams, Atelier für Tages- und Kunstlichtplanung, Köln
Fertigstellung: 1996

Die Architektur soll die gestalterischen Ansprüche eines qualitätsbewussten Leuchtenproduzenten nach außen dokumentieren.

Eine 103 Meter lange und 10 Meter hohe Sichtbetonscheibe zieht sich als Rückgrat durch das gesamte Gebäude und trennt Verwaltung, Showroom und Lager. Auch in der Fassadengestaltung lassen sich die verschiedenen Nutzungsbereiche ablesen. Der den Eingangsbereich definierende Showroom wird von einer Glasbausteinwand begrenzt. Vor die Sichtbetonwand, die den Showroom begrenzt, wurde eine zweite Wand aus satiniertem Glas mit einem Abstand von 10 cm installiert. Eine Treppe in grauem Sandstein führt auf die Galerie im Obergeschoss.

Die Lichtplanung ist integrierter Bestandteil der Architektur. Die lange Sichtbetonwand wurde mit einer vertikalen Beleuchtung über Lichtleitersysteme in ihrer architekturbestimmenden Funktion herausgehoben. Konzentrierte Lichtaustrittspunkte sind in Boden- und Treppenflächen integriert. Gebündeltes Licht strahlt aus Metallhalogendampflampen. Das Firmenzeichen ist prägnant auf die Betonscheibe projiziert. Die Glasbausteinwand des Showrooms wird horizontal durch eine blaue Niederspannungslichtlinie betont, Niedervoltdownlights bestreichen die Glasbausteine und setzen den Natursteinboden in Szene.

Der zweigeschossig angelegte Showroom beherbergt die eigentliche Ausstellung, die wie ein Messestand – eine Haus-im-Haus-Installation – aufgebaut ist. Hier werden die Leuchten des Unternehmens präsentiert. Unterschiedlichste Schaltmöglichkeiten, die über ein Bus-System gesteuert werden, zeigen die Lichtqualität der einzelnen Leuchten oder Leuchtfamilien. Besucher kommen hier in den Genuss unterschiedlicher Raum-Licht-Stimmungen.

Über die Halle erfolgt die Erschließung der Verwaltung. In den Chefbüros, Sekretariaten, Besprechungsräumen und in der Buchhaltung setzt sich die puristische Grundhaltung der Material- und

Innenfassade des Showrooms mit blauen Slimline-Röhren

Blick auf den Konferenztisch im Showroom mit filigranen, technoid ausgebildeten Pendelleuchten

Büroraum der Geschäftsleitung

Formensprache fort, jedoch ist die Atmosphäre keineswegs kühl. Ein Wechsel zwischen sachlichem Indirektlicht und Niedervolthalogenlicht führt die kontrastreiche Gestaltung des Architekten fort. In den Büroräumen werden Leuchten aus der eigenen Produktion gezeigt, während im Galeriebereich des Obergeschosses, der räumlich zur Halle gehört, auf zusätzliche Leuchten verzichtet wurde. Die bodenintegrierten Lichtleiteraustritte werden hier auf besondere Weise weitergeführt. Sie sind in den schmalen Streifen zwischen Sichtbetonscheibe und satinierter Glaswand gesetzt. Glas und Beton verschmelzen zu einer Einheit, die Fugenteilung der Glaswand wird als imposantes Lichtstrahlenspiel auf die glatte Decke projiziert.

KÜNSTLER

Der Lichtkünstler Jürgen LIT Fischer

Jürgen LIT Fischer ist Künstler, Lichtkünstler. 1941 in Frankfurt a.M. geboren, lebt und arbeitet er, der sich als Autodidakt bezeichnet, in Düsseldorf. Seit Anfang der neunziger Jahre ist in seiner Vita die deutliche Hinwendung zum Licht als künstlerischem Medium erkennbar. 1992 gewann er den ersten. Preis im Wettbewerb „Lichtinszenierung – Haldenereignis Emscherblick" im Rahmen der IBA, das ausschlaggebend für den Tetraeder 1995 in Bottrop und wohl auch für „Einleuchtend" (1996) in der Zeche Carl in Essen war.

Die Internationale Bauausstellung Emscherpark widmete sich den Themen Architektur, Landschaft und Kunst im Ruhrgebiet. In ihrer Präambel bekannte sich die IBA auch zur Kunst. Sie stellte fest: „Die Kunst steht quer zum planerischen Denken." Nicht Kunst am Bau, sondern Baukunst sollte das Ziel auch der partnerschaftlichen Zusammenarbeit von Architekt und Künstler sein. Für LIT Fischer ergab sich solche Zusammenarbeit mit Wolfgang Christ, Dessau, Klaus Bollinger, Frankfurt, Heinrich Böll und Hans Krabel, Essen und Peter Brdenk, Planwerk, Essen, beim
- IBA Wettbewerb Tetraeder in Bottrop;
- IBA Wettbewerb Hauptbahnhof in Gelsenkirchen;
- IBA Wettbewerb Kugelgasbehälter in Gelsenkirchen;
- IBA Wettbewerb „Licht im Park" in Bochum.

Zwei Entwürfe wurden mit dem ersten Preis ausgezeichnet, ein Entwurf wurde angekauft.

1999 hatte LIT Fischer seine wohl bisher größte Ausstellung „Baulicht-Heine". Die Präsentation entstand in Zusammenarbeit mit dem 1959 in Essen geborenen Architekten Peter Brdenk. In der Ausstellung wurden fünfzehn Lösungen von Lichtprojekten vorgestellt, die im Innen-, besonders aber auch im Außenraum die Wirkung von baulichen und lichtkünstlerischen Leistungen widerspiegeln. Chipartige Laserlicht-Reliefs, die skulptural interessanten Licht-Türme von Coesfeld, die vergleichbar orbitalen Raumstationen gestaltet sind, die Licht-Wasser-Lösung an der Jasper-Brücke in Braunschweig, die Ausführungspläne von Gaskugeln, für das Hauptbahnhofprojekt, der Lichtfelder eines Pumpwerkes aus Gelsenkirchen und zudem Lichtlösungen für Projekte in Bochum, Dortmund und Unna machen deutlich, wie unterschiedliche Ansätze es für die künstlerische Installation von Licht gibt.

In Zusammenarbeit mit Peter Brdenk entstand auch Haus Riphorst, ein Ausstellungsgebäude für die Ausstellung Emscher Landschaftspark. In dem Wettbewerb 1998 hatte sich die BJS Werbeagentur mit den Landschaftsökologen um Helmut Kessler, dem Architekten Peter Brdenk und dem Lichtkünstler Jürgen LIT Fischer mit ihrem ausgewogenen Konzept aus Architektur, Präsentation, Ausstellungsinhalt und Lichtkunst für das Haus durchgesetzt. In diesem Projekt formulierte der Künstler folgende Fragen (und Antworten):

„Worum geht es bei der Auseinandersetzung mit dem Phänomen Licht? Geht es um die Wahrnehmung von Licht als Spiegel von Helligkeit und Dunkelheit? Geht es um die Gestaltung mit Licht, die Beleuchtung von Objekt, Architektur, Raum? Geht es darum, das Licht selbst wahrnehmbar zu machen? So über die im Prisma differenzierte Farbe, die dem Licht innewohnt? So über die energiegeladene Durchdringung von Dunkelheit? So über die Darstellung immaterieller Lichträume? Stets bezieht die selbstbildnerische Kraft des Lichts den Betrachter unmittelbar in das Geschehen ein. Es geht für mich um die Erfahrung der eigenen Wahrnehmung vor aller inhaltlichen Festlegung, und es geht darum, Antwort zu geben auf eine möglicherweise noch nicht gestellte Frage."

Energie-Türme, Coesfeld
Architekten: Heitmann Architekten
Landschaftsarchitektur: Christine Wolf, Büro Gerber und Partner
Licht: Jürgen LIT Fischer
Fertigstellung: 1997

Die Energie-Türme bestehen aus verzinkten Doppel-T-Profilen und sind unterschiedlich hoch. Der erste Turm ist 6 m hoch, der zweite 5 m.

Die Türme vor dem Eingang und im Innenhof sind jeweils 4 m hoch. Wenn man die stählernen Arme der Türme betrachtet, geben sich die nur an einem Punkt befestigten Photovoltaikscheiben zu erkennen. Die ungleichmäßigen, trapezförmigen Scheiben richten sich wie gläserne Blüten der Sonne entgegen. Sie suchen förmlich das Licht. Mit den Füßen im Wasser, spielen sie mit den Elementen.

Die Medien Sonne, Wasser und Energie werden im Eingangsbereich wie im Innenhof mit dem Wasserbecken und den Kunst-Technik-Türmen thematisiert: Photovoltaikmodule auf den Türmen liefern die Energie für Wasserspiele; der Zusammenhang von Sonne, Wasser und Energie wird – durch die Abhängigkeit der Intensität der Wasserspiele von der Sonneneinstrahlung sowie durch die Wasserbewegung von Niederschlägen – direkt wahrgenommen. Prismen an den Türmen visualisieren das Licht- und Farbspektrum.

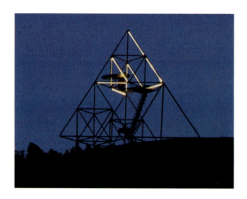  

Lichtereignis Fraktal, Tetraeder, Bottrop
Inszenierung: Jürgen LIT Fischer
Fertigstellung: 1995

Ein 60 m hoher Stahltetraeder krönt die Bottroper Halde an der Beckstraße, entworfen von der Ingenieurgemeinschaft Christ und Bollinger aus Darmstadt/Frankfurt a. M. „Haldenereignis Emscherblick" nennen die Autoren ihr Werk. Es lässt sich besteigen und eröffnet einen einmaligen Ausblick auf die umliegende Industrielandschaft.

Ein Tetraeder ist ein klassisches Gebilde. Er gehört zu den fünf platonischen Körpern und ist fester Bestandteil einer jahrhundertealten Geometrie.

In den letzten Jahren hat sich eine neue, zukunftsweisende Mathematik entwickelt und Grenzen überschritten, was weltweit unter dem Begriff „Fraktal" bekannt geworden ist. Fraktale Geometrie geht über die klassische Geometrie hinaus. Das bedeutet zum einen die Darstellbarkeit von bislang Undarstellbarem, zum anderen eine Herausforderung für unser Vorstellungsvermögen.

Idee und Konzept für das „Nächtliche Lichtereignis" von Jürgen LIT Fischer am Tetraeder ist die Konfrontation der klassischen Form mit einer fraktalen Kurve. Die bei Nacht nicht sichtbare Form des Tetraeders wird gewissermaßen von einem Lichtgebilde gekrönt.

Mit neuester Technik und geringem Energieaufwand zeichnet künstliches Licht eine Spur in den Himmel. Was wir sehen, ist die Annäherung an eine polygone Kurvenkonstruktion, die die geometrische Gestalt des Tetraeders besonders ausdrucksstark nachvollzieht.

Auf den ersten Blick verwirrend, stellt sich in der Realität die ca. 120 m lange, „zackige" Kurve als räumliches Gebilde dar. Wichtig ist, dass es keine „Schokoladenseite" gibt. Unterschiedliche Betrachtungswinkel ergeben verschiedene Eindrücke, die auch noch zwischen Zwei- und Dreidimensionalität schwanken. Ein nächtlicher Spaziergang um die Lichtplastik macht deutlich, dass es nicht einen, vom Künstler gewollten, Blickwinkel gibt, sondern, dass die Summe der verschiedenen Eindrücke die Kraft der Lichtform ausmacht.

Besonders eindrucksvoll ist der Blick von der benachbarten Halde Prosperstraße. Hier ist der Betrachter in etwa der gleichen Höhe wie das Licht und sieht räumlich, was bei der Untersicht vom Bottroper Umfeld aus oft schwierig ist. So wird deutlich, dass die Kurve selbstmeidend ist, sich also an keiner Stelle selbst berührt, und mit den Augen Strecke um Strecke nachzuvollziehen ist.

Das Spiel der Winkel und der Parallelen wird unterstrichen, wenn wenige Schritte des Betrachters ausreichen, um zwei leuchtende Linien zur Deckung zu bringen, und sich im Weitergehen zeigt, dass keine Form geschlossen ist.

Ein Spaziergang vom Fuß der Halde an der Beckstraße, Volkspark Batenbrock zum Gewerbepark Arenberg zeigt deutlich, wie aus einem „Stakkato" von leuchtenden Geraden eine eindrucksvolle Verschränkung von Dreiecken wird und zu einer einprägsamen Lichtform führt.

Von der gegenüberliegenden Seite Prosperstraße zwischen den Brücken ist das Spiegelbild zu durchschauen. Für einen Augenblick, eine „Gehsekunde" lang, zeigt sich die liegende Acht, das Zeichen für „Unendlich". Die räumliche Wiederholung blitzt auf – die Acht in der Acht – eine neue Dimension der Unendlichkeit.

Der leuchtende Tetraeder und seine Lichtlinien sind zu einem der Symbole der IBA geworden.

Haus Riphorst
Bauherr: Kommunalverband Ruhrgebiet, Essen
Architekt: Peter Brdenk/Planwerk Essen,
Lichtkunst/Beleuchtung: Jürgen LIT Fischer
Lichtplanung: Dirk Altenfeld/ Fa. Werklicht, Bochum
Fertigstellung: 1999

Ausgangspunkt waren eine alte Scheune und eine Remise, die umgebaut und durch ein Büro- und Seminargebäude ergänzt wurden. Im Rahmen der Ausstellungskonzeption übernimmt das Licht eine tragende Rolle. Der Entwurf vereint die Komponenten:

„Blaue Lichtlinie": Ein etwa 20 m langer Lichtleiter zieht sich durch den Pfettendachstuhl in voller Länge. Spezial-Einbau-Projektoren bringen in langsamem Rhythmus helles und dunkles Blau zum „Fließen".

„Blaues Licht Tor": Die wandhohe Maueröffnung in der Remise wird torartig von einem Lichtleiter gesäumt. Blaues Licht wird von Spezial-Einbau-Projektoren eingespeist.

„Augen und Laternen": In den Seitenwänden des Gebäudes und in den Giebelwänden leuchten runde und längliche Maueröffnungen nach außen und nach innen in blauem Licht.

„Lichtsäulen": Der Gebäudekomplex wird zum fluss – der Emscher – hin von zwei massiven Baumstämmen flankiert. Beide tragen ein blaues Licht.

„Gläserner Rundhorizont": Der Bereich hinter dem transluzenten Rundhorizont wird mit der Lichtfarbe blau hinterleuchtet. So zeigt sich ein „bewegter" Horizont.

„Visionen Wand": Die Giebelwand ist hinterleuchtet und dient als Projektionsfläche.

„Treppenstufen Leuchten": Unter den Treppenstufen sind Langfeldleuchten, Lichtfarben blau, angebracht.

Gestaltung und Wissen
Der Künstler Daniel Hausig

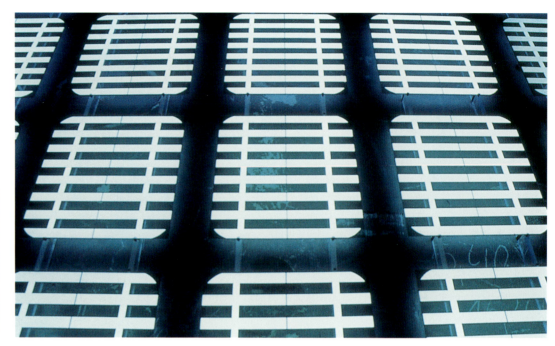

1

2

1 – 6
Reelektrifizierung eines alten Umspannwerkes, Städtische Museen Jena 1998
Das einst zum Energiezentrum im Norden Jenas gehörige, von der Thüringischen Landeselektrizitätsversorgungs AG 1926 gebaute und heute als Baudenkmal geschützte Umspannwerk wurde mit Solarstrom reelektrifiziert. In dem dunkelroten, vom Architekten Bruno Röhr entworfenen großräumigen Klinkerbau errichtete Siemens 1927 für verschiedene Spannungsebenen eine Schaltanlage, die bis 1992 betrieben wurde und heute noch von den Ingenieurleistungen dieser Zeit zeugt.
Für die Dauer einer Kunstausstellung wurde eine mit Solarstrom betriebene Farblichtinstallation ins Umspannwerk integriert. Der Energietransport ging von Solarmodulen, die sich auf dem Dach des Gebäudes befanden, über die vorhandenen, alten Kabeldurchführungen und Stromleitungen zu einer im ehemaligen Transformatorenraum aufgebauten Lichtinstallation. Die ins Bild gesetzte Balance zwischen natürlicher Energiegewinnung und ästhetischer Energieverwertung sollte eine prozessuale, zeitliche Dimension zum Ausdruck bringen, einen systematischen Kreislauf, der den durch die Kontinuität der heutigen Energieversorgung vorgegebenen linearen Zeitbegriff kontrastiert.

Die konstruktiv-konkrete Kunst, auf die sich Daniel Hausig ausdrücklich bezieht, steht am Ende einer langen Entwicklung. Sie begann Mitte des 19. Jahrhunderts mit der zunehmenden Verdrängung körperlicher und räumlicher Illusion auf der Bildfläche und endete in unserem Jahrhundert in der Selbstbezüglichkeit der bildnerischen Mittel oder, anders gesagt: Der Weg verlief von der Repräsentation zur Präsentation. Dabei kam es einerseits zur Befreiung der Farbe von ihrer Funktion der Gegenstandsgestaltung, andererseits zur Entdeckung neuer Materialien für die Kunst (Man denke nur an Moholy-Nagys Verwendung von Plexiglas und Stahl und an seine Versuche, diese wiederum durch Licht zu dematerialisieren). Ein gewisser Kult der Farbe führte zu einer ausführlichen Untersuchung des Eigenwertes der Farbe und ihrer formbildenden Kraft.

Die Hinwendung zu den Phänomenen und die starke Reflexion der Bedingungen der Wahrnehmung führten in der amerikanischen Kunst zur Abkehr von der Tafelmalerei und zur Entdeckung räumlicher Kontexte (in der so genannten Minimal Art) oder zu großen, monumentalen Gemälden (Rothko, Newman u.a.), die ein quasi physisches Eintauchen in den Farbraum ermöglichen.

In der europäischen Kunst hat die Problematisierung von Farb-Raum-Beziehungen durch die Anwendung mathematischer Operationsmodelle vielfach zu einer Erstarrung im Formalismus geführt. Vielleicht war hier ein gewisser Zwang zur Selbst-

3 4 5 6

bezüglichkeit wirksam, um die Autonomie des Kunstwerks zu retten und es abzuschotten gegen die Wahrnehmung von Kontexten.

Im Abstand von rund drei Generationen kann ein Künstler wie Daniel Hausig heute diesen Mangel ansprechen, ohne die rationale Basis, der sich die konkrete Kunst verpflichtet fühlte, aufzugeben. An das Rationale zu denken heißt für ihn aber, auch an „eine Reihe ‚vernunftbedingter' Katastrophen, vom Abwurf der Atombombe bis zur schleichenden Umweltzerstörung", zu denken. Das rationale Denken muss sich mit der Wahrnehmung von komplexen Kontextbezügen verbinden.

Hausigs Blick auf den Sonnenkollektor meint jedoch nicht nur die Technologie, die deshalb „schön" genannt werden kann, weil sie ökologisch ist. Als Künstler erkennt er auch ein Formproblem, das im Rationalen der Technologie zum Ausdruck kommt. So liegt für ihn zum Beispiel die äußere Entsprechung von Tafelbild und Solarmodul darin, dass in beiden Fällen die Oberfläche im Verhältnis zu einem bestimmten physikalischen oder ästhetischen Interesse optimal genutzt werden muss. Die rationale Struktur wird gebildet aus einer leitfähigen Linienzeichnung, über die der elektrische Strom abgeleitet wird. Einer Optimierung dieser „Zeichnung" steht eine Optimierung der Grundfläche entgegen, welche die Energie des Sonnenlichtes auffängt. Es handelt sich also um ein Figur-Grundproblem, sowohl in ästhetischer wie in technischer Sicht, und in beiden Fällen basieren Lösungskonzepte für den Künstler auf einer „Wechselwirkung von Gestaltung und Wissen".

Der Bezug der technischen Module zu den künstlerisch gestalteten Lichtmodulen ist ein doppelter. Zum einen liefern die Kollektoren die Energie, die seine Lichtobjekte in den Installationen benötigen, zum anderen ist die serielle Struktur seiner Arbeiten – sichtbar als Linienzeichnung – die gleiche, die der Natur der Siliziumkristalle zugrunde liegt und die technische Form der Voltaikmodule bedingt. Jeder kann sehen, wie der Künstler das Reale der Technik mit dem Wirklichen in der künstlerischen Wahrnehmung verbindet. Eine Installation mit Sonnenkollektoren produziert die Energie, die im Inneren des Gebäudes sozusagen ästhetisch „entsorgt" wird. Damit steht Hausigs konkrete künstlerische Arbeit in einem erweiterten Kontext: Zum einen ist sie verbunden mit der Rationalität der Technik (die wiederum auf die akute ökonomische und gesellschaftspolitische Dimension verweist), zum anderen kommt es zu einem „Hindurchscheinen der Natur durch die Apparate". Dadurch verweist Hausigs Arbeit auch auf das nichtdarstellbare Andere der Natur, welches ursprünglich der Einheit von Technik und Kunst gegenüberstand.

Die Verwendung von Licht in der Kunst dieses Jahrhunderts beruht sicher nicht zuletzt auf Grunderfahrungen der Moderne, z.B. auf Erfahrungen des Materialitätsverlustes im medialen Strom der Zeichen, sicher aber auch auf der Erfahrung künstlich erzeugter Transparenz unserer gebauten und

7

8

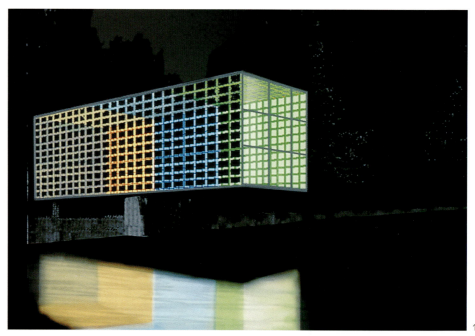
10

9

11

12

technologisch aufgerüsteten Umwelten, in denen die Dunkelheit verschwunden ist und natürliche und künstliche Lichtphänomene nicht mehr zu trennen sind.

Ein Motiv zur Verwendung von Licht in der Kunst der Moderne liegt sicher auch in einem alten Problem der Malerei, d.h. im Doppelcharakter der Farbe, die einmal als materieller Träger, zum anderen als Licht wahrgenommen wird. Das Beleuchtungslicht, das unsere normale Umgebung sichtbar macht, reicht meistens nicht aus, um Farbe als Licht so präsent werden zu lassen, dass das Materielle des Trägers ganz zurücktritt. Ähnlich wie Dan Flavin oder James Turrell arbeitet Daniel Hausig deshalb mit Leuchtlicht, das jedoch im Gegensatz zu den Genannten nicht als technischer Beleuchtungskörper, der selbst Schatten wirft, präsent ist (bei Dan Flavin) oder als Lichtquelle versteckt werden muss, um im Auge des Betrachters Lichtphänomene an den Rändern eines dunklen Raumes entstehen zu lassen (bei James Turrell). Hausig hat ein Verfahren entwickelt, das künstlerische Material selbst, d.h. die Farbpigmente flächenhaft zum Leuchten zu bringen. Bei seinen Wand- und Bodeninstallationen verschmelzen Oberfläche und Material in der Präsenz des Lichtes und bilden Farbräume ganz eigener Art.

Dieses Licht, bei dem sich aus dem Material leuchtendes und reflektiertes Licht überlagern und mischen, kann nicht nur den Architekturraum im Umfeld der Glasobjekte neu definieren, sondern auch diese Objekte selbst, indem es zum Beispiel paradox erscheinende Figur-Grundbeziehungen generiert. Das Wellenspektrum, das Hausig nutzt, empfindet der Betrachter – anders als zum Beispiel Neonlicht oder ultraviolettes Licht (das Hausig in früheren Arbeiten selbst verwendet hat) – als angenehm. Es erlaubt ein entspanntes Schauen. Der Betrachter hat die Wahl zwischen fokussierendem, den Gegenstand reflektierendem Blick und einem eher peripheren Sehen, das weniger auf genaues Identifizieren als auf das Erspüren von Atmosphären gerichtet ist.

7 – 10
Entwurf für das Ausstellungsprojekt „Lichtparcours" im Rahmen der EXPO 2000
Initiator der Ausstellung ist die Stadt Braunschweig. Über eine Ufermauer hinweg soll während der EXPO 2000 in Braunschweig ein leuchtender, begehbarer Glascontainer stehen, dessen Stirnseite über das Wasser der Oker hinausragt. Die semitransparenten Glaswände bestehen aus zwei Schichten. An der Außenschicht sind in regelmäßigen Abständen Solarzellen angebracht, die tagsüber Sonnenlicht sammeln. Die Energie wird zwischengespeichert und nachts über elektrische Lumineszenz-Zellen an der Innenschicht wieder abgegeben. Was den Künstler an diesem Projekt beschäftigt, ist z.B. die Frage nach einem ökologisch gewendeten Begriff von Proportion und Komposition oder inwieweit ein Kunstwerk im Sinne seines selbstorganisatorischen Charakters (Autonomie) eine Gebrauchsdimension gewinnen kann. Die ästhetischen Erfahrungsmöglichkeiten eines Farblichtraumes (begehbaren Bildes) sollen mit konkreten Nutzangeboten verknüpft werden, um die Grenzen zwischen Kunst und Leben, zwischen privatem und öffentlichem Raum als fließend zu zeigen.

11 – 12
Übertragung einer Innenraum-Architektur nach außen. Altes Kühlhaus, Thun 1988/89
Die statischen Kräftelinien eines 1942 erbauten Kühlraumes wurden mit Licht gezeichnet und im Außenraum in ein neues Licht gerückt. In diesem und ähnlichen Projekten wurde mit den Grenzen zwischen einer malerischen Farbräumlichkeit und der architektonischen, realen Räumlichkeit experimentiert. Dieses Projekt gehört zu den Versuchen, die Gattungsgrenzen zwischen Malerei und Plastik durch eine gegenseitige Durchdringung aufzuheben.

13

14

15

In der Erfahrung dieser Lichträume wird auch klar, dass der Begriff der Immaterialität, der sich traditionellerweise mit der Verwendung von Licht in der Kunst verbindet, eigentlich falsch ist. Licht ist immer materiell anwesend. Es macht sichtbar und ist selbst unsichtbar. In Bezug auf den deutlich wahrnehmbaren Kontext von Technik und Wissenschaft, d.h. letzlich im Kontext unseres Bemühens, wahre Kenntnisse über die Natur zu gewinnen, kann gesagt werden, dass Licht in Verbindung mit Energie die eigentlich formbildende Kraft darstellt. D. h. gerade in Bezug auf die neueren Erkenntnisse der Physik, auf die sich Daniel Hausig auch ausdrücklich bezieht, kann nicht mehr von einem Gegensatz „Materiell"/„Immateriell" gesprochen werden. Auch deshalb nicht, weil das Licht, wie es dem Bewusstsein in Erscheinung tritt, noch eine materielle Basis hat, die vom naturwissenschaftlich geprägten Denken meistens vernachlässigt wird – den Körper des Betrachters.

Auch nach dem Siegeszug der Quantenphysik ist das Rätsel des Lichtes noch nicht gelöst. Nicht weil die Frage nach dem Licht – wie der Quantenphysiker Arthur Zajonc in jüngster Zeit deutlich gemacht hat – nie eine bloß wissenschaftliche sein kann, denn zum messbaren physikalischen Phänomen muss das Bewusstsein des Beobachters hinzutreten. „Zwei Lichter erhellen unsere Welt. Das eine liefert die Sonne, und das andere antwortet ihm. Nur dank ihrer Verschwisterung sehen wir; fehlt eines, sind wir blind."

Bernd Schulz

13 – 15
Leuchtstuhl 1999, Farblichtbeobachtungskabinen 1991
Es handelt sich hier um Projekte zur Beobachtung einer realen, natürlichen Situation, so dass die Bildhaftigkeit eines Kontextes hervortreten kann. Geschieht dies in den Kabinen durch spezielle, übereinander gebrachte Filterscheiben im Tageslicht, entfaltet der Leuchtstuhl seine Wirksamkeit in der Nacht durch Elektrizität. Diese Lichtexperimente sind eine Fortsetzung der Malerei mit anderen technischen Mitteln. Nicht die klassische Landschaftsmalerei dient als Filter der Wahrnehmung, sondern eine Kunst, die Einflüsse der konstruktiven, monochromen und minimalistischen Kunst synthetisiert und den traditionellen Bildbegriff erweitern will.

Island
Die Künstlerin Magdalena Jetelová

Island und Licht
Künstlerin: Magdalena Jetelová
Fotograf: Werner Hannappel
Zeit: 1992

Immer mehr Künstler entdecken das Thema Licht für sich. Magdalena Jetelová ging es 1992 darum, das Gebirge zwischen Europa und Amerika, das in Island als 350 km langes Teilstück über der Meeresoberfläche zu sehen ist und gewissermaßen eine Art Nahtstelle bildet, in Licht nachzuahmen. Sie zeichnete auf dem Computer in die Landkarte der Insel diese unsichtbare Trennungslinie hinein und übersetzte sie dann als Laserspur in die urtümliche Landschaft. Die Wirkung ist frappierend: Wie ein leuchtendes Messer zerteilt der Laser die Dunkelheit; die präzise Lichtlinie klettert über Lavafelder, durchschneidet Abhänge, fällt über Felsen ins Tal, um dann im Nebel eines Geysirs zu verschwinden.

Der leuchtende Laser „stört" die dunkle Nachtlandschaft und fordert den schwarzen Raum aus Lava, Stein, Himmel und Wasser zu einem überraschenden Dialog heraus, der ebenso sehr Konfrontation ist. Die Aktion, die niemand je wirklich sah, ist nur in den strengen und schönen Schwarzweiß-Fotos dokumentiert.

Installationen in Weiß
Der Künstler Laurent Pariente

Henry Moore Sculpture Trust, Leeds
Wege und Räume im immer gleichen, immer anderen Weiß

Laurent Pariente wurde 1962 geboren. Er lebt in Paris und arbeitet seit Anfang der neunziger Jahre mit einem sehr reduzierten Repertoire: mit weißen Wänden und den Wegen, die diese Wände umstellen. Die Wände sind aus Ton, aus Seife oder aus Kalk; häufig sind sie weiß und reflektieren das Licht. Im Henry Moore Sculpture Trust 1996 in Leeds errichtete Pariente in drei Räumen ein Netzwerk aus Wegen und Korridoren, die durch Wände und Decken begrenzt wurden und durch Türen untereinander verbunden waren.

Der Besucher bewegt sich auf unzähligen Wegen durch das weiße Labyrinth; mit jedem Schritt ändert das Weiß seine Tönung, es leuchtet, es ergraut, es verstummt. Jeder Schritt scheint in einen anderen neuen Raum zu führen und führt doch zu nichts anderem als dem immer gleichen, immer anderen Weiß.

Zeit und Raum scheinen aufgehoben; der Besucher schwimmt im unendlichen Weiß der Räume ohne Mitte und ohne Ziel. Das Durchschreiten der weißen Räume gleicht einem abstrakten Vorgehen; nicht Erkenntnis oder Begreifen ist die Belohnung, sondern das Begreifen von Nichts in aufeinander folgenden kleinen Schritten. Der Besucher wird auf sich selbst zurückgreifen. Was als Suche und Besuch eines Ortes begann, endet als Zusammentreffen mit dem eigenen Selbst. Licht und seine unendlichen Brechungen und Tönungen und das eigene Ich sind das Einzige, auf das der Betrachter auf seinem Weg durch das Labyrinth trifft. In Leeds war das Labyrinth 201 qm groß. In Thiers 1997–98 bewegte sich der Besucher auf zwei Ebenen von insgesamt 361 qm durch eine weiße Welt aus Licht.

Ingeborg Flagge

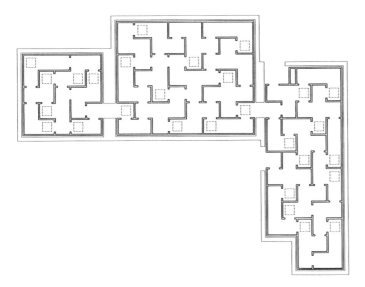

Le Creux de l'Enfer,
Art Center, Thiers

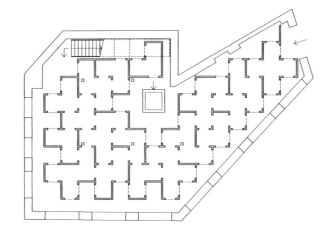

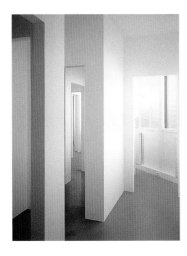

Dienstag aus Licht
Musik von Karlheinz Stockhausen

Dienstag aus Licht
Musik: Karlheinz Stockhausen
Lichtplanung: ERCO
Aufführung: 1993

„Licht" ist ein langjähriges Projekt Stockhausens, das sieben, jeweils auf einen Tag der Woche bezogene Opern umfasst. Mit der Arbeit wurde bereits 1977 begonnen, 2002 soll die letzte Oper fertiggestellt sein. In seiner Definition als Gesamtkunstwerk, das musikalische, choreografische und theatralische Aspekte in sich vereint, konkurriert „Licht" bewusst mit Wagners „Ring"; bei einer geplanten Gesamtspieldauer von mindestens 24 Stunden wird jedoch selbst dessen außergewöhnlicher Zeitrahmen überboten.

„Licht" beschreibt eine zyklische, mystisch gefärbte Kosmologie: Werden, Vergehen und Wiedergeburt einer Welt, die vom Widerstreit zweier feindlicher Prinzipien geprägt ist. Im Spiel wird das Prinzip des sich entwickelnden Lebens durch Eva personifiziert, die widerstreitenden Mächte durch Michael und Luzifer. Luzifer steht hierbei für das aggressiv aufbegehrende Individuum, das ein freies Leben ohne Gott anstrebt und das Schöpfungskonzept einer evolutionären Entwicklung des Lebens ablehnt. Michael verkörpert dagegen das göttliche Prinzip einer sich friedlich entwickelnden Schöpfung.

Die einzelnen Schritte der kosmologischen Entwicklung stehen jeweils unter dem Zeichen eines Wochentages und bilden auf diese Weise einen sich immer wiederholenden, kreisförmigen Ablauf.

Der Montag steht als Mond-Tag für das weibliche Prinzip. Seine Hauptfigur ist Eva, sein Thema die (Wieder)Geburt des Menschen und der Zeit. „Montag aus Licht" wurde 1988 an der Mailänder Scala uraufgeführt.

Mittwoch ist der Tag Merkurs. Er steht unter dem Zeichen der Einigung und Konsolidierung. „Mittwoch aus Licht" stellt den Versuch der Zusammenarbeit von Eva, Michael und Luzifer dar.

Donnerstag ist der Tag Jupiters, seine Hauptfigur ist Michael. An diesem Tag wird beschrieben, wie sich Michael als weltentdeckendes Prinzip in einem Menschen inkarniert und in dieser Gestalt das Lebensprinzip des Lernens und der Entwicklung demonstriert. „Donnerstag aus Licht" wurde 1981, ebenfalls an der Mailänder Scala, uraufgeführt.

Freitag steht im Zeichen der Venus; er beschreibt die Versuchung Evas.

Samstag steht im Zeichen Saturns; seine Hauptfigur ist Luzifer, sein Thema Tod und Auferstehung. „Samstag aus Licht" wurde 1984 als Produkt der Scala im Mailänder Palazzo dello Sport aufgeführt.

Sonntag steht im Zeichen der Sonne; er ist der Tag der mystischen Vereinigung von Eva und Michael.

Dienstag steht im Zeichen von Mars; er ist der Tag des Kampfes zwischen Michael und Luzifer. „Dienstag aus Licht" gliedert sich in zwei Akte,

denen ein hinführender, das Thema der Oper umreißender Gruß vorangestellt ist. Dieser Dienstagsgruß ist als Friedensgruß allen Berserkern gewidmet. Zwei Gruppen (Sopranistinnen, Tenöre und Trompeter als Vertreter Michaels sowie Altistinnen, Bässe und Posaunisten als Vertreter Luzifers) streiten musikalisch über ein Leben mit und ohne Gott. Eva als Sopranistin versucht erfolglos, zu vermitteln.

Auf den Dienstagsgruß folgt der erste Akt mit dem Titel „Jahreslauf". In diesem Akt stellen vier Tänzer (Jahrtausend-, Jahrhundert-, Jahrzehnt- und Jahresläufer) mit jeweils zugeordneten Orchestergruppen den Ablauf der Zeit dar. Während eine digitale Jahresanzeige das Fortschreiten der Zeit anzeigt, tanzen die Jahresläufer – jeder in seinem eigenen Zeitmaß – in grabenförmig vertieften Ziffern einer Bühnen füllenden Jahreszahl.

Luzifer versucht viermal, den Lauf der Zeit durch Versuchungen – das Überreichen von Blumen, das Hereinbringen von Essen, einen Auto fahrenden Affen, eine nackte Frau – anzuhalten. Michael bringt die Zeit jedesmal durch eine Anfeuerung – Applaus, einen Löwen, das Überreichen von Geld, ein Gewitter – wieder in Gang. Wie im gesamten „Licht"-Zyklus opponiert Luzifer auch hier gegen das Experiment einer sich in der Zeit entwickelnden Schöpfung.

Nachdem Luzifer im Wettkampf des Jahreslaufes unterlegen ist, kündigt er härteren Widerstand an, der im zweiten Akt „Invasion – Explosion mit Abschied" verwirklicht wird. In vier aufeinander folgenden Invasionen kämpft die Luzifer-Truppe (Bass, neun Posaunen, Schlagzeuger, Synthesizer) gegen die Michael-Truppe (Tenor, neun Trompeter, Schlagzeuger, Synthesizer). Die Luzifer-Truppe sprengt nacheinander zwei Wände zwischen Diesseits und Jenseits. Bei der zweiten Invasion wird ein Michael-Trompeter tödlich verletzt und von Eva in Gestalt einer Rotkreuzschwester beweint. In der dritten Invasion sprengt die Luzifer-Truppe die dritte und letzte Wand zum Jenseits. Das Jenseits wird sichtbar, in dem Jenseitige eine Art Roulette mit gläsernem Kriegsspielzeug spielen. Als neue Figur tritt der Synthi-Fou auf, ein bunt gekleideter, in einem Autoscooter fahrender Synthesizerspieler. Er fasziniert die Jenseitigen durch immer süßere Musik, worauf sie das Kriegsspiel vergessen und im „Abschied", der letzten Szene der Oper, in ein noch ferneres Jenseits entschweben – Musik hier also als Hilfsmittel, den Krieg zumindest zeitweilig zu beenden.

Die Bedeutung des Lichts für Stockhausens Opernzyklus zeigt sich schon in der Tatsache, dass dieser Begriff Teil des Operntitels und Titel des gesamten Werkes ist. Licht ist hierbei zunächst kosmologisches Prinzip, das Ziel der Weltentwicklung, über deren Ablauf Michael und Luzifer streiten. Als erste Deutung dieses Konflikts bietet sich das vertraute Schema des Kampfes zwischen Licht und Dunkel, Gut und Böse, Gott und Teufel an. Angesichts der Personifikation des Diabolischen in Luzifer – wörtlich übersetzt Lichtbringer – wird

jedoch ein komplexeres Modell notwendig, bei dem sich die Kontrahenten über das Ziel, Licht, weitaus einiger sind als über den Weg dorthin. Stockhausen ist hier dem gnostisch-hermetischen Konzept eines prinzipiell unentschiedenen Kampfes gleich starker Schöpfungsprinzipien näher als der alltagschristlichen Vorstellung eines ebenso eindeutig verwerflichen wie dem Göttlichen unterlegenen Bösen.

Erst auf den zweiten Blick deutlich wird die Rolle des Lichts für die Farbsymbolik der Aufführungen – Weiß als Anwesenheit ungebrochenen Lichts, Schwarz als Abwesenheit von Licht und die bunten Farben als Aufspaltung des Lichts im Regenbogen. Sowohl für die Akteure der Oper wie auch für die Oper selbst sind symbolträchtige Grundfarben festgelegt, die Charaktere und Handlungsschemata widerspiegeln. So ist Eva als Personifikation der schöpfenden Natur durch die Farbe Grün charakterisiert, Luzifer durch Schwarz als Farbe der Dunkelheit sowie Rot als Farbe des Konflikts, während die Farbe Michaels ein ruhiges Blau ist. Auch die Sonderrolle des Synthi-Fou außerhalb der streitenden Parteien spiegelt sich in seiner bunten Farbgebung wider. Grundfarbe von „Dienstag aus Licht" ist, dem kriegerischen Handlungsablauf entsprechend, Rot.

Wesentlich weniger ausgeprägt als die Farbsymbolik ist die Rolle des eigentlichen Lichts, der Bühnenbeleuchtung, in Stockhausens dramaturgischen Vorgaben. Das Libretto beschränkt sich auf wenige, knappe Vorgaben für einzelne Lichteffekte, bietet jedoch keine bühnentechnisch umsetzbaren Festlegungen für eine umfassende Lichtgestaltung. Wie beim Entwurf des Bühnenbildes sind Regisseur und Bühnenteam auch hier auf eine freie, eigenständige Umsetzung des Stockhausenschen Konzeptes angewiesen. Was Bühnentechnik bei der Gestaltung von Raumwirkung und Atmosphäre in der Praxis leisten kann, zeigt sich dann beim eindrucksvollen Zusammenwirken des farbsymbolisch gestalteten Bühnenbildes und der Kostüme mit den farbigen Lichtkegeln der Bühnenbeleuchtung.

KARLHEINZ STOCKHAUSEN DIENSTAG AUS LICHT **107**

PROJEKTE

Kundenzentrum/Lichtforum Zumtobel Staff

Der neue Eingang

Kundenzentrum/Lichtforum Zumtobel Staff, Lemgo
Architekten: Bolles Wilson & Partner; Julia Bolles-Wilson, Peter L. Wilson
Lichtberatung: Klaus Adolph
Fertigstellung: 1996

Die Ausgangslage war schiere Anonymität. Eine 1000 qm große Produktionshalle, die keinerlei Gestaltungsmerkmale besaß, sollte in ein das Selbstverständnis der Leuchtenfirma Zumtobel Staff widerspiegelndes Kundenzentrum umgebaut werden. Das Raumprogramm reichte von Kundenberatungsräumen, einem Konferenzraum, Cafeteria, Lager, Zeichenbüro, 2 Workshops (experimentelle Räume) bis zu Displayflächen für Leuchten und zum Aufbau spezieller Raum- und Beleuchtungssituationen. Den Architekten ist mit dem Umbau der neutralen Halle in einen faszinierenden Lichtraum eine eher poetische als technisch-bauliche Lösung geglückt. Sie nennen sie „gebautes Licht".

Variable Räume mit freistehenden Wänden und von der Decke abgehängte „Wolken" für Lichtdemonstrationen

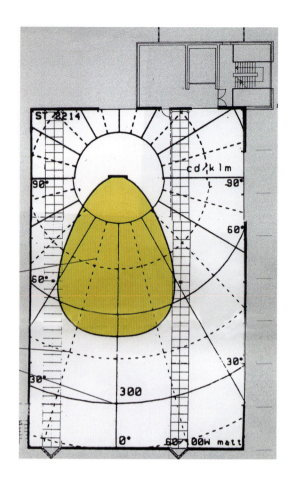

Lichtverteilungskurve als Konferenzraum

Der Fixpunkt der Halle ist der Konferenzraum für 80 Personen in Form einer Lichtverteilungskurve. Dieses ebenso einfache wie eindringliche Symbol ist für Lichtplaner von hohem Wiedererkennungswert und wird hier zum gebauten Merkmal.

Die Halle wird nach innen durch eine neue Wand konturiert, die „Zweite Haut". Zwischen dieser und der bestehenden Außenwand sind kleinere Räume mit sehr spezifischem Lichtambiente untergebracht: Empfang, Büro, Besprechung, Kundenberatung, Cafeteria.

Die Decke der Halle wird aus einem System von Stahlträgern in regelmäßigen Abständen gebildet. Dieses Trägersystem erlaubt die flexible Versuchsanordnung von abgehängten Deckenfeldern mit eingebauten oder abgependelten Leuchten: „Technical Clouds".

Decke und Wand erlauben vielfältige räumliche Simulationen und Leuchtenanordnungen, für die technische und experimentelle Demonstration gibt es zwei „Workshops", in denen durch bewegliche Decken- und Wandteile unterschiedlichste räumliche Situationen simuliert werden können.

Zusätzlich sind bewegliche Wagen und Paneele geplant. Mit diesen lässt sich in der Halle eine variable „Ausstellungslandschaft" für Raum- und Lichtsimulierung und für die Demonstration der Leuchten und ihres Einbaus im Detail, sozusagen zum Anfassen, planen.

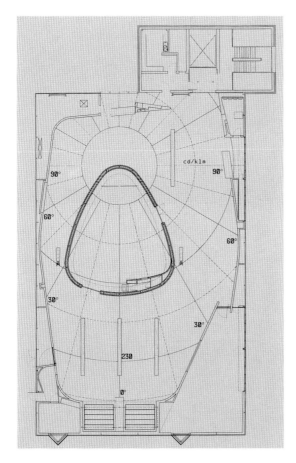
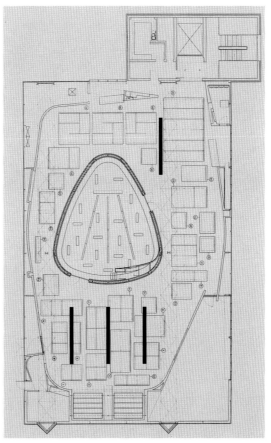

Grundriss mit
Eingangssituation

Die „technischen Wolken",
experimentelle Deckenpaneele
mit eingebauten oder abgependelten Leuchten

Kulturzentrum Haus Witten

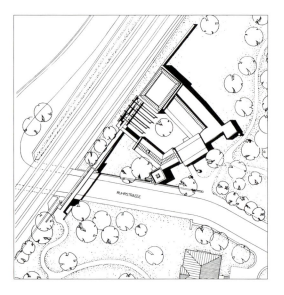

Kulturzentrum Haus Witten, Witten
Architekten: Hans-Busso von Busse, Eberhard Carl Klapp, Essen; Mitarbeit: Arndt Brüning Andrea Eggenmüller, Volker Rein
Lichtplanung: unterstützt durch ERCO
Fertigstellung: 1996

Ausgangspunkt für das Kulturzentrum waren die Ruinen und Außenmauern der ursprünglichen Vierflügelanlage aus Wohn- und Gutsherrensitz des Jahres 1492. Es ging den Architekten vor allem darum, die historisch gewachsene Gestalt unangetastet zu lassen, sie vielmehr durch eigene Ausdrucksformen und moderne Konstruktionsweisen fortzuschreiben.

Sie wählten eine Glas-Stahl-Konstruktion für die Neubauteile. Mit der Materialwahl setzen sie die zu ergänzenden Bereiche deutlich von den aus Ruhrsandsteinen aufgeschichteten Bruchsteinmauern des alten Hauses ab. Die Leistungsfähigkeit des Stahls erlaubte es, die Tragwerkskonstruktion mit sehr geringem materiellen Aufwand zu gestalten. Aber nicht nur durch heutiges Material und Konstruktion sind die Architekten zum Historischen auf Abstand gegangen, sondern vor allem dadurch, dass sie deutliche Fugen zwischen Alt und Neu setzten: nirgendwo gibt es eine nahtlose Fortsetzung des historisch Gewachsenen.

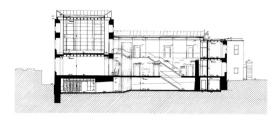

Zwischen den barocken Pylonen des ehemaligen Eingangstors führt ein hölzerner Steg über den bereits im 19. Jahrhundert zugeschütteten Wassergraben auf den schmalen Durchlass zwischen dem noch erhaltenen Turmtrakt und dem neuen Café zu. Dieser Durchgang zum Innenhof, Fuge zwischen Alt und Neu, wird von einer schützenden Dachscheibe überfangen, ebenso der turmartige Kubus des Caféneubaus. Dieser ist zum Wassergraben hin in der Glas-Stahl-Konstruktion aufgelöst, zum Innenhof hin jedoch durch Mauern aus Ruhrsandsteinplatten völlig geschlossen. Mit dieser Materialwahl bezogen sich die Architekten ein einziges Mal direkt auf den historischen Bau. Jedoch bewirkt der millimetergenaue Zuschnitt der modernen Steinplatten einen Verfremdungseffekt gegenüber den alten Bruchsteinen.

Das äußere Erscheinungsbild des weitgehend erhalten gebliebenen Turmbaues wurde durch ein einfaches Satteldach ergänzt. Die Fensterverglasungen sitzen in Stahlrahmen; in den Innenräumen wurden überall Kassettendecken aus Stahlbeton eingezogen.

Dem westlichen Teil der Anlage, der heute die Musikschule beherbergt, wurde ein gläsernes Foyer vorgelagert, das von einer an dünnen Stahlseilen aufgehängten Treppe und einem zylindrischen Fahrstuhlschacht beherrscht wird. Die Fensteröffnungen der ehemaligen Außenwand, jetzt Innenwand, wurden zu Türen umgestaltet. Diese erhielten jeweils als Schlussstein im Gewände einen eleganten Stahlanker, der sehr dekorativ wirkt, aber rein funktional ist.

Die Belichtung eines Alt-Neu-Ensembles ist immer wieder eine große Herausforderung. Der Dramatik des Aufeinanderstoßens von unterschiedlich alter Bausubstanz kann dabei nur mit größter Zurückhaltung begegnet werden.

Die Belichtung von Haus Witten erfolgt über großflächige senkrechte Verglasungen und Glas-Oberlichter bzw. vorhandene Fensteröffnungen. In alle neu eingebauten Betonkassetten im Bauraster wurden 75/75 cm Spots in Verbindung mit Akustikelementen, Alu-Lochblech/Mineralwolle, eingebaut.

Der maßvollen Zurückhaltung in der Gestaltung, die den ganzen Bau kennzeichnet, entspricht eine Bescheidung in der Lichtplanung, die keine Effekte sucht. „Die Sache der Kunst", so Theodor Fontane, „ist eine Sache des Findens, nicht des Erfindens".

Maximilian-Kolbe-Gemeindezentrum, Heilbronn

Maximilian-Kolbe-Gemeindezentrum, Heilbronn
Architekten: Peter Cheret, Jelena Bozic;
Mitarbeiter: Anja Braun, Anna Blaschke, Iris Ettel
Fertigstellung: 1997

Das Gemeindezentrum liegt inmitten eines Stadtteiles, der in den letzten Jahren viele neue Bewohner, vornehmlich aus Ost- und Südosteuropa, aufnehmen musste. Hier war Architektur gefordert, die ein Zuhause und Identität mit der neuen Heimat schaffen kann. In einer Umgebung, die durch mittelmäßige und geschwätzige Bauten charakterisiert ist, war das keine einfache Aufgabe.

Der Bau öffnet sich über eine offene Ecke dem Platz, an dem er liegt. Ein großes, baldachinartiges Dach „behütet" diese Willkommensgeste. Über eine breite Treppe steigt der Besucher zum Gemeindesaal und der Kirche hinauf, ein Akt der Distanzierung gegenüber dem Alltagsleben. Der Weg führt dann durch eine Art Kreuzgang, der in seiner Ruhe an klösterliche Innenhöfe gemahnt. Von diesem Kreuzgang, an dem auch der Kindergarten liegt, sieht man von der Kirche nur die Kuppel als kupferverkleideten Quader. Durch drei Türen, über die das Innere der Kirche in den Hof erweitert werden kann, betritt man einen Sakralraum, dessen Expressionismus überwältigend ist. Gleichwohl ist weniger Materialaufwand und mehr Symbolik kaum denkbar.

Den weitgehend geschlossenen Raum bestimmt eine auf vier Betonsäulen ruhende Holzkonstruktion, die aus einzelnen tragenden Scheiben eine abstrakte, das Zenitlicht feiernde Kuppel formt. Der feierliche Raum wird allein bestimmt durch die konsequente Materialwahl – Holz, Beton, Messing – und durch von Tageszeit und Wetterlage bestimmte Lichtsignale. Aufgefangen werden diese Signale durch die strukturierte Oberfläche der im Licht erstrahlenden Altarrückwand, vor allem aber durch das Labyrinth der Kuppel, die bei aller Systematik undurchschaubar bleibt und in ihrem kreuzförmigen Gipfelpunkt stets völlig dunkel ist.

Tagsüber ist der Kirchenraum über Tageslicht belichtet, das durch zwei liegende Verglasungen zenital einfällt. Die räumliche Überhöhung mit der hölzernen Rippenkonstruktion ist mit einem umlaufenden, liegenden Oberlichtband am Rand der Konstruktion ausgestattet. Das Licht gelangt von diesem Lichtband aus nie direkt in den Raum, sondern fällt weich, die Rippenwände als Reflektoren nutzend. An der Ostseite fällt das Licht direkt in den Raum und beleuchtet den Altarbereich. Abends oder bei ungünstigen äußeren Verhältnissen wird das Tageslicht durch Kunstlicht unterstützt. Zum einen sind dies einfache Langfeldleuchten ohne Reflektoren, die von unten unsichtbar auf die Oberkante der äußersten Rippe aufgelegt sind. Zum anderen sind dies Pendelleuchten mit zylindrischen Gehäusen, die eigens für dieses Projekt angefertigt wurden. Eine weitere Lichtquelle sind Langfeldleuchten mit Reflektor, die für die Gemeinde unsichtbar den Altarbereich ausleuchten.

Klaus Dieter Weiß spricht von einer „unstetigen, in ihrer Plastizität fast textilen Wirkung" des Raumes. Die Zurückhaltung und Strenge dieses Raumes sucht ihresgleichen im heutigen Kirchenbau ebenso wie die Leuchtkraft durch das Zusammenspiel aus hellem Holz und einfallendem Licht.

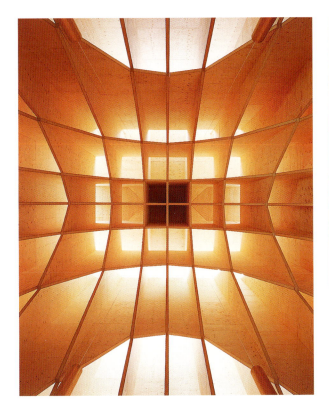
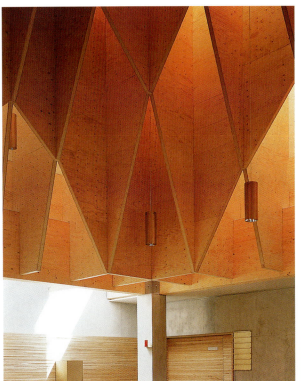
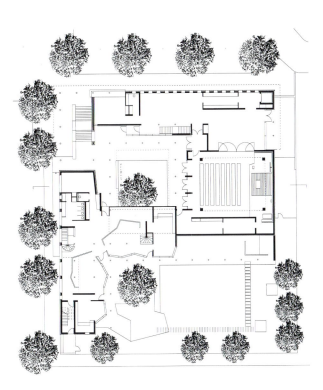

PETER CHERET, JELENA BOJIC MAXIMILIAN-KOLBE-GEMEINDEZENTRUM HEILBRONN

Wasserturm, Antwerpen

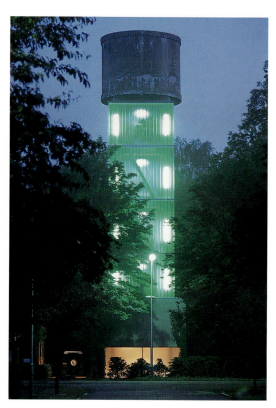

Wasserturm, Antwerpen
Architekt: Jo Crepain
Fertigstellung: 1996

Wer in einem Wasserturm wohnt und sein Heim hat, lebt auf der Treppe. Aber das Vergnügen an der ungewöhnlichen Behausung dürfte die Nachteile des Wohnens bei weitem überwiegen. Terrasse und ein Wintergarten haben Platz in dieser senkrechten Wohnform. Seit 1937 stand der Wasserturm leer bzw. wurde nicht mehr benötigt. Ursprünglich versorgte er ein Herrenhaus mit Wasser. 1955 erwarb die Kommune den Turm, wusste mit ihm aber nichts anzufangen. Abriss oder Verkauf standen an. Der Umbau rettete den Turm und machte daraus die ungewöhnliche Wohnstätte. In die Konstruktion des Turmes – ein zylindrisches Wasserreservoir am Fuß, Betonpfeiler von 23 m Höhe und Plattformen – wurden die Wohnräume eingebaut. Was bei Tage eine ungewöhnliche Gestalt ist, wird in der Nacht zum erleuchteten Finger. Die Räume im Fuß des Turmes sind durch große Fenster einsichtig und erlauben den Blick in die karge, fast abstrakte Umgebung des hier Wohnenden.

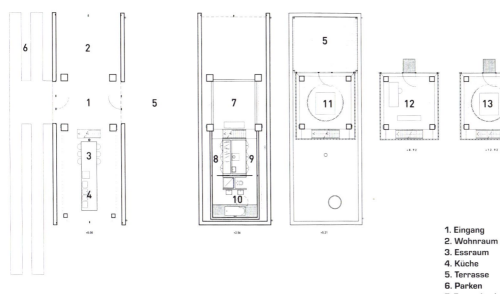

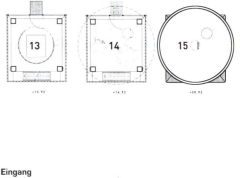

1. Eingang
2. Wohnraum
3. Essraum
4. Küche
5. Terrasse
6. Parken
7. Fernsehecke
8. Schrankraum
9. Stauraum
10. Bad
11. Schlafzimmer
12. Arbeitszimmer
13. Gästezimmer
14. Wintergarten
15. Wassertank

Bahnhof Berlin-Spandau

Bahnhof Berlin-Spandau
Bauherr: Deutsche Bahn AG
Architekten: gmp, von Gerkan, Marg und Partner;
Entwurf: Meinhard von Gerkan;
Partner: Hubert Nienhoff
Projektleitung: Sybille Zittlau-Kroos,
Birgit Keul-Ricke, Elisabeth Menne
Lichtplaner: Bartenbach LichtLabor
Fertigstellung: 1998

Zwei Zugangsbauwerke erschließen die in Hochlage befindlichen Bahnsteige. Die große „Bahnhofshalle" (BGF = 4891 qm) stellt eine 16 m breite Passage von 63 m Länge dar. Von hier aus führen feste sowie Rolltreppen auf die Bahnsteige. Ein zweiter Zugang erfolgt über eine Unterquerung in Höhe der Wilhelmshavener Straße. Dominierendes Gestaltungsmittel der unter den Gleisen befindlichen Verkehrszonen stellt die Ausbildung einer gewellten Deckenstruktur dar. Während die Wellenberge indirekt angestrahlt werden, sind in den Wellentälern nach unten gerichtete Lichtstreifen integriert. Die Verkleidung der Decke erfolgt mit Metalltafeln. Die Wandflächen sind als Werbeträger ausgebildet und mit Diorama-Kästen gestaltet. Die Gleisanlagen sind in voller Länge durch eine Glasdachkonstruktion überdeckt. In einem Abstand von 18 m wölben sich Hauptträger als Bögen von Bahnsteig zu Bahnsteig und bilden seitlich einen gebogenen Kragarm aus. Zwischen diese Bogenkonstruktion wird eine filigrane Gitterstruktur aus Stahlvollwandprofilen mit diagonaler Seilverspannung eingefügt. Die Dachflächen sind mit Glas geschlossen.

Philips Messestand

Philips Messestand
Bauherr: Philips Licht, Hamburg
Architekten: gmp, von Gerkan, Marg und Partner;
Entwurf: Meinhard von Gerkan mit Wolfgang Haux
und Magdalene Weiß Mitarbeiter: Peter Radomski
Fertigstellung: 1999

Jede größere Messeausstellung ähnelt gewöhnlich einem Jahrmarkt. Reizüberflutung nivelliert nicht selten auch qualitätvollere Ausstellungsarchitektur. Dagegen suchte die Firma Philips einen Messestand, der einerseits der Corporate Identity der Firma als einem der weltweit führenden Lampenhersteller Gestalt gab und dessen Erscheinungsbild eher kontemplativ als aufgeregt sein sollte. Auf der Weltlichtshow der Hannover Messe 1999 sollte der neue Stand vorgestellt werden. gmp hatte den von Philips ausgelobten Wettbewerb 1998 mit einem strukturell einfachen und sinnfälligen Pavillon gewonnen. Er besteht aus einem Stahltragwerk und Wand-, Boden- und Deckenausfachungen in Glas, Stahl und Holz. Diese Ausfachungen sind austauschbar. Sie können je nach Anforderung und geplanter Rauminszenierung aus offenen oder geschlossenen, aus transparenten oder transluzenten, aus selbstleuchtenden oder beleuchteten Elementen bestehen. Der Pavillon, der für etwa sechs Veranstaltungen im Jahr gebraucht wird, ist aus einem modularen Bausystem im räumlichen Rastermaß von 3 m zusammengesetzt. Dies kann rasch und problemlos auf- und abgebaut werden.

Zur Konstruktion: Pfosten und Riegel werden aus vier serienmäßigen L-Stahlwinkelprofilen zusammengefügt, Oberfläche in Walzblechqualität. Sie werden über gusseiserne Knoten biegesteif miteinander verbunden. Mit dem Knoten ist auch eine Trägerspannweite über zwei Achsen möglich. Alle Verbindungen werden mittels Steckverbindungen und Schraubungen hergestellt. Der Boden besteht aus einem aufgeständerten Holzboden, der die Verlegung der haustechnischen Installationen ermöglicht, den möglicherweise unebenen Messeboden ausgleicht, zusätzliche Befestigungsmöglichkeiten für Exponate bietet und im Kontrast zu Stahl und Glas für eine angenehme Atmosphäre sorgt. Die Wandausfachungen sind aus Stahl-Rahmen-Konstruktionen mit außenseitiger VSG-Verglasung und Füllung aus Philips-Klarglaslampen

vorgesehen. Bei undurchsichtigen Wänden besteht die Innenseite aus beschichtetem oder mattiertem Glas. Begehbare Decken sind als Trägerrost mit Blechboden und einlegbaren Holzböden geplant, die Dachelemente bestehen aus Stahlrahmen mit transluzenter Verglasung. Alle ausgewählten Materialien sind wiederverwendbar bzw. recycelbar. Die haustechnische Installation erfolgt innerhalb des Doppelbodens, Verkabelung kann innerhalb der kreuzförmigen Konstruktion verlegt werden. Eine Nachinstallation ist ohne größeren Aufwand möglich.

Insgesamt bietet der Stand alle Möglichkeiten der architektonischen und lichttechnischen Präsentation und stellt aufgrund seiner überzeugenden Gestaltung die Firma Philips in ein neues, anderes Licht.

Restaurant VAU, Berlin

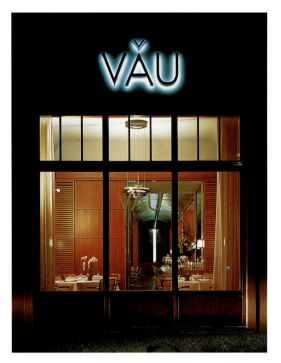
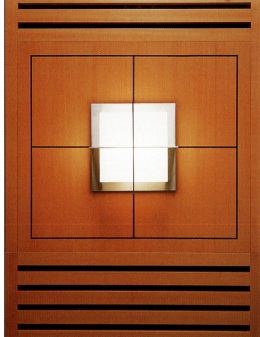

Licht als Erkennungsmerkmal

Restaurant VAU, Berlin, Jägerstraße
Bauherr: QUOTEC GmbH
Grundstücksentwicklungsgesellschaft
Architekten: gmp, von Gerkan, Marg und Partner;
Entwurf: Meinhard von Gerkan mit Doris Schäffler
und Stephan Schütz Mitarbeiter: Gregor Hoheisel
Lichtplanung: Conceptlicht Helmut Angerer
Fertigstellung: 1997

Das Restaurant befindet sich in einem gründerzeitlichen Haus in direkter Nachbarschaft zum originalen Gendarmenmarkt in der Mitte Berlins. Von seiner Innenausstattung ist nichts erhalten. Gleichwohl prägen Elemente traditioneller Restaurantarchitektur, die in zeitgemäßer Weise transformiert wurden, die Räume des VAU und erzeugen eine Atmosphäre moderner Behaglichkeit.

Die Gäste betreten das Restaurant mit seinen 110 Plätzen von der hell erleuchteten Hofdurchfahrt. Rechts vom Eingang befindet sich ein zur Straße hin orientierter Salon mit Wänden aus rotem venezianischen Stucco. Raumhohe Schiebetüren separieren den Raum für geschlossene Gesellschaften. Zur Linken durchläuft eine perforierte Tonnendecke aus Schweizer Birnbaumholz den gestreckten Gastraum.

Da der Bauherr nicht nur Feinschmecker, sondern auch Kunstsammler ist, war es eine Vorgabe, großzügig bemessene und gut ausgeleuchtete Wandflächen für Wechselausstellungen vorzusehen. Diese sind mit weißem Stucco beschichtet und mit kräftigem Holzrahmen versehen. In die Holzrahmen sind Sitzbänke aus schwarzem Leder eingelassen.

Eine Treppe aus dunklem amerikanischen Nussbaumholz, das als Dielen auch den Fußboden des Erdgeschosses bedeckt, führt hinab zu einem unter dem Innenhof gelegenen Gastraum mit 60 Plätzen. Im Gegensatz zum repräsentativen Restaurant oben treffen sich hier Nachtschwärmer in intimer Atmosphäre. Kabinettartige Fächer prägen den Charakter der Bar, die auf den ersten Blick den Eindruck einer Bibliothek vermittelt. Erleuchtete Gefache enthalten eineinhalb Tonnen ostdeutscher Braunkohlebriketts als Erinnerung an das ehemals größte private Kohlenlager der Welt in den Kellern Berlins.

Walzstahlbezogene Stehtische und eigens für den Raum entworfene Clubsessel aus massivem Birnbaumholz bieten individuelle Sitzmöglichkeiten; der kühle Fußbodenbelag aus geschliffenem Schiefer betont die unterirdische Lage des VAU-Souterrains.

Ein Restaurant
mit den Merkmalen
traditioneller
Restaurantarchitektur

Firmengebäude Tobias Grau, Rellingen

Firmengebäude Tobias Grau, Rellingen
Architekten: Bothe, Richter, Teherani, Hamburg
Tages- und Kunstlicht: Tobias Grau
Fertigstellung: 1998

Der Licht- und Leuchtenhersteller Tobias Grau hat im Niemandsland eines Gewerbegebietes einen zweigeschossigen Industriebau errichten lassen, der an einen futuristischen Zug erinnert. Das 58 m lange und 24 m breite ovale Gebäude ist eine Leimbinderkonstruktion, die 20 Meter überspannt und mit Aluminium verkleidet ist.

Die in der Senkrechten vor der Glasfassade liegenden Holzleimbinder bilden gleichzeitig die Aufnahmepunkte für eine zweite Haut in Form von Sonnenschutzlamellen aus gebogenem und bedrucktem Glas mit einer Spannweite von 2,5 m. Die Nordfassade in schräger Form, aus einer Bauvorschrift hervorgegangen, wird zu einem zentralen Bestandteil dieses dynamischen Ausdrucks. Die dunkelblaue Solarfassade nach Süden verbindet ästhetische und funktionelle Aspekte der Gestaltung zu einer Visitenkarte der Firma. Die Leichtigkeit und Transparenz der Architektur setzt sich im Inneren gleichermaßen fort. Das Obergeschoss wird durch eine Mittelspange, bestehend aus kubischen Atrien, einem Konferenzraum und Sanitärbereichen, gegliedert. Die Pendelstützen aus Eichenholz gliedern den Raum zusätzlich in Gang- und Bürobereiche. Tageslicht erhellt das Erdgeschoss durch Glasfenster in den Atrienböden.

Im Inneren: Die Möbel sind einheitlich aus Birkenmultiplex konzipiert – die Farbkontraste sind

Ein Industriebau als Visitenkarte und Ausstellungspavillon des Leuchtenherstellers Grau

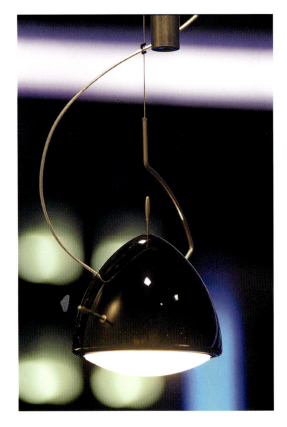

bewusst gering gehalten – die Bodenbeläge und Möblierung sollen keine besondere Aufmerksamkeit auf sich ziehen, sondern Ruhe und Ordnung in einen so großen offenen Raum bringen.

Die Möbel haben auch die Funktion, die fehlenden Wände als Raumteiler und Stauräume zu ersetzen. Sie sind nur halbhoch gebaut, um die Transparenz des Raumes nicht zu stören.

Aus dem Abstand der Holzleimbinder ergibt sich die Bürogröße von ca. 25 qm. Jedes Büro kann mit bis zu drei Arbeitsplätzen möbliert werden.

In der Cafeteria verknüpft sich das Innere und das Äußere des Gebäudes über die Wiederholung des dunklen Blau der Solarfassade in der Glasrückwand der offenen Küche.

Ein Mustershop aus Eichenpaneelen, Farbwand und Alupaneelen zeigt die jeweils aktuellste Gestaltungslinie der Firma Tobias Grau für den Fachhandel auf.

Das Gebäude war Anlass und Ausgangspunkt, neue Leuchten zu entwickeln. So ist das Gebäude fast vollständig mit bestehenden und neu entwickelten Leuchten der Firma Tobias Grau ausgeleuchtet worden, so sind z.B. das Foyer, die Holzleimbinder und der Eingang durch Bodeneinbauleuchten aufgehellt. Die Treppe wird mit Wandeinbauleuchten (OVAL) beleuchtet und gegliedert. Der Raum selbst bleibt eher im Dunkeln.

Ein großer Körper aus Alurippen und Spanten in Blau und Gelb fängt das Sonnenlicht am Tag auf und bewegt sich als Schatten im Raum. Nachts wird er mit Kunstlicht angestrahlt und füllt so als leuchtendes Objekt diesen großen Vorraum.

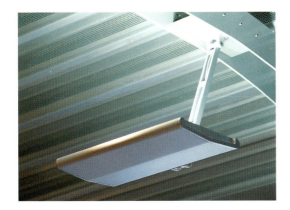

Die im Haus ausgestellten Produkte sind (in den meisten Fällen) aus eigener Herstellung.

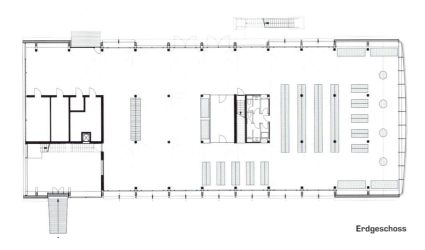

Erdgeschoss

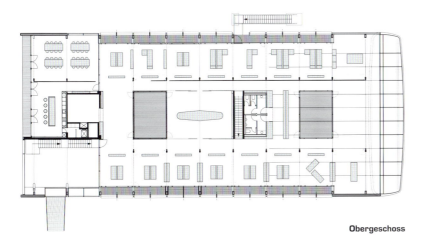

Obergeschoss

Science, Industry und Business-Bibliothek, New York

Ein ehemaliges Kaufhaus wurde zur Bibliothek umgebaut.

Science, Industry und Business-Bibliothek, New York
Architekten: Gwathmey Siegel & Ass. Architects
Fertigstellung: 1996

Der Altmann-Bau war zu Beginn des Jahrhunderts einer der eindrucksvollsten Bauten New Yorks. Heute, in seiner Fassade sorgfältig wiederhergestellt, ist hier statt des ehemaligen Kaufhauses eine der größten Bibliotheken der USA untergebracht. Doch unter der alten Fassade verbirgt sich keine klassische Bibliothek mit offenen Bücherregalen und Tausenden von leicht verstaubten Bänden, wie man vielleicht erwartet, sondern ein Zentrum mit 250 Computern und 500 Arbeitsplätzen. Doch wo man unter solchen Umständen eine glitzernde Technikwelt aus Stahl und Chrom erwartet, haben die Architekten versucht, ein gebautes Nebeneinander aus Tradition und Zukunft zu schaffen, was ihnen überzeugend gelungen ist. Die Balance aus dem fast altmodischen Anspruch, sich in einer Bibliothek auch wohl fühlen und dennoch äußerst effizient arbeiten zu können, ist in allen Räumen spürbar.

Die Atmosphäre ist sachlich und dennoch einladend, sie ist kühl und technisch orientiert und dennoch nicht neutral. Das Ambiente erinnert an eine Vorstandsetage der persönlicheren Art, wo der Vorstandsvorsitzende auch lebt und nicht nur arbeitet.

Glas, Chrom und Eichenpaneele stehen nebeneinander und ergänzen sich. Straßenpassanten sehen beim Vorübergehen bis tief in die Bibliothek hinein, die so jede Schwellenangst reduziert und gleichzeitig für sich wirbt. Für die Benutzer bieten die hohen Fenster den Vorteil des Studiums bei Tageslicht, für die Straße sind die Aktivitäten im Bau besonders bei Nacht eine willkommene Belebung.

Durch eine zweigeschossige Lobby betritt man den Bau. Die raumhohe gekurvte Wand des Infotresens ist das bestimmende Element dieses einladenden Raumes, der mit Clubsesseln und altmodischen offenen Bücherregalen die Computer-Arbeitsplätze noch nicht ahnen lässt. Hier in der Lobby herrscht noch Tageslicht, das, je tiefer man in das Haus hineingeht, von der individuellen Beleuchtung der Arbeitsplätze und von indirekt beleuchteten Decken übernommen wird. In den Übergängen zwischen verschiedenen Abteilungen betont das Licht den funktionalen Wechsel, der Besucher und Benutzer erfährt den Gang durch das Haus im Wechsel des Lichtes, das sich der Architektur eher unauffällig anpasst.

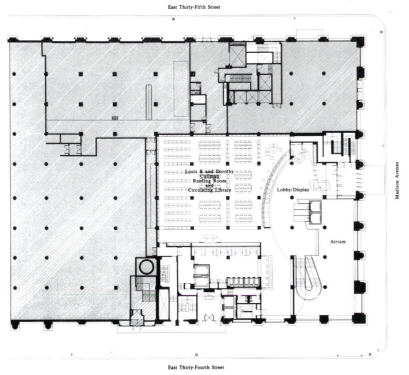

Grundriss Erdgeschoss

Umbau der ehemaligen „Deckelhalle", München

Umbau der ehemaligen „Deckelhalle" in München für die Siemens-Design & Messe GmbH
Architekten: Thomas Herzog, José-Luis Moro
Tageslichtsimulation: TU München, Tom Kuckelkorn, Lehrstuhl für Entwerfen und Baukonstruktion II
Ausführung und Detailplanung: José-Luis Moro
Fertigstellung: 1997

Die Aufgabe war, aus einer ausrangierten Industriehalle ein Designstudio für eine Weltfirma zu machen. Zunächst bedurfte es der Analyse des Status quo. Was hat man vorgefunden? Eine Lagerhalle, von wenig Personal betrieben, dunkel in der Raummitte, mit geringsten Ansprüchen an die Temperierung durch technisch einfache Luftheizgeräte, Einfachverglasung mit alten Gussscheiben, ein ungedämmtes Stahlskelett mit primitivem Dach, roher, für Lkws befahrbarer Fußboden.

Um rund 60 Designern ein taugliches Arbeitsumfeld zu geben, benötigte man aber das ganze Jahr über eine stimmige, kaum wechselnde „Behaglichkeit" als Balance zwischen der Temperatur der Raumluft und der Temperatur der Raum umschließenden Oberflächen, die richtige Luftfeuchtigkeit, moderate Schallentwicklung, optimales Tageslicht in Bereichen, wo gezeichnet und geschrieben wird. Zudem waren elegante Einbauten, gleichermaßen praktisch und nicht überzogen, für Arbeits-, Aufenthalts-, Pausen- und Besprechungsräume, für Werkstätten, Café und Empfang gewünscht.

Die alte, robuste Halle in ihrer guten Proportionierung und in der Ausstrahlung der Materialien war zwar kein Juwel der Ingenieurbaukunst, aber ein anständiger, einfacher, moderner Bau. Deshalb entschied man, sie zu belassen, wie sie war, sie zu nutzen als Hülle gegen Wind und Niederschläge. Nur dort, wo der direkte Sichtbezug nach außen herrschte, wurden neue, zu öffnende Fenster eingesetzt. Ein durchgehendes, verglastes Band, ein Eingriff wie eine „Tonsur" als Öffnung im Firstbereich, brachte von der Dachebene Tageslicht ins Innere, was den gesamten Raum grundlegend veränderte.

Die wesentliche Maßnahme aber war, unter der alten funktionstauglichen Wetterhaut eine zweilagige, durch das dazwischen liegende Luftpolster Wärme dämmende Membrane einzuhängen, die – weil durchscheinend – den alten Raum noch spüren lässt. Eine merkwürdige Doppelung in der Innenraumwirkung war die Folge: Einerseits ein semitransparenter Raumabschluss nach innen aus weichem, hauchdünnem (vollrecycelbarem und umweltverträglichem) Fluorkunststoff, verarbeitet von einer bayerischen Firma, der unbeeinflusst von jeder Witterung nur wie ein Vorhang, wenngleich nicht eben, sondern räumlich verformt, aufgehängt ist, wodurch sich auch das zu beheizende Volumen reduziert. Zum anderen als starker Kontrast zu den weichen, gerundeten Formen der Membranen: die Präsenz der geometrisch strengen, harten, glatten alten Halle, Abbild der früheren Welt der Industrie,

die Präzision und Härte von Stahl und Silikatglas, die Reminiszenz an die früheren Jahrzehnte der Nutzung als Lagerraum.

Bei der inneren Hülle hatten die Architekten zunächst an die Wirkung einer gespannten Gaze gedacht. Aber in Deutschland noch fehlende Prüfzeugnisse zwangen die Herstellerfirma zur Verwendung des viel transparenteren Materials. Herausgekommen ist ein bisher so unbekannter Raum. Die Architekten hoffen, dass er eine dialektische ästhetische Wirkung hat, ohne dass (wie etwa bei der Konversion historischer Bausubstanz) Jahrhunderte zwischen dem Entstehen der beiden Hüllen lägen. Hier treffen im Abstand weniger Jahrzehnte architektonische Dimensionen aus dem zur Zeit ihres Entstehens jeweils letzten Stand des technisch Möglichen aufeinander und leisten nun gemeinsam die Performance einer Gebäudehülle für ein großes Atelier.

Zur Einschätzung der Tageslichtverhältnisse im Innenraum in Folge der Öffnung im Firstbereich wurden sowohl vor Ort Lichtmessungen als auch Simulationsberechnungen für verschiedene Entwurfsvarianten des Umbaus durchgeführt.

In einem vereinfachten dreidimensionalen Simulationsmodell wurde hierzu die Hallengeometrie abgebildet.

Theater Landshut

Alt und Neu im Wechselspiel prägt den Umbau der ehemaligen Zollscheune.

Theater Landshut
Architekten: Andreas Hild und
Tillmann Kaltwasser; Mitarbeit: Dionys Ottl
Fertigstellung: 1998

Es ging um die Sanierung und den Umbau einer mittelalterlichen Zollscheune zu einem Theater. Der alte, kompakte Bau, einst außerhalb der Stadtmauern gelegen, liegt heute mitten in der Stadt.

Mit dem Ziel, die Atmosphäre und die Eigenart des mittelalterlichen Juwels sowohl innen als auch außen zu erhalten, gingen die Architekten bedachtsam zu Werke. So wurde in die denkmalgeschützte Struktur ein mit 90 Sitzplätzen ausgestatteter Theatersaal, eine Eingangshalle sowie Künstlergarderoben und eine kleine Werkstatt integriert. Die einfache räumliche Konfiguration entwickelt sich von der rot ausgemalten Eingangshalle bis zu dem mit schwarzem Stoff ausgekleideten Theatersaal durch eine Aufeinanderreihung in sich abgeschlossener Bereiche, die sich auf ruhige und unangestrengte Art in die vorhandene Konstruktion einfügen. Die introvertierten Räume erhalten durch ihre entschieden dimensionierte Größe und ihre horizontale oder vertikale Proportionierung einen ihren sozialen Funktionen entsprechenden Charakter intimer oder gemeinschaftlicher Orte.

Die neuen Zutaten vermeiden die Konfrontation mit dem alten Bau. Dennoch ging es den Architekten nicht um einen inszenierten Bruch mit der Vergangenheit, sondern um eine Einheit, die aber nicht aus der Nachahmung entsteht.

Ihr Mittel, diese Einheit zwischen Alt und Neu zu erreichen, ist ein roter Farbfilm, der sich bis an den Theatersaal reichend über Alt und Neu als letzte Schicht in jede Scharte des Gebäudes legt. Der warme Rotton erinnert in seiner durchgängigen Farbtemperatur an die samtroten Wandverkleidungen alter Theater.

Dieses Rot färbt das Licht im gesamten Haus, wobei es Schattierungen von Orange bis zu einem hellen Ocker annimmt. Dort wo das Licht durch ausgeschnittene kleine oder große Öffnungen einsickert, färbt es sich weißlich, bleibt aber immer und überall im Haus warm und lebendig. Beim Betreten des Theaterraums wähnt man sich beim Einblick in das übermächtige, den Raum dominierende Gebälk vor schwarz bespanntem Hintergrund an einem mystischen Ort. An diesem hermetischsten aller Räume, in welchem, kontrastierend zum Rot des übrigen Hauses, die Materialfarbe des Holzdachstuhls allgegenwärtig ist, verweist die unbehandelte Betonschürze als Auflager der Dachkonstruktion beiläufig darauf, dass man in einer mächtigen, schwarz gestrichenen Betonwanne Platz genommen hat. Die den Querschub des Dachtragwerks aufnehmende Stahlbetonkonstruktion dient durch ihre zurückhaltende Behandlung der Entfaltung des historischen Tragwerks als hauptsächlichem Charakteristikum des Raumes.

Alt und Neu wurden in diesem kleinen Theater unaufdringlich und behutsam zusammengeführt. Die rote Farbgebung bindet beide zu einem untrennbaren Ganzen zusammen und bringt das kleine Haus innen und außen gleichzeitig zum Leuchten.

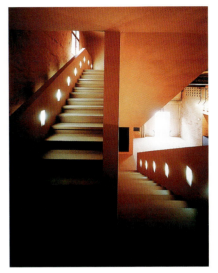

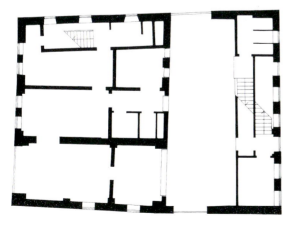

Grundriss Erdgeschoss

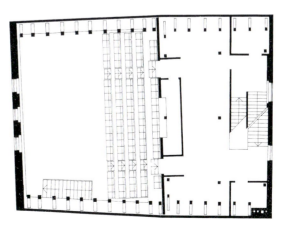

Grundriss Obergeschoss

Handels- und Kulturzentrum, Yamaguchi

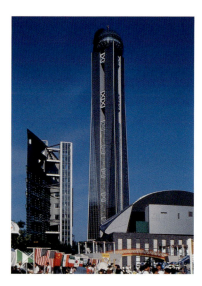

Handels- und Kulturzentrum, Yamaguchi
Architekt: NTT Power and Building Facilities Inc.
Lichtplaner: Motoko Ishii, Motoko Ishii Lighting Design Inc.
Fertigstellung: 1996

Das schlanke Hochhaus des Handels- und Kulturzentrums wurde an den Kanmon Straits in nächster Nähe des Ufers errichtet, um die heruntergekommene Umgebung mit dieser Art Hoffnungssymbol aufzuwerten. Seine Aussichtsplattform ist die höchste im westlichen Japan.

Die Architektur des von einer Art Halbkugel gekrönten, sich nach oben verjüngenden Turmes und seine Lichtplanung ergänzen sich kongenial. Ohne sein Licht und dessen Wechsel durch den Tag, die Woche und das Jahr wäre der Turm eine fast beliebige Architektur.

Die vier Schäfte der Turmkonstruktion tragen die halbkugelartige Turmkuppel. Rücksprünge zwischen den Schäften geben dem Baukörper Tiefe.

Die Lichtplanung folgt einem dreistufigen Konzept: Beleuchtung der Schäfte, der Kuppel und der Rücksprünge. Die Beleuchtung der Schäfte betont deren kristalline Struktur. Im Frühling und im Sommer ist dieses Licht kühl-silbern, im Herbst und Winter warm-golden. Die Kuppel ist durch eine Art regelmäßiges Lochmuster gestaltet, dessen Öffnungen ein Licht in den Himmel schicken, das sich im Viertelstundenrhythmus langsam verändert. Der Effekt: Es scheint, als atme die Kuppel.

Das Licht aus den mittigen Schlitzen des Turmes ändert sich mit jeder Stunde und jedem Tag; man kann diese Lichtinformation wie eine Uhr lesen. Der Sonntag ist durch ein rotes Licht gekennzeichnet, der Montag durch ein weißes, der Dienstag durch ein grünes, der Mittwoch durch ein blaues, der Donnerstag durch ein weißes, der Freitag durch ein grünes, der Samstag durch ein blau-grünes. Ein besonderes Wochenendprogramm macht den Turm noch interessanter.

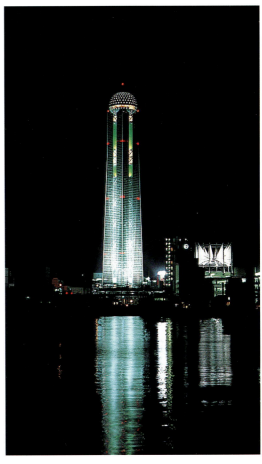

NTT POWER AND BUILDINGS FACILITIES INC. HANDELS- UND KULTURZENTRUM, YAMAGUCHI

Presse- und Informationszentrum der Bundesregierung, Berlin

Presse- und Informationszentrum der Bundesregierung, Berlin, Reichstagufer/Dorotheenstraße
Architekt und Generalplaner: KSP Engel und Zimmermann, Berlin Braunschweig Köln Frankfurt
Lichtplanung: ag Licht
Fertigstellung: 1999

Das Presse- und Informationsamt der Bundesregierung ist Ort einer großen Öffentlichkeit. Fast täglich finden hier Sitzungen mit zahlreichen internationalen Journalisten statt, die in den Medien übertragen werden. Der Bau bzw. das Ensemble signalisiert damit ein Stück gebaute Selbstdarstellung der Bundesrepublik Deutschland, nicht so auffällig wie der umgebaute Reichstag oder das Bundeskanzleramt, aber als tägliche Anlaufstelle für Journalisten beeinflusst das Haus diese wahrscheinlich stärker als die offizielleren Bauten. Im Gegensatz zu dem eher biederen und neutralen Bonner Presseamt ist der Berliner Bau ein großstädtisches Ensemble, von seiner Lage her in unmittelbarer Nähe zum neuen Bundestag, im nördlichen Teil der Dorotheenstadt an der Spree und nahe dem Bahnhof Friedrichstraße. Das Ensemble besteht aus acht Einzelparzellen, u.a. einem so genannten. „Fresswürfel", einem Gaststättengebäude der DDR, dem ehemaligen Kopfgebäude der Markthalle um 1860, dem 1913–1917 von Alfred Lempp erbauten Postscheckamt und einem Plattenbau des Typs WBS 70 von 1989. Bis auf den Plattenbau und das Gaststättengebäude steht das gesamte Ensemble unter Denkmalschutz.

Die Aufgabe war, unter Berücksichtigung des gesamten Gebäudebestands neben Büroflächen für 550 Mitarbeiter, ein Presse- und Besucherzentrum für 800 Personen, eine Cafeteria mit Küche, einen Briefingsaal, eine Freihandbibliothek und verschiedene technische Sonderbereiche zu planen.

Ein Presse- und Informationsamt muss ein einladender Bau sein. Jede Art der Abschottung oder eine abweisende Architektur stünden im Widerspruch zur Aufgabe von Öffentlichkeit und Freiheit der Information. Gleichwohl haben die Architekten die gestalterische Vielfalt gesucht und sich mit Erfolg einer heterogenen Ensemblelösung gestellt.

Aufbauend auf ein erhaltenes Untergeschoss des ehemaligen „Fresswürfels" nimmt das Presse- und Besucherzentrum die in der DDR entstandene städtebauliche Komposition der bebauten Blockmitte auf. Im Altbau des ehemaligen Postscheckamtes wurde in enger Abstimmung mit dem Landesdenkmalamt die so genannte Mittelspange entkernt, frühere Aufstockungen wurden wiederhergestellt bzw. vervollständigt. Es galt, zwischen zwei städtebaulichen Prinzipien, dem Block und dem Solitär, zu vermitteln. Das Presse- und Besucherzentrum als öffentlicher Teil des Presse- und Informationsamtes befindet sich in einem zentral gelegenen, pavillonartigen Bau, die anderen weniger öffentlichen Nutzungen in den für Berlin typischen Blöcken. Gemeinsam ist beiden Ansätzen die aus der Blockstruktur abgeleitete lineare Strenge in Grundriss und Aufriss sowie das Wechselspiel von offenen und geschlossenen Fassaden.

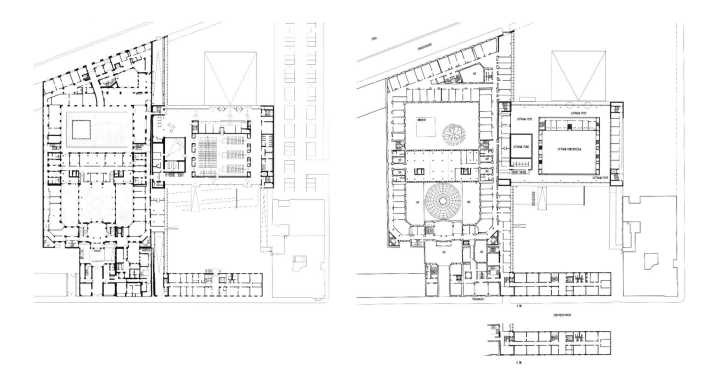

Das Ensemble wurde in drei Abschnitten realisiert. Das Presse- und Besucherzentrum wird als der öffentliche Teil des BPA von einer großen einladenden Rampe erschlossen, die den Besucher über den steinernen Vorplatz in das Gebäude hineinleitet. Die Transparenz der Fassaden signalisiert die Funktion des Gebäudes, ein informelles Forum und Raum für die Begegnung von Politikern, Journalisten und Bürgern zu sein. Das Besucherfoyer und die Konferenzbereiche liegen unter einer großen Dachscheibe. Der gestalterisch als Kubus ausgebildete Konferenzbereich birgt spezielle Medientechnik zur Ausrichtung großer Pressekonferenzen mit Funk- und Fernsehübertragungen. Die räumliche Idee vom Haus im Haus wird unterstützt durch die einheitliche Verkleidung des Kubus mit mikroperforierten Stahlpaneelen. Die äußere Gestalt des Gebäudes wird durch die Leichtigkeit und die Transparenz der Stahl-Glas-Fassade geprägt. Kontrastierend dazu stehen die geschlossenen Innen- und Außenfassaden aus zwischen grau und braun changierendem, thüringischem Granit.

In zwei weiteren Phasen wurde die gesamte Brandwand des ehemaligen Postscheckamts mit einem sieben Meter tiefen Büroriegel bebaut. Auf diese Weise wurde aus der Einbundanlage im ehemaligen Postscheckamt eine Zweibundanlage, die die vorhandenen Verkehrsflächen optimal ausnutzt. Der 120 Meter lange und ca. 20 Meter hohe Gebäuderiegel der Brandwandbebauung durchdringt den Block und verknüpft die unterschiedlichen Gebäude miteinander. Die sich ständig an die klimatischen Bedingungen anpassende, mehrschichtige Glasfassade im Zusammenspiel mit den Bewegungen der Mitarbeiter dahinter erzeugen im Hintergrund des Presse- und Besucherzentrums ein sich ständig wandelndes Bild, das einem überdimensionalen Screen gleicht. Eine innere, individuell bedienbare Schicht bildet den Raum- und Klimaabschluss, während eine äußere Schicht die direkte Sonneneinstrahlung reflektiert, das Tageslicht ins Innere der Räume lenkt und nachts den für die (natürliche) Kühlung notwendigen Wetterschutz bietet. Diese äußere Schicht besteht aus hoch reflektierenden Glaslamellen, die mit einem schwarzen Umkehrpunktraster bedruckt sind.

Während die Fassaden und die Struktur der Bebauung zwischen Offenheit und Einblick und Geschlossenheit und einer konzentrierten Arbeitsatmosphäre wechseln, was am schönsten bei Nacht zu beobachten ist, wenn die unterschiedlichen Gebäudeteile hart gegeneinander stehen, ging es beim Innenausbau um eine adäquate Lichtlösung, die sich harmonisch in die sachliche Architektur des Gebäudes integriert und gleichzeitig zeitgemäße, normgerechte Lichtqualität bietet. Beim Design stand die Perfektionierung und die Reduzierung auf einfache geometrische Formen im Vordergrund. Die Lichtdesigner lösten die Aufgabe mit einer projektbezogen entwickelten indirekt/direkt abstrahlenden Pendelleuchte, die den Namen Claris erhielt. Durch die ausgefeilte Lichttechnik der mit T 5 – 16 mm-Lampen bestückten Leuchte kann die Abhängehöhe auf ein Minimum reduziert werden. Die gute Abblendung und der hohe Indirektanteil prädestinieren die Leuchte für vielfältige Aufgaben und sorgen nicht zuletzt an Bildschirmarbeitsplätzen für gute Arbeitsplatzverhältnisse.

Kongress- und Veranstaltungszentrum Gürzenich, Köln

Beim Umbau wurde der mittelalterliche Bau durch einen vor die Fassade gestellten Lastenaufzug ergänzt.

Kongress- und Veranstaltungszentrum Gürzenich, Köln
Architekten: KSP Engel und Zimmermann
Erbaut: 1441–47 von Johann von Bueren
Wiederaufbau: 1952–55 von Karl Band und Rudolf Schwarz; Fertigstellung: 1997

Am 29. Juni 1943 wurde das größte weltliche Haus der Stadt Köln, der Gürzenich, völlig zerstört. Das spätmittelalterliche Fest- und Tanzhaus, das in der zweiten Hälfte des 19. Jahrhunderts gründlich umgebaut worden war, wurde danach bis auf die Umfassungsmauern des Ursprungshauses abgetragen. Nach einem Wettbewerb 1948/49 erwuchs aus den Trümmern eine der bedeutendsten Festarchitekturen der fünfziger Jahre unter Einbeziehung von nun zum inneren Raumanschluss umgewidmeten Außenmauern der nördlich angrenzenden Kirchenruine St. Alban.

Ganz im Sinne des organischen Bauens bildet die gesamte Innenarchitektur eine fließende Einheit von Alt und Neu. Weite Flächen sowie schwingende Treppen fungieren als Flanierbühne der Besucher und als Zentrum des Komplexes; dessen Herzstück aber blieb der in den alten Mauern und Proportionen wiederhergestellte große Saal im Obergeschoss.

Zur Hauptraumfolge gehört noch der mit Emporen versehene Garderobensaal, der im Erdgeschoss des Altbaukerns unter dem großen Saal neben einem Restaurant angeordnet wurde.

Von Band und Schwarz als Erlebnisarchitektur gezielt inszeniert, bestimmen Maß und Würde die Anlage der Treppen, die im Gegensatz zu einem formalistisch erstarrten Funktionalismus originär aus der vorhandenen Situation entwickelt wurden. Insbesondere das Licht spielt tagsüber und auch nach Dunkelwerden in künstlicher Form eine gewichtige Rolle. Das kongeniale Zusammenspiel der gekurvten Linien, Bögen, Öffnungen und weiten Flächen findet seine Ergänzung durch helldunkle Materialkontraste der alten und neuen Bauteile. Dies wird durch die künstlerische Gestaltung zahlreicher Details wie Geländer, Fenster, Paneele, Türklinken, Leuchter, Böden und Decken noch gesteigert.

Diesem mit Recht so genannten Gesamtkunstwerk der frühen Nachkriegszeit sahen sich KSP gegenüber, als 1987 in einem Wettbewerb der Umbau des Gürzenich zu einem Kongress- und Veranstaltungszentrum anstand. Ein solch großer Umbau wäre ohne schwerwiegende Eingriffe in den denkmalgeschützten Bestand des Mittelalters und besonders der fünfziger Jahre nicht möglich gewesen. In der kontroversen öffentlichen Debatte wurden die Umbaupläne diskutiert und schließlich modifiziert. Neu erarbeitete Lösungen führten dann zu Planungsänderungen, die unter weitgehender Wahrung des inneren Zustandes und äußeren Erscheinungsbildes gravierende Eingriffe in den Bestand erübrigten.

Der Plan, das Garderobenfoyer künftig als Veranstaltungssaal zu nutzen, wurde dahingehend reali-

Der Umbau erfolgte unter Bewahrung des Ausbaus der fünfziger Jahre

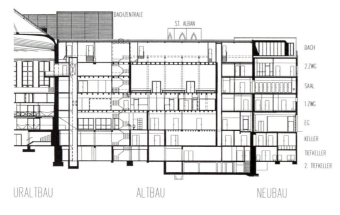

URALTBAU   ALTBAU   NEUBAU

SCHNITT

siert, dass lediglich die Garderobentheken entfernt und durch mobile Elemente ausgetauscht wurden. Die treffend eine heitere Stimmungsmalerei der fünfziger Jahre widerspiegelnden Pastellgemälde von Richard Seewald wurden in situ restauriert. Vor allem aber das für die Wirkung der Schwarz-Bandschen Architektur ganz bedeutsame originale Beleuchtungssystem, das ursprünglich wegen der Anforderungen an heutige DIN-Normen weichen sollte, wurde restauriert und mittels eines untergeordneten, gestalterisch nicht ins Gewicht fallenden Systems ergänzt. Dies gilt sowohl für das Treppenfoyer als auch für den großen Saal im Obergeschoss, in dem neben der Stuckdecke auch die alten Radleuchter restauriert und durch dünne Messingringe im Schatten der äußeren Leuchtkränze ergänzt wurden. Um den Transport und die Lagerung von Requisiten im Keller zu ermöglichen, wurde durch ein Kreuzstockfenster eine Brücke gestoßen, die zu einem sechs Meter vor der Südfront stehenden neuen Aufzugsturm führt. Dieses Lastenaufzugssystem ist in einer Sprache formuliert, die keine falsche Historizität suggeriert. Die Glas-Stahl-Konstruktion ist vertikal und horizontal auf ein lineares Minimum reduziert, durchsichtig und bis merklich unter die Firstlinie des historischen Baus emporreichend. Diese Zutat ist dem Altbau als gültiges Zeichen der neunziger Jahre angemessen selbstbewusst an die Seite gestellt und beeinträchtigt das wuchtige mittelalterliche Gebäude, wie zunächst befürchtet, keineswegs.

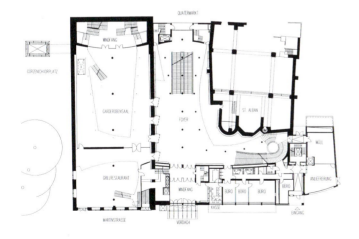
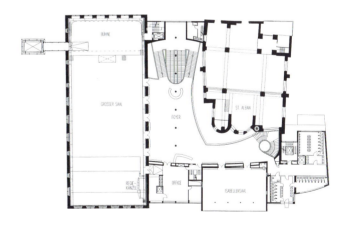

Stadtbibliothek, Landau

Die neue Fassade strukturiert das Ensemble aus Alt und Neu: Ihre Durchsichtigkeit verbirgt den Altbau, lässt ihn aber erahnen.

Stadtbibliothek, Landau
Architekten: Lamott Architekten, Caterina und Ansgar Lamott; Mitarbeiter: Fabian Determann, Sonja Schmuker, Bernd Treide, Jutta Wiedemann
Fertigstellung: 1998

Das Thema lautete: Einrichtung einer Stadtbibliothek inklusive sämtlicher Nebenräume im alten Schlachthof. Da das geforderte Raumprogramm im Bestand nicht unterzubringen war, musste das vorhandene Gebäude erweitert werden.

Der ehemals vorhandene Gebäudeteil zwischen Wasserturm und Schlachthaus (das Kühlhaus) war architektonisch und historisch von untergeordneter Bedeutung und sollte dem städtebaulichen Konzept weichen. Um den Turm vor dem Schlachthaus sollte ein neuer verkehrsberuhigter Platz die neue Mitte eines innerstädtischen Quartiers bilden.

Die entwurfliche Entscheidung: Öffnung des Gebäudes zum Quartiersplatz, fließende Übergänge zwischen Platz und Bibliothek. Die Funktion Stadtbibliothek wird zum belebenden Element für den Quartiersplatz.

Alt und Neu werden durch eine neue transparente Hülle umschlossen. Die neue Fassade rhythmisiert und strukturiert den Bestand. Sie macht aus Alt und Neu ein neues Ensemble als Bestandteil des neuen Quartiers. Die Holzlamellen suchen in ihrer Farbigkeit den Kontext zur Farbigkeit des Sandsteingebäudes.

Die atmosphärische Schichtung des Erdgeschossgrundrisses geht vom Lauten ins Ruhige, wahrnehmbar durch den Wechsel der Materialität der Böden: vom schwarzen Asphaltboden des Eingangsbereiches über gefaltete Holzstufen zur Lese-/Regalfläche in Parkett.

Die Schichtung im Schnitt: Die alte Schlachthalle bleibt teilweise in voller Höhe erhalten, ein rechteckiger Betontisch wird frei eingestellt, losgelöst von den alten Wänden und Stützen, als neues Element räumlich ablesbar. Altbautisch und Neubauebene werden durch eingehängte Stahlstege verbunden.

Die Durchstoßpunkte durch die ehemalige Außenwand des Gebäudes werden mit präzisen scharfkantigen Stahlblechwangen als neue Zäsuren thematisiert. In dem neuen Grundriss versuchen architektonische, zweigeschossige Regale und Möbelelemente bewusst Assoziationen zu den historischen Kloster- und Universitätsbibliotheken, z.B. Trinity College in Dublin, zu wecken.

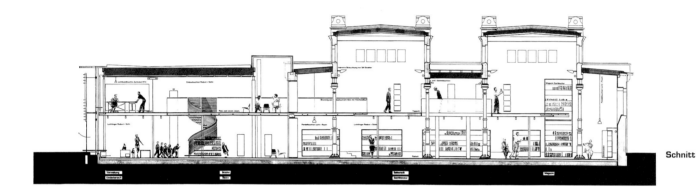

Schnitt

Das Karl-Edith Fix-Haus, wie die Bibliothek nach dem Bauherrn heißt, ist keine eigentliche Lichtarchitektur. Aber durch den Wechsel von Alt und Neu, durch das Ineinandergreifen alter und neuer Bereiche und der sie verbindenden Brücken entstehen unprätentiöse, fast selbstverständliche Übergänge von Tages- und Kunstlicht. Einmal mehr ein Bau, der der technischen Gestaltung seiner Fassade das Spiel mit Licht und Schatten verdankt, das an sonnigen Tagen den Raum unmittelbar hinter der Fassade ausmacht.

Die Fassade hat ein eigenes Tragwerk aus Stahlstützen, die vor der eigentlichen Klimahülle stehen. An diesen außenstehenden Stahlstützen ist die Aluminium-Pfosten-Riegelfassade als Vorhangfassade abgehängt. Die Holzlamellen, die auch dem sommerlichen Wärmeschutz dienen, sind an dieser Stahlkonstruktion über Stahlschwerter befestigt.

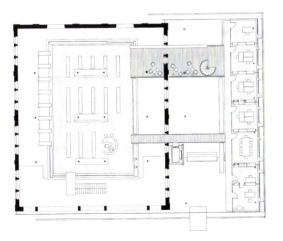

Grundriss Erdgeschoss

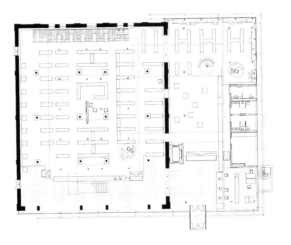

Grundriss Obergeschoss

Agenturräume Ketchum, München

Seecontainer, hier im Hof, werden im Lichthof des Gebäudes zum Konferenzraum.

Agenturräume Ketchum, München
Architekten: LBGM Architekten, Max Bögl, Andreas Gierer, Christoph Mayr, Markus Link
Fertigstellung: 1998

Eine Agentur ist selten in einem x-beliebigen Büro zu Hause. Das richtige räumliche Ambiente und die entsprechende Atmosphäre gehören nicht nur zum Image einer Agentur, sondern sind selbstverständliche Anforderung an den Raum der kreativen Arbeit. Lofts, Hinterhofbebauung, aufgelassene Industriebauten sind deshalb die bevorzugten städtischen und Bau-Nischen, in denen Agenturen ihre Heimat finden. In diesem Fall ist der Ort für mehrere Konferenzbereiche, die die Agentur benötigte, eine alte Druckerei mit loftähnlichen Räumen. In den Lichthof des alten Gebäudes wurden für einen Hauptkonferenzraum fertige Seecontainer eingestellt, nicht zuletzt auch als Symbol für die weltumspannende Tätigkeit der Agentur. Der Innenraum wird indirekt über einen Schlitz entlang der Längswände beleuchtet. Die abgehängte Decke erscheint so schwebend. Zusätzlich können entlang der längs durchlaufenden Lichtschiene Strahler eingesetzt werden. Der Tageslichteinfall kann durch ein verdunkelbares Oberlicht gesteuert werden.

Der Zugang mit Rampe wird mit einem Spot hervorgehoben.

Entstanden ist ein höchst überraschendes Miteinander von altem Raum und raumbildendem Gerät. Die Gegenstände stoßen sich hart, aber das Ergebnis ist das einer ruppigen Unkonventionalität und pfiffigen Frische, die der Agentur ein kreatives Umfeld sichert.

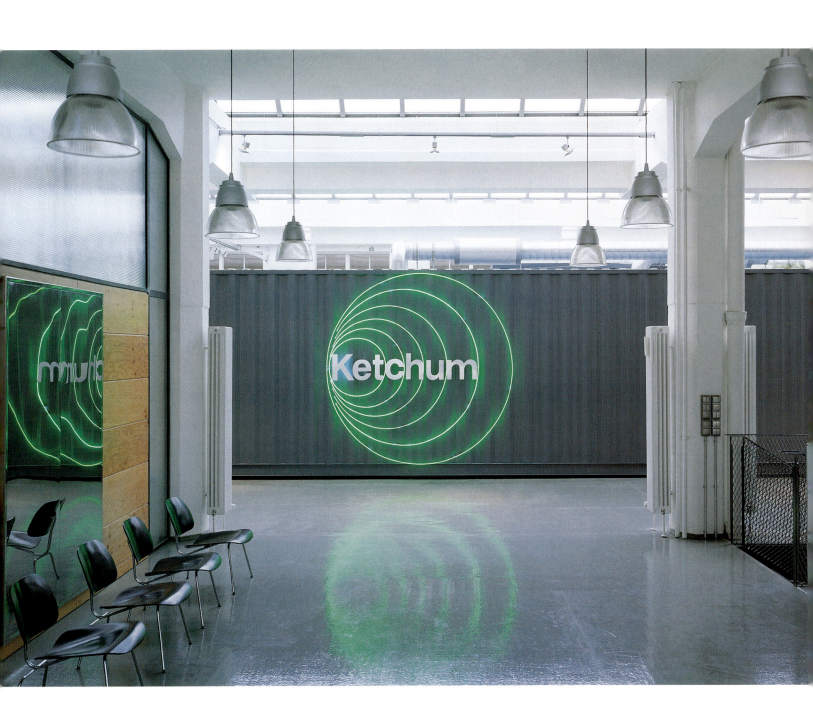

Ein kreatives Ambiente aus
Altbauten und modernem
Gerät

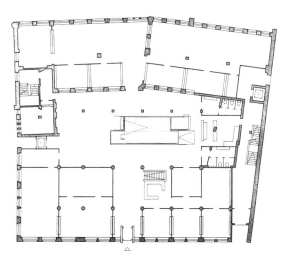

Grundriss Erdgeschoss

Spandauer Seebrücke, Berlin

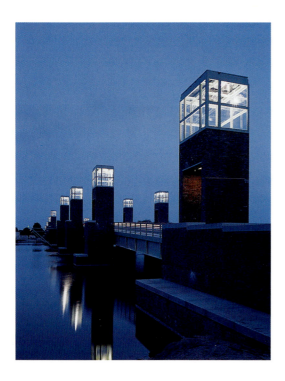

Die Geometrie der Brückenarchitektur wird durch die rechteckigen beleuchteten Pfeilerköpfe betont.

Spandauer Seebrücke, Berlin
Architekten: Walter A. Noebel, Berlin (Entwurf, Ausführung, künstlerische Oberleitung), Mitarbeit
Wettbewerb: Francesco Spanedda
Beleuchtungskonzept: Integ H.G. Mayer + Partner GmbH mit W. A. Noebel
Lichtplaner: Uwe Braun Lichtsysteme, Lenzen
Fertigstellung: 1997

Die leicht gebogene Brücke in einer Gesamtlänge von ca. 300 m ruht auf einer Reihe gemauerter Pfeiler, die mit ihren Glasköpfen kleinen Pavillons gleichen. In der Tat kann der Fußgänger diese Brückenhäuser durchschreiten und als Aussichtsterrassen nutzen. Wer vom Ufer aus der Flucht der Straße auf die Brücke schaut, sieht die Pfeiler als eine massive Wand. Erst beim Betreten der Brücke löst sich diese auf und weicht der Enfillade der aus Oldenburger Torfbrandklinker gemauerten Pfeiler.

In diesen Pfeilern bündeln sich nahezu alle Funktionen der Brücke: Sie sind die tragenden Elemente, sie integrieren in Stärke und Form den Aufprallschutz gegen kollidierende Kähne, sie sind Terrassen, sie begrenzen den Brückenraum und sind schließlich noch Beleuchtungskörper: Filigrane Stahlaufsätze formen Glaskörper, aus denen das Licht mit Hilfe gerichteter Spiegel auf die Brücke gelenkt wird, die so des Nachts als Lichtraum erstrahlt.

Was bei Tage aufgrund seiner Materialität massiv und wuchtig wirkt, wird in der Nacht zu einer Lichtstraße, die in ihrer Regelmäßigkeit an Grenzübergänge gemahnt. Die Geometrie der Architektur wird in der Nacht durch die rechteckigen leuchtenden Pfeilerköpfe noch betont. Die Einstiegsluke der Pfeiler wurde zudem mit einer opalen Scheibe versehen, über die ein Strahler gerichtet wurde, um die Zwischenräume der Lichtkuppen so auszuleuchten, dass sich der Schlagschatten einer Person auch vor dem Pfeiler abbildet. Dem nächtlichen Passanten des Fußweges wird damit signalisiert, dass sich zwischen den Pfeilern Personen befinden. Damit hoffen die Architekten, einer eventuellen Kriminalität entgegenzuwirken. Zum anderen wurde die Wasseransicht der Lichttürme architektonisch durch die Beleuchtung zwischen den Pfeilern unterstützt.

Torhaus, Düsseldorf

Torhaus, Düsseldorf
Architekten: Petzinka, Pink + Partner in Verbindung mit Gerd Vette und Partner; Mitarbeiter Wettbewerb: Ralf Dorsch-Rüter, Sabine Hegemann, Ulrich Hinrichsmeyer, Fredrik Källström
Lichtplaner und Beleuchtung: Hoffmeister Leuchten
Fertigstellung: 1997

Das Düsseldorfer Torhaus, ein 20 Geschosse hoher Bau mit 28.000 qm, hat aufgrund seiner schieren Höhe, seiner Gestalt und der verwendeten Materialien für die Silhouette Düsseldorfs neue Maßstäbe gesetzt. Man darf das Torhaus, das so heißt, weil es an einer der wichtigsten Einfallstraßen in die Innenstadt liegt, getrost als Ergebnis einer architektonischen und technologischen Auseinandersetzung mit den Themen Glas, Stahl, Luft und Licht bezeichnen.

Das Haus prägt sich nicht nur wegen seiner eigenartigen Gestalt ein. Es liefert auch zu jedem Zeitpunkt des Tages den Nachweis, dass Licht sich nie wiederholt, d.h. ständig wechselt. Das Tageslicht formt und färbt das Torhaus. Das Tageslicht entscheidet, ob das hohe Haus so transparent wird, dass es schwerelos scheint; ein dunkler Himmel lässt es verschlossen und abweisend wirken. Jede Wolke wirft ihren Schatten auf das Haus und ändert seine Erscheinung. Glasarchitektur ist allein keine Licht-Architektur; selten aber konnte man so Lichtstimmungen und -einflüsse immer neu und anders wie an diesem Gebirge aus Glas beobachten.

Ein durchsichtiges Foyer fast in der Höhe des Hauses (ca. 80 m), Treppen, die wie eine waghalsige Himmelsleiter in die Wolken klettern, spitze Gebäudedecken, die dem Haus zwar seinen Abschluss geben, aber nicht wie üblich den Rahmen, der es am Boden hält, die im Gegenteil seine Transparenz vergrößern – das Haus irritiert fast aufgrund seiner wechselnden Vielgestaltigkeit.

Bei Nacht und beleuchtet gewinnt das Haus noch an Offenheit, gleichzeitig aber auch an Ruhe. Es entäußert sich, sein leuchtendes Inneres wird zum eigentlichen Bau; jedes Licht und jede Leuchte in den bei Tage uneinsehbaren Büros tragen zu seiner Transparenz bei. Die Konstruktion verschwindet und löst sich in Licht und Linien auf, die jeden Versuch einer Rekonstruktion der tatsächlichen Gestalt des Baus unmöglich machen. Während am Tage Himmel, Wolken und Licht als ständig wechselnde Faktoren das Gesicht des Torhauses bestimmen, ist die nächtliche Licht-Architektur konstant – bis zum Ausschalten des Kunstlichtes.

Am Tage prägen Himmel, Wolken und Licht den Bau und verändern ihn ständig. In der Nacht entäußert sich das Innere des Torhauses, und die Konstruktion wird schwierig nachzuvollziehen.

Das 80 m hohe, auf einer rhomboiden Grundrissfigur errichtete Düsseldorfer Stadttor bildet den vorläufigen Abschluss der Rheinuferpromenade. Über einer dreigeschossigen Eingangsebene erheben sich zwei Bürotürme mit einem dazwischenliegenden Atrium von 50 m Höhe und einem Volumen von 60 000 Kubikmetern. Ab der 16. Etage sind die Türme durch eine Konstruktionsebene verbunden. Das gesamte Gefüge erscheint aus der Distanz wie ein Portalrahmen. Dieser wird noch betont durch die Art der Verglasung. Eine segmentierte Doppelfassade liegt vor den Nutzungsebenen, eine hinterspannte Einfachfassade schließt das Atrium ab. So bietet es von Nordost nach Südwest eine komplette Durchsicht. In der Nacht ist dieser riesige Luftraum erfüllt mit Licht. Dies war eine der Aufgabenstellungen an die Lichtplaner. Licht sollte Volumen darstellen, diesen Raum definieren, indem die begrenzenden Materialflächen Bedeutung, d.h. Licht, erhalten. Dennoch sollte der Raum nicht inszeniert sein, sondern selbstverständlich und schlicht bleiben. Die hinterleuchteten, verglasten Brüstungen der Balkone, mit jeweils 12 Lichtstreifen an jeder Seite, wirken in der Addition wie eine große Lichtwand und entsprechen den Planungsanforderungen.

Die filigran wirkende Treppenanlage und die Konstruktion der Aufzugsplattform, gerne als „Sprungbretter" bezeichnet, sind indirekt hinterleuchtet und bilden die Fortsetzung der Lichtwände auf die Glasfassade zu. Im Aufzugsportal sind, für den Besucher unsichtbar, ebenfalls Leuchten installiert. Sie beleuchten hauptsächlich die Verkehrswege und heben dezent die Tragkonstruktion des Gebäudes hervor.

Als sichtbare Beleuchtung steht eine Reihe von Lichtstelen aus Winkelprofilen auf der Eingangsebene. Sie vermitteln ein wenig zwischen der Körpergröße des Besuchers und der Höhe des Raumes. Diese Lichtstelen, mit CDM-T 70 W bestückt, strahlen auf den kräftig orangefarbenen Fußboden, übrigens dem einzigen Farbfleck im Atrium, der das Licht in den Raum reflektiert. Bei Nacht ergibt dies, in dem sonst nüchtern gestalteten Volumen, eine dramatische Wirkung.

Die Büroräume werden mit Reihen von Deckenleuchten, die parallel zur Fassade verlaufen, beleuchtet. Da das Beleuchtungskonzept für das intelligente Hochhaus keinen Platz für den Einbau von Leuchten vorsah, musste eine Lösung gefunden werden, durch welche die Decke indirekt beleuchtet wurde, ohne eine Leuchte abzupendeln, was den freien Durchblick gestört hätte. Das Ergebnis ist eine kelchförmige Deckenleuchte, indirekt strahlend, für zwei Leuchtstofflampen mit 16 mm Durchmesser. Das gesamte Leuchtengehäuse ist silber eloxiert in der Farbe der Decke. Der Anteil der künstlichen Beleuchtung der Büros kann auf ein Minimum reduziert werden, da in Zeiten diffusen Winterlichts die Lamellen an der Fassade so gesteuert werden, dass sie den Tageslichtanteil zur Decke lenken, von wo er in den Raum reflektiert wird. Die Bürobeleuchtung kann dann zugeschaltet werden, wenn diese Maßnahme nicht mehr genug Wirkung erzielt.

Die Außenbeleuchtung beschränkt sich auf die Gehflächen. Das Streiflicht der Bodeneinbauten ist so ausgerichtet, dass der Besucher nicht geblendet wird. Sein Blick kann ungestört das beleuchtete Atrium und die Büros erreichen.

Um die vollständige Transparenz des Baus durch abgehängte Leuchten nicht zu stören, wurden spezielle Deckenleuchten entwickelt.

Fondation Beyeler, Riehen bei Basel

Fondation Beyeler, Museum, Riehen bei Basel
Architekten: Renzo Piano Building Workshop, Paris; Renzo Piano, Bernard Plattner, Loïc Couton; Mitarbeiter: William Mathews, Ronnie Self, Pascal Hendier; Bauleitung und Ausführung: Burckhardt + Partner, Basel, Jörg Burckhardt, Hugo Lipp; Tragwerksplanung: Ove Arup & Partners, London
Fertigstellung: 1997

Das Museum liegt in einem alten Park, der zu der unter Denkmalschutz stehenden Villa Berower gehört. Der Bauherr, den der Architekt als einen „präzisen und rigorosen" Menschen bezeichnet, gehört zu den anspruchsvollsten Sammlern Europas. Er wollte ein Museum, das der von ihm gesammelten Kunst die bestmögliche Ausstellung, gleichzeitig aber eine neue Identität als Teil seiner Sammlung gibt. Das bedeutete ein Museum, das nach außen eine aktive, allerdings nicht aggressive Rolle spielt. Herausgekommen ist ein Meisterwerk der Architektur, das in seiner Einfachheit und Eindringlichkeit zu den besten neueren Museen zählt.

Der Bau, so der Architekt, sei so „präzise und rigoros" wie der Bauherr. Vier Wandscheiben, die parallel zueinander stehen und bis zu 130 m lang sind, bestimmen das Raumkonzept. Nur die äußeren Betonscheiben sind massiv. Die inneren Wände bestehen aus Stahlbetonstützen und sind mit Gipskarton verkleidet. In ihren Hohlräumen ist die Haustechnik untergebracht. Der längliche Baukörper öffnet sich nach Norden und Süden mit raumhohen Verglasungen in Pfosten-/Riegelkonstruktion. Die Pfosten befinden sich auf der Außenseite und sind aus drei Flachstahlprofilen gefertigt, die, gegeneinander versetzt montiert, eine mittige Schattenfuge bilden. Das Ganze deckt ein weit überstehendes Glasdach, das aus mehreren Schichten besteht. Auf einem Trägerrost aus Stahlprofilen lagern insgesamt drei flach geneigte Satteldächer aus Glas. Die Sprossen der Satteldächer bestehen aus einbrennlackierten Aluminiumprofilen, die auf höhenverstellbaren Punktauflagern befestigt sind. Eine darüberliegende Konstruktion aus schräggestellten Glaselementen dient als außenliegender Sonnenschutz und ist zugleich das auffällige Signet

des Museums. Die schrägen, auf der Rückseite weiß emaillierten Scheiben mindern die allzu direkte Sonneneinstrahlung, lassen jedoch das diffuse Nordlicht ungehindert in die Ausstellungsräume. Das ist noch immer das beste Licht für Kunstwerke. Es ist natürlich belassen und nicht einheitlich milchig weiß wie in vielen Museen mit Nordlicht. Eine dritte Verglasungsebene bildet die vom Trägerrost abgehängte Decke im Gebäudeinneren. Sie schließt einen ca. 1,40 m hohen Zwischenraum ab, der sowohl Pufferzone für Temperaturschwankungen als auch Hohlraum für technische Installationen ist. Hier befinden sich z.B. die Beleuchtungskörper und die sensorgesteuerten, beweglichen Lamellen zur Steuerung des natürlichen Lichts. Eine unter der Abhängung montierte, halbtransparente Decke aus mit weißem Stoff bespannten Lochblechen bildet eine weitere Maßnahme der Lichtfilterung. An den beiden Schmalseiten des Museums wurde der glasgedeckte Trägerrost weit über die Gebäudekanten hinausgeführt, wodurch zwei sonnengeschützte Zonen entstehen. Durch die leicht aufwärtsgeneigte Auskragung an den Längsseiten wirken die Glasdächer beinahe schwebend.

Der rote Sandstein, der viele Mauern des Hauses und des Parks verkleidet, tönt das Tageslicht auch im Bau sanft und lässt das Museum leuchten.

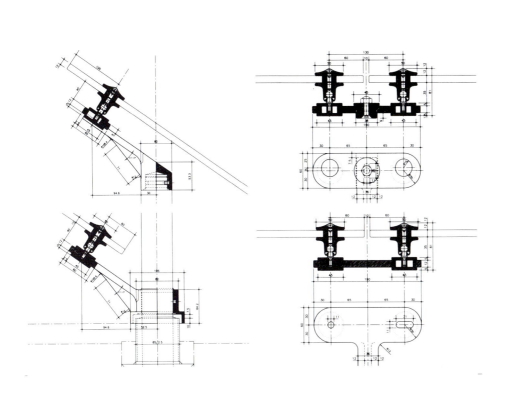

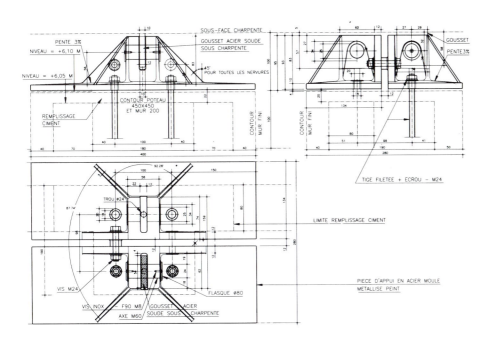

Wettbewerb Umgestaltung Biennale-Pavillon der Bundesrepublik Deutschland in Venedig

Wettbewerb Umgestaltung Biennale-Pavillon der Bundesrepublik Deutschland in Venedig
Architektin: Barbara Schlei
Wettbewerb: 1998

Es ging in dem Wettbewerb um einen neuen Zugang zu dem geschichtsbeladenen Biennale-Pavillon Deutschlands, der aus der Nazizeit stammt. Der streng klassizistische Bau, der für Ausstellungen durchaus geeignet ist, sollte nicht „entsorgt" und abgerissen, sondern durch einen neuen Zugang in ein anderes Licht gesetzt werden.

„Die leise und bestechende Idee" der Architektin, wie das Preisgericht feststellte, besteht in dem Vorschlag eines gläsernen Kubus als neuem Eingangsbau, der transparent, offen, einladend ist und eine neue unprätentiöse Zu- und Eingangsführung bedeutet. Durch die räumliche Verschiebung des Eingangs und die Überlagerung von neuem und altem Bau wird die vorhandene Symmetrie gebrochen. Die neue Konstruktion, betont horizontal, zerschneidet optisch die alte Hauptansicht und setzt sie neu zusammen. Die offene Fuge hält Abstand zwischen Alt und Neu. Konfrontation und Dialog treffen sich in dieser einfachen Lösung, die mit Lichtarchitektur zunächst nichts zu tun hat.

Durch den neuen Eingang jedoch wird der alte Bau buchstäblich in den Schatten gestellt. Im Inneren des neuen Zugangs ergibt sich durch die horizontale Tragstruktur des Fassadenaufbaus der transparenten Scheibe und den sich im Tagesverlauf ständig verändernden Sonnenstand eine ständig wechselnde Licht- und Schattensituation.

Für den Fall der nächtlichen Nutzung werden die drei Glaskuben im Innern der Scheibe beleuchtet. So dreht sich die Tagwirkung um, der bestehende Pavillon tritt in den Hintergrund, das Innere des neuen Zugangs kehrt sich nach außen.

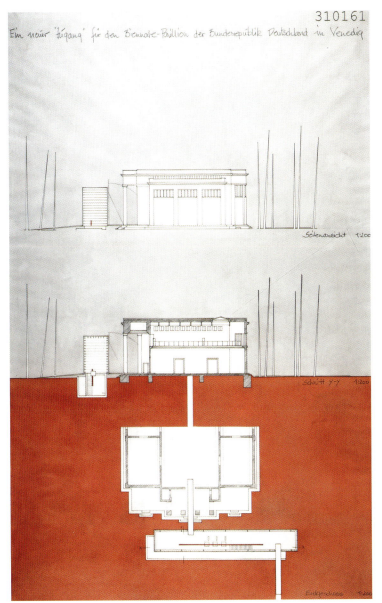
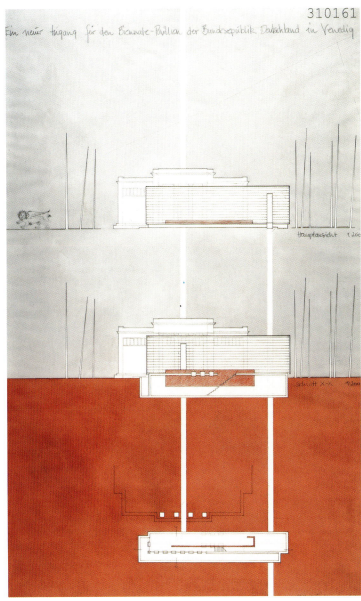

BARBARA SCHLEI WETTBEWERB UMGESTALTUNG BIENNALE-PAVILLON, VENEDIG

Staatstheater Mainz, Kleines Haus

Die Übergänge von innen und außen sind fließend.

Staatstheater Mainz, Kleines Haus
Architekten: schoyerer möbius architekten;
Ralf Braun, Michael Schick, Paul Kneip,
Bardo Kleinschmitt mit Jörg Paduch, Bettina
Stellwagen, Antje Borgstede, Joachim Heinz,
Thomas Hille, Uwe Licht
Fertigstellung: 1997

Die Architektur des Kleinen Hauses ist eine kontrastreiche Collage aus Glas, Stein und Feinputz. Der Architekt hat den ständigen Wechsel von Transparenz und Abgeschlossenheit, von Fragilem und Massivem zu einem überzeugenden Bauwerk zusammengeführt. Das Innen und Außen scheint fließend; dem städtischen Leben außen entspricht das Theater auf der Bühne innen, und beides mischt sich zum Theater des Lebens.

Die Architektur des Neubaus unter dem weit ausladenden Dach besteht denn auch aus „Stadt-Chiffren", wie Dieter Bartetzko schreibt, aus „zeichenhaften kargen Fassaden, aus Treppen und aus Balkonen, zu denen sich überall technische Einrichtungen zwanglos, unverhüllt und geradezu deshalb auch bildhaft dazugesellen". Bartetzko spricht bei diesem Neubau, mit einer der modernsten Bühnentechniken Europas, von einem „Miteinander von Funktion und Fiktion".

Die Abfolge von Foyer, Zuschauerraum, Bühne und Serviceräumen, aus denen sich das Haus zusammensetzt, entspricht der Abfolge von gläsernem, weißem und steinernem Haus. Traufhöhen der umgebenden Bebauung wurden aufgenommen, Fluchtlinien wurden fortgeführt und Straßenverläufe wurden nachgebildet, so dass das Haus, zeitgenössisch wie es ist, sich regelrecht in die vorhandene Stadt einbindet. Durch die transparenten Hüllen der Eingangsfronten schaut man auf die inneren Treppenanlagen. Sie schweben fast zwischen den hochschlanken Rundpfeilern, die das schwere lose flache Dach wie einen Baldachin halten. Das Flugdach dient als Sonnenschutz für die darunterliegenden Foyerflächen und wird nachts als Lichtsegel unterleuchtet.

In die gläserne Hülle des Foyers hineingesetzt ist der Kubus des Zuschauerraumes. Architektonisch hervorgehoben wurde der Kubus, indem dessen foyerseitig verputzte Wand als diffus homogene Reflektorfläche für Tageslicht und Kunstlicht ausgebildet wurde. Die Lochfassade zwischen Zuschauerhaus-Kubus und Glasfassade ist unbeleuchtet und setzt sich gegenüber dem Kubus ab.

Theater lebt von Licht, Theater ist Licht. Das Kleine Haus, das als Guckkasten wie auch als Raumbühne eingerichtet werden kann, ist selbstverständlich voller Lichttechnik. Davon jedoch sieht der Besucher im Zuschauerraum nur begrenzt etwas. Die Deckenleuchten sollten für die Zuschauer nicht sichtbar sein, d.h. die Doppelfokus-Downlight-Technik wurde oberhalb der Lochverkleidung der technischen Decke angeordnet und macht den kühlen, zurückhaltend farbigen Raum nicht zu einem Technikraum.

Sowohl bei Tag als auch bei Nacht ist das Kleine Haus einsichtig.

Ein Spiel formaler und materieller Gegensätze bis zu den künstlerisch gestalteten Lichtkegeln, die die Unterwelt der Probenräume erhellen.

Das Kleine Haus ist Licht-Architektur; die Einblicke in das Haus, die Tiefe der Einblicke, die Wahl der Materialien und die Kombination spielt mit dem Licht. Vor dem Hintergrund der grau-grünen Außenfassade stehen hart die weißen Wandscheiben. Daneben die „vibrierenden Treppen und Stege, die auskragenden Podeste" – ein Spiel formaler und materieller Gegensätze, die das Licht verstärkt.

Den Tritonplatz als Entree in das Kleine Haus nennt Dieter Bartetzko „ein architektonisches Kammerspiel unter freiem Himmel". Zwei gläserne spitze Kegel stoßen von unten durch das Pflaster; in der Dunkelheit strahlen sie gelbliches Licht nach oben. In die Unterwelt, wo die Probenräume für die Chöre und Orchester liegen, lassen sie Tageslicht hinein. Die Lichthüte, voller symbolischer Kraft, sind ein trickreicher Einfall der Beleuchtung ansonsten dunkler Untergeschosse; gleichzeitig sind sie Kunst im öffentlichen Raum. Die Beleuchtung des Hauses bei Nacht geht noch weiter.

Das Lichtkonzept des Schnürbodens lässt die kleinen Fenster im Schnürbodenbereich blau leuchten und korrespondiert damit mit den Schnürboden-Fenstern im Großen Haus. Dies führt dazu, dass das Farbspiel der beiden Bühnentürme über der nächtlichen Dachlandschaft einen leuchtenden Dialog miteinander führt.

Schnürboden

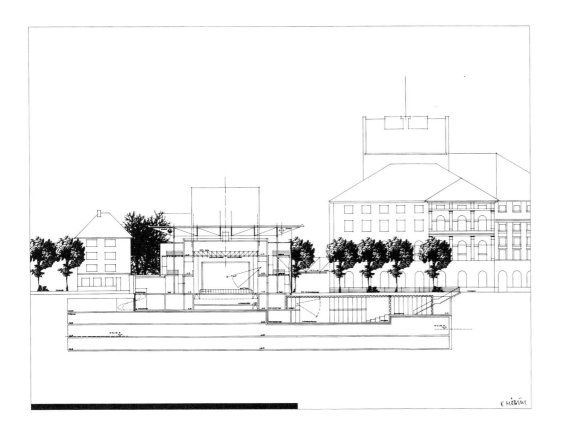

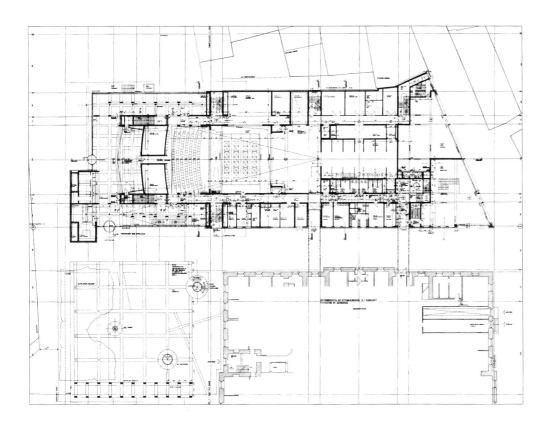

Krematorium Baumschulenweg, Berlin

Krematorium Baumschulenweg, Berlin
Architekten: Axel Schultes Architekten: Axel Schultes, Charlotte Frank
Projektleitung: Margret Kister, Christoph Witt
Mitarbeiter: Daniela Andresen, Bob Choeff, Patrick Dierks, Christian Helfrich, Andreas Schuldes, Till Waninger
Fertigstellung: 1999

„Dieser Bau entspricht", so schreibt der Architekt selbst, „wie kein zweiter den unverborgenen Absichten des Architekten." Axel Schultes, der eine Neigung zum Pathos und zur symbolischen Form hat, hat im Krematorium eine Feierlichkeit bauen können, die bei anderen Bauaufgaben wohl unangemessen gewesen wäre.

Das Krematorium, das am Ende einer Allee als scharfkantiger Würfel breit gelagert ruht, ist, wie Heinz Wefing schreibt, „aus Winkelelementen und Betonschalen gefügt, die wie zusammengeschoben scheinen und doch sorgsam Abstand halten. Große Glasflächen, gerahmt von hellen Betonbändern und überspielt von lindgrün lackierten Lamellen, wechseln sich ab mit tief eingeschnittenen Portalnischen. Vor allem die breiten Kerben, die das Dach in ganzer Länge aufschlitzen, betonen die Souveränität der Teile gegenüber dem Ganzen".

Bei Nacht und beleuchtet ist der breit gelagerte Bau voll einsichtig und das eingestellte Sichtbeton-Gehäuse bei den zwei kleinen Sälen zeichnet sich deutlich ab. Was von außen ein harter präziser Bau ist, ist im Inneren ein überwältigender Raum von sakraler Feierlichkeit, der seinesgleichen derzeit in Deutschland nicht hat.

Schultes, der den Raum, wo die Särge stehen und den, wo die Trauernden in einer Messe oder anderen Zeremonie Abschied von den Toten nehmen, nicht getrennt hat, inszeniert den Abschied. Er schreibt dazu selbst: „Im Zentrum einer solchen ‚Aussegnungsanlage', eingefaßt und unterbaut von all der notwendig traurigen Routine von Aufbahrung, Dekoration, Musik- und Rednerbereitstellung, von Anlieferung, Abwicklung und Entsorgung, galt es, die Trauergemeinden zur Sammlung zu bringen, die Beladenen zu entlasten; galt es, einen Ort herzustellen, der das Vergängliche und das Endgültige des Ereignisses ausbalanciert, das Schwere deutlich und Erleichterung möglich macht." Das ist ihm zweifellos und großartig gelungen. „Neunundzwanzig Stützen stehen in dem rechteckigen Raum. Unregelmäßig in der leeren Weite verteilt, spielen die mächtigen Schäfte mit der Assoziation von Baumstämmen, Raumteilern und breiten Schultern, an die sich die Hinterbliebenen lehnen mögen. Zur Mitte hin

Ein Raum im Wechselspiel
der Schwere des Materials und
beseelt durch das Licht.

Das Licht schießt durch die
Deckenscheiben in den Raum und
spiegelt sich in dem kleinen
Wasser.

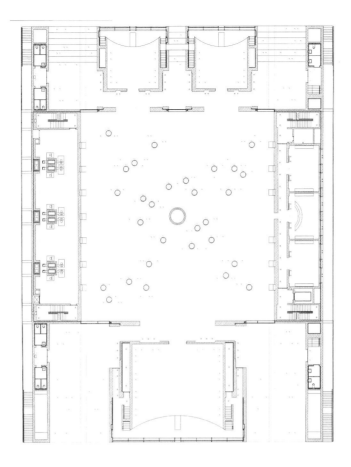

drängen sich die Stützen ein wenig dichter, rücken zu Betonbüscheln zusammen und öffnen Lichtungen, bieten Rückzugsorte und Sichtschutz. Sockellos entwachsen sie dem Boden und streben dem Tageslicht zu, das ebendort durch kreisrunde Löcher in der Decke fällt, wo die Säulen das Dach zu durchstoßen drohen. Umkränzt wird die Kondolenzhalle von drei kleineren Feiersälen und allerlei Nebenräumen, die hinter zwei hermetischen Wänden aus Sichtbeton versteckt sind. Die imposanten Mauern, die von zwei ‚Erscheinungsnischen' gegliedert werden, blenden die Banalität der Umgebung aus und zwingen zur Konzentration. Sie umstehen einen architektonischen ‚hortus conclusus', einen Idealraum purer Geometrie und milder Helle, zentriert um ein rundes, spiegelglattes Wasserbecken, abgeschirmt von allen Zumutungen der Welt. Es ist ein Ort der Stille und Kühle, wie man ihn wohl in orientalischen Sommern erträumt. ‚Schönes in der schönen Arbeit der Architektur', hat Schultes einmal geschrieben, sei ‚nur zu leisten in der präzisen Abgrenzung von Raum durch die Schwere des Materials und beseelt durch das Licht'. In der introvertierten Totenarchitektur der Treptower Einäscherungsanstalt hat Schultes diese Ambition grandios verwirklicht. Durch die perforierte Deckenscheibe über dem Stützenhain schießt das Licht, brennt Sonnenflecken auf den Boden aus Trentiner Serpentin, zeichnet Muster und Punkte. Es bricht harte Schatten, sickert durch die Lamellen vor den haushohen Fenstern oder fließt durch breite Fugen zwischen Decke und Wand an den Mauern aus Sichtbeton hinab."

Die Trauernden, die in diesem Raum, der selbst Symbol ist, Abschied nehmen, schauen, wenn sie den Blick nach oben heben, ins Licht. Das Licht spiegelt sich in dem flachen Wasserbecken am Boden, Wasser als Quelle des Lebens, Licht als Zeichen Gottes – uralte Symbole neu verwendet.

AXEL SCHULTES ARCHITEKTEN KREMATORIUM BAUMSCHULENWEG, BERLIN

Theater der Landeshauptstadt Magdeburg

Glastafeln an Stahlseilen, die wie Wolken wirken

Theater der Landeshauptstadt Magdeburg
Architekt: Dipl.-Ing. Harald Stricker, München
Elektrotechnik: Ingenieurbüro Köhler, Leonberg
Fertigstellung: 1998

Das ehemalige Maxim-Gorki-Theater wurde Anfang des Jahrhunderts erbaut, in den dreißiger Jahren verkleinert, im Weltkrieg 1939–45 zerstört, 1948–50 wieder aufgebaut und dann vernachlässigt. Kaum noch bespielbar, wurde es schließlich 1990 in großen Teilen durch einen Brand zerstört. Man begann nach einem beschränkten Wettbewerb 1992 mit dem Wiederaufbau. Der Aktbau wurde entkernt, durch Ein- und Neubauten erweitert und so an die benachbarte Bebauung volumenbezogen und formal angeschlossen. Trotz aller integrierender Maßnahmen wurde der monumentale Charakter des Altbaus jedoch erhalten. Der Neubau mit Foyer, Cafeteria, Kasse, Probe- und Technikräumen wurde durch eine Glasfuge optisch vom historischen Haus freigestellt.

Hinter der Fassade des Altbaus wurde modernste Bühnentechnik mit eleganter Innenraumgestaltung kombiniert. Schwarzer Granit, helles Buchenholz, eine geometrisch schöne Raum- und Möbellinie und die außen rote, geschwungene Saalrückwand bereiten die maximal 772 Besucher auf den Zuschauerraum vor: tiefblau gedunkelt, mit von der Decke abgehängten Akustikelementen, die eine zum Geschehen gerichtete Dynamik erzeugen.

Bei Nacht und erleuchtet ermöglichen die neuen Anbauten einen Einblick in das Innere des mächtigen Gebäudes. Die Licht-Faszination spielt sich vor allem hier ab. Vor der gerundeten roten Rückwand des Saales im Pausenbereich schweben wie Glaswolken wirkende Elemente. Eine lang gehegte Idee ist hier zum ersten Mal mit faszinierender Wirkung verwirklicht. Glastafeln ca. 800 x 800 mm, im Temperofen sekuriert und weich verformt, an dünnen Stahlseilen in unterschiedlicher Höhe aufgehängt, erzeugen eine wolkige schwebende Stimmung. Die Senkrechte des Treppenhauses wird durch eine Folge von Lampen aus horizontalen Dickglasscheiben und durchgesteckten opalen Zylindern betont.

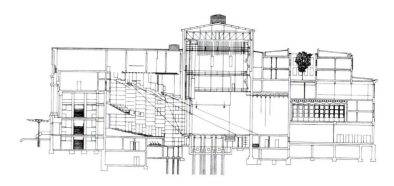

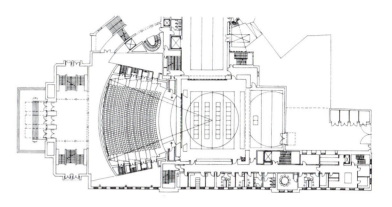

Schnitt
Grundriss Erdgeschoss

Rechtsanwaltskanzlei, Wien

Die Bauherren verstehen die
Kanzlei als Ideen-Ort.

Rechtsanwaltskanzlei, Wien
Architekten: the unit.
Wolfgang Bürgler und Georg Petrovic
Fertigstellung: 1998

Bauherr und Architekten hängen dem Minimalismus an, verstanden als Sparsamkeit von Formen und Materialien, als Ruhe inmitten des Chaos der Großstadt und als Leere des Raumes im Gegensatz zu vollgestellten Büros. Die Konsequenz: eine eher abstrakte und neutrale im Gegensatz zu individueller Gestaltung, für die Bauherren Zeichen professioneller Kompetenz und nüchterner Glaubwürdigkeit. Die Anwälte betreiben ihr Büro als einen Ort, wo sie an neuen Ideen arbeiten.

Die Ideen für die Licht-Inszenierung des Büros fußen auf Arbeiten von Yves Klein und Donald Judd. „Silberwolke" haben die Architekten ihre Lichtüberlegungen genannt. Der Minimalismus, der von der Materialreduktion über die Monochromie der Oberflächen konsequent betrieben wurde, sollte sich auch im Licht definieren. Unter dem Motto „Denken in Licht und nicht in Leuchten" sollten verschiedene Materialoberflächen mit Licht belegt werden und so zu einer imaginären (vibrierenden) Oberfläche werden. Es wurde versucht, Licht als Fläche darzustellen. Das Büro der Anwälte sollte scheinbar in vibrierender Bewegung sein und sich so einer konventionellen Betrachtungsweise entziehen. Licht als Fläche emotional zu besetzen heißt, dass verschiedene Oberflächen bzw. Materialien durch ihre Absorption bzw. Reflexion als Leuchtmedium fungieren.

Im Foyer herrscht indirekte Beleuchtung vor: Die Glasflächen sind mit Silberfolie bedruckt. Den Gang charakterisieren Wände in silbernem amerikanischem Traktorenlack. Das WC hat eine hinterleuchtete Lichtwand in sandgestrahltem Glas; das Bild im Besprechungsraum ist von grünem Glas hinterleuchtet und mit Text bedruckt. Über dem gläsernen Besprechungstisch ist eine sachlich klare Lichtmatrize aus Leuchtstoffröhren.

Denken in Licht, nicht in Leuchten ist das Ziel der Gestaltung.

Licht wird in der Fläche inszeniert und schafft eine silbrige,
vibrierende Atmosphäre.

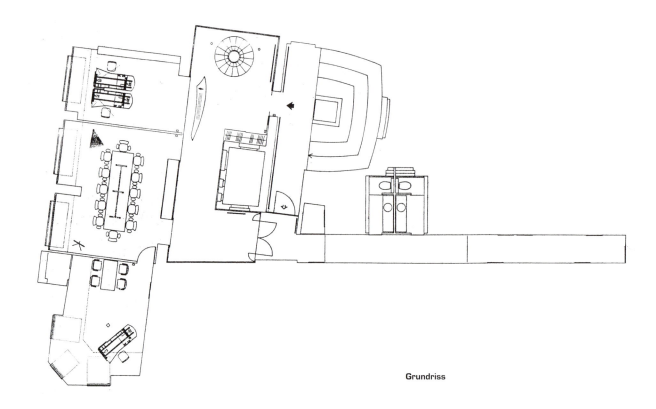

Grundriss

„Organ" Architekturbüro, Kyoto

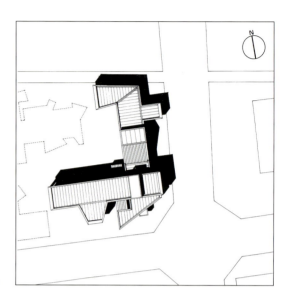

Lageplan

„Organ" Architekturbüro, Kyoto
Architekten: Katsu Umebayashi
mit Kazuo Kobayashi
Fertigstellung: 1995

Dem Architekturbüro Umebayashi geht es in seiner Architektur vor allem um Raumbildung. Andere Belange der Architektur sind für das Büro zweitrangig. Der Architekt, der gewöhnlich von innen nach außen entwirft und die so gewonnene Form mit einem Material verkleidet, häufig sogar regelrecht darin verpackt, sucht seine Vorbilder im japanischen Metabolismus eines Kenzo Tange oder dem Expressionismus eines Hugo Häring. „Organ I" ist in Aluminium eingepackt, das die Umgebung reflektiert, aber auch verzerrt. „Organ I" (und die mögliche Erweiterung in „Organ II") ist als Versuch anzusehen, expressionistisch, aber gleichwohl streng und ohne jede Dekoration zu bauen. „Organ I" steht auf Stützen, weil unter dem Haus Parkplätze verordnet waren. Nur der Eingang ist auf der Ebene des Erdgeschosses. Der zwei ineinander gesteckten Pfeilen gleichende Grundriss kommt ohne viele Trennwände aus. Lichter im Boden betonen die Achsen des Hauses. An den Enden des Baus holen große Fenster das Licht ins Innere und glühen bei Nacht wie erleuchtete Öffnungen einer technischen Röhre. Der Ausbau im Inneren ist in hellem Holz, in dem sich Tages- und Kunstlicht weich spiegelt.

Umebayashi versteht seine „organhafte" Architektur in ihrer Lichtdramatik als „Geschenk" an die nächtliche Stadt.

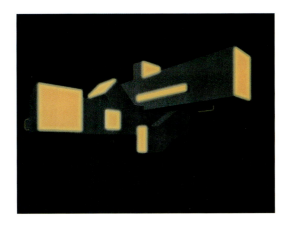

Das Prinzip des Baus, dessen Grundriss zwei ineinander gesteckten Pfeilen gleicht, ist Kompaktheit, die sich in großen Fenstern zur Stadt öffnet.

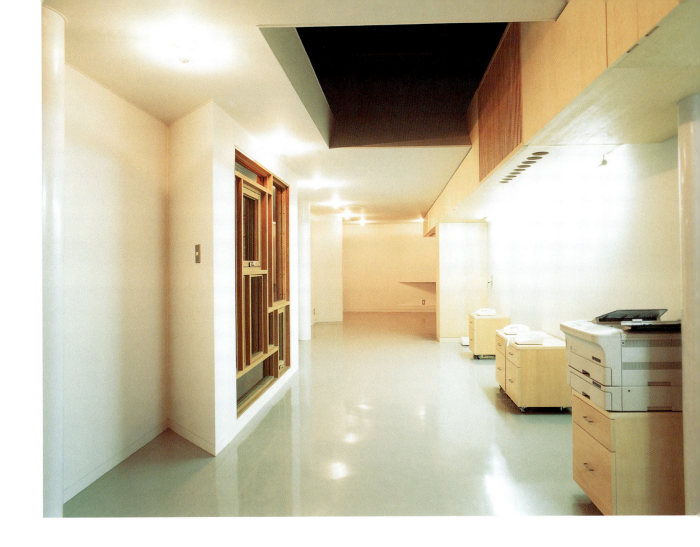

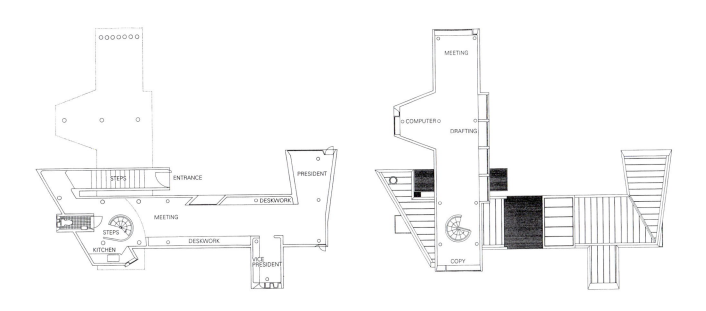

„Aura" Wohnhaus, Tokio

Ein Lichtfleck in der Stadt, der sich bei Annäherung als eine Art leuchtendes Zelt entpuppt.

„Aura" Wohnhaus, Tokio
Architekten: Katsu Umebayashi mit Kazuo Kobayashi
Fertigstellung: 1996

Ein Haus für den städtischen Nomaden, das es so noch nicht gibt. Die Bauherren verzichteten auf das Bad; sie gehen in die lokale Sauna zum Duschen. Ihre Küche besteht aus zwei Abwaschbecken und einem Kühlschrank; man isst außerhalb des Hauses. Wer morgens früh geht und abends spät kommt, braucht dieses alles nicht, sondern nur die Privatheit des eigenen Hauses und ein Bett. So leben durchaus auch in Europa viele Menschen, aber selten wurde daraus ein architektonisches Programm.

Weil auf fast alle technischen Errungenschaften des modernen Hauses verzichtet wurde, besann sich der Architekt auf die archetypische Form des Zeltes. Name: Aura. Auf den drei Ebenen des kleinen Hauses (3 x 20 m-Grundstück) bewegt man sich ohne eingestellte Trennwände und ohne Tür. Über solch minimalistischem Grundriss und solch leerem Raum die luftige Konstruktion eines Zeltes: eine teflonbeschichtete Plane liegt auf zwei gekurvten Scheiben auf, die parallel zueinander stehen, sich aber gegeneinander biegen und so einen Sattel bilden.

Ein Einfamilienhaus mit keinem anderen Programm als dem des privaten Raumes. Ein Raum, der durch das transluzente Stoffdach bei Nacht eine Orientierungsqualität im Lichtermeer von Tokio hat. Was für den Bauherrn ein minimalistisches Refugium in außergewöhnlichem Licht ist, hat für die Stadt von weitem den Charakter einer leuchtenden Skipiste, außergewöhnliches Merkmal eines Stadtteiles und im Formenchaos der Stadt die fremdartige, aber ruhige Großform einer temporären Behausung, bis dass ihr Besitzer weiterzieht.

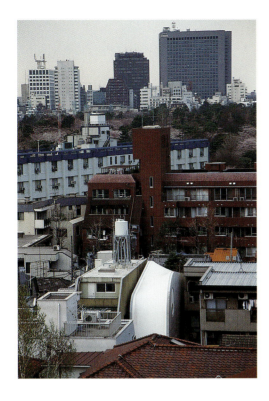  

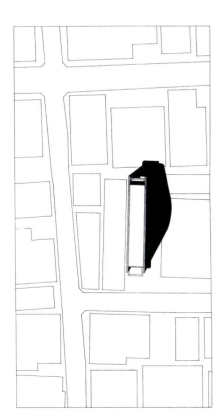 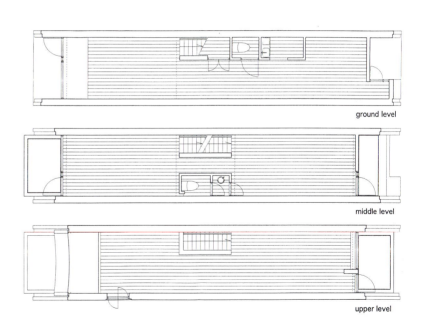

ground level

middle level

upper level

Erdgeschoss
Zwischengeschoss
1. Obergeschoss

Mehrzweckhalle, Losone

Mehrzweckhalle, Losone
Architekt: Livio Vacchini
Fertigstellung: 1997

Sabine Schneider vergleicht die Sporthalle in ihrer Rigorosität mit einem Bau der Antike: „Erhaben wie ein Tempel steht die Sporthalle auf einer kleinen Anhöhe, Kasernengebäude, Bäume und Armeefahrzeuge ringsum nehmen sich daneben klein und unbedeutend aus. In dichter, regelmäßiger Folge umstellen himmelwärts strebende Pfeiler eine rechteckige Grundfläche und schließen den entstandenen Raum zu einem rätselhaften Quader. Ein Dach sieht man nicht. Erst beim Nähertreten löst sich die enge Rippenstruktur der Mauer in eine Kolonnade auf, man kann zwischen den Pfeilern hindurchblicken, und nun offenbart sich ein völlig transparentes Gebäude" (Baumeister 11/1998).

Die Stützen und das eingehängte Dach bilden die nach außen gekehrte Konstruktion. Innerhalb des Tragwerkes schließt eine Glashaut den Raum ab.

Die Sporthalle hat, der Philosophie Vacchinis folgend, dass öffentliche Bauten keine repräsentative Fassade haben sollten, vier identische Seiten bzw. sie hat keine Vorder- oder Rückseite. Das gleichmäßige Raster der Konstruktion, das an den gedeckten Gang in der Cheops-Pyramide erinnert, umgibt den Raum wie ein aus Stelen gebildeter heiliger Hain. Archaik und Perfektion sind die überwältigenden Eindrücke dieses Baus.

Wer die Konstruktion aus einer schrägen Position betrachtet, gewinnt den Eindruck einer geschlossenen Mauer. Im rechten Winkel zu ihr werden die Pfeiler zu Hütern einer präzise gefassten Transparenz. Der gesamte innere Raum ist lichtdurchflutet. Sonnenstrahlen markieren mit ähnlich scharfen Schattenkanten wie die Konstruktion ihren Widerschein auf dem Boden der Sporthalle. Dank der mathematischen Präzision der Konstruktion sind auch die Schatten bzw. die durchgelassenen Sonnenstrahlen – die meiste Zeit – von exakter Härte. Vacchini greift hier wie einige andere rationalistische Baumeister auf das Vorbild indischer Kalenderbauten zurück, deren primäre Konstruktionen die Schlagschatten der Sonne im Wandel des Tages und der Jahreszeiten messen. Da Licht aber eine unkalkulierbare flüchtige Größe ist, konterkarieren viele diffuse Lichtstimmungen die Exaktheit des Raumes. Der gelbe Kunststoffboden scheint an trüberen Tagen geradezu das verbleibende Licht zu sammeln.

Die Sporthalle ähnelt in ihrer fast abweisenden Unbeweglichkeit und exakten Symmetrie einem antiken Sakralbau. Das Licht spielt damit, unberechenbar, unkalkulierbar.

Von weitem eine enge Rippenstruktur als Mauer, die sich beim Nähertreten auflöst und den Blick in das Innere freigibt.

Juridicum, Halle a. d. Saale

Die Maßstäbe der historischen Umgebung werden vom Neubau aufgenommen.

Juridicum, Halle a. d. Saale
Architekten: Thomas van den Valentyn und Gernot Schulz, Köln; Mitarbeiter: Astrid Kasper, Eva Rupprecht, Benedikt Baumewerd, Claudia Koenen
Lichtplaner: ag Licht, Klaus Adolph
Fertigstellung: 1998

Das Juridicum in Halle ist bestes Bauen im Kontext. Der dreigeteilte Bau, dessen Zentrum der fünfgeschossige Kubus der Bibliothek ist, hält gute Nachbarschaft mit den anspruchsvollen spätklassizistischen und historistischen Bauten der Umgebung. Seine Trauf- und Firsthöhen übernehmen den vorhandenen Maßstab und leiten in den unterschiedlichen Proportionen der Teile des Ensembles zur kleinteiligen Altstadtbebauung über. Eine der maßgeblichen Qualitäten des Baus kam durch die Notwendigkeit, 10 Millionen DM einzusparen, zustande. Ursprünglich hatten nämlich die Architekten eine transparente Glas-Doppelfassade vorgeschlagen. Wesentlich günstiger kam die realisierte Variante: Die Wände aus normalem Isolierglas sind auf der Außenseite durch einbrennlackierte Aluminiumrahmen mit feststehenden Lärchenholzlamellen verkleidet, was nicht nur den notwendigen, auf der Innenseite durch Rollos unterstützten Sonnenschutz garantiert, sondern auch – im Sinne eines gestalterischen Mehrwerts – dem Bauwerk einen besonderen Charakter verleiht.

Während bei Tag der Eindruck entstehen kann, als hätte das Gebäude die Augen geschlossen, leuchtet bereits in der Dämmerung der Kubus durch seine halbdurchlässigen Fassaden in die Umgebung. Aus dieser Einsicht, darin einen Hinweis auf die Aufklärung zu lesen, der 1694 Halle als erste deutsche Universität verpflichtet war, geht vielleicht ein wenig zu weit. Unzweifelhaft aber ist, dass auch als Innenraum die terrassenförmig angelegte Bibliothek durch die neue Lösung gewonnen hat. Die Lamellen filtern das Licht und fördern die Konzentration an den Leseplätzen, ohne dass Ausblicke in die städtische Umgebung versperrt wären. Dieser Innenraum ist ein hervorragendes Beispiel dafür, wie in der gelungenen Zusammenarbeit von Architekt und Lichtplaner ein stimmiger Raum entsteht, der einerseits schön ist und andererseits voll auf die Belange der Besucher abgestellt ist: ein Innenraum, der aufgrund der geschilderten Fassadenlösung volle Konzentration auf den Arbeitsplatz und auch den Außenbezug auf die Stadt

Am Abend wird das Innere des Baus durch die halb durchlässigen Fassaden einsichtig.

Das Licht wird im Innern von Wänden, Decken, Möbeln und Paneelen reflektiert und färbt sie.

ermöglicht. Im ganzen Gebäude gibt es nur wenige, harmonisch aufeinander abgestimmte Materialien, die je nach ihrer Verwendung als Wand, Decke, Paneele oder Möbel das Licht schlucken, reflektieren, glänzen oder färben.

Im Foyer mit dem erhöhten „Parlatorium" bleibt der Materialkanon des Außenraums präsent: Jurakalkstein auf dem Fußboden und als Wandfries, farblich angeglichener Wandputz, hell lasierter Sichtbeton von Stützen und Decken. Im Gegensatz dazu wird die Bibliothek als Gehäuse der Stille durch die Warmtöne von hellem Ahorn- und rotbraunem Kirschbaumholz geprägt, wenngleich auch dort, beispielsweise in der Professorenbibliothek, der konstruktiv primäre Baustoff in Erscheinung treten darf: Ortbeton, in den Fassaden ausgefacht durch eine Glas-Stahl-Konstruktion.

„Der Aufgabe angemessen herrscht eine Atmosphäre gelassener Eleganz" (W. J. Stock). Unzweifelhaft ist das Juridicum einer der besten Bauten, die in den letzten zehn Jahren in den östlichen Bundesländern entstanden sind.

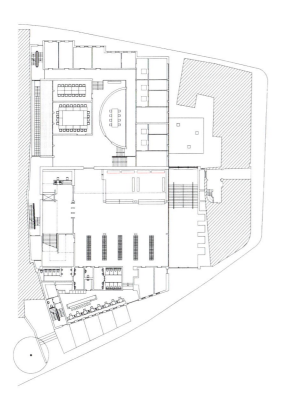
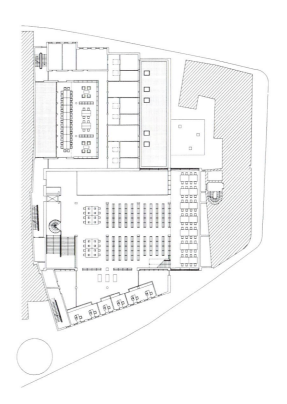

THOMAS VAN DEN VALENTYN UND GERNOT SCHULZ JURIDICUM, HALLE A. D. SAALE **195**

STUDIUM UND TECHNIK

Fachhochschule Hildesheim/Holzminden
Lehrgebiet Lichtplanung

An der Fachhochschule Hildesheim/Holzminden wird jetzt in den Fachbereichen Gestaltung und Architektur das Lehrgebiet Lichtplanung integriert. In dieser Form erstmalig in Deutschland besteht die Möglichkeit, ein Vollstudium Lichtplanung mit dem Abschluß Dipl. Ing. (FH) Lichtplaner zu absolvieren.

„Ich versuche, in den Grenzen des Plastischen der modernen Architektur einen Hauch einer von Licht gestalteten Schönheit einzufangen. Mein Wunsch ist es, eine Art räumlicher Lyrik innerhalb des Kanons reiner Formen zu entwerfen."
(Richard Meier, N.Y., Architekt)

„Wer sich mit Fragen der Beleuchtungstechnik befasst und dort erfolgreich arbeiten will, wird immer den Menschen in den Mittelpunkt seiner Überlegungen stellen müssen. Das mag dem Techniker ungewohnt erscheinen. Tatsächlich ist aber die Beleuchtungswissenschaft eine Grenzwissenschaft zwischen Physik, Biologie und Psychologie. Fruchtbringende Arbeit auf dem Gebiet der Lichttechnik kann heute nur als interdisziplinäre Zusammenarbeit zwischen Technikern, Medizinern und Psychologen betrieben werden."
(Lehrbuch für Lichtanwendung, 1969)

Extremer könnte die Kluft zwischen zwei Zitaten, die das gleiche Ziel, nämlich die Verbesserung des „Lichtraumes" haben, kaum sein! Die unterschiedlichen Sichtweisen der am Licht beteiligten Professionen ist überdeutlich: einerseits die architektonisch-ästhetische, andererseits die physikalisch-technische.

Die Ausbildung zum Lichtplaner in Deutschland ist seit vielen Jahren ein vieldiskutiertes Thema. Auf der abschließenden Podiumsdiskussion der „Light Emotions" der Hannover Messe im April 1995 wurde die Problematik eines akuten Ausbildungsmangels auf den Punkt gebracht und vom Fachpublikum bestätigt. Teilnehmer der Podiumsdiskussion waren Repräsentanten aus Lichtplanungsbüros, Lehre und Industrie. Die Moderation hatte Professor Dr. Ingeborg Flagge. Vor allem die Lichtplaner bedauerten, dass es keine Absolventen gebe, die nach dem Studium mit dem Beruf des Lichtplaners beginnen können. Anders die Situation in den USA, wo David Loe bereits 1987 am University College of London den Postgraduierten-Studiengang (Master of Science, Msc.) „Light and Lighting" etablierte. Im gleichen Jahr sagte Hans T. von Malotki in einem Interview: „Der Beruf des Lichtdesigners kommt schließlich auch aus den USA. In der Bundesrepublik gibt es noch nicht einmal eine adäquate Ausbildung, obwohl der Markt größer wird." Und weiter: „Wir brauchen mindestens 120 Lichtdesigner in Deutschland. Architekten hören vom Licht während des Studiums fast nichts – die wissen nicht einmal, wie ihre Netzhaut funktioniert. Und im Fach Elektrotechnik ist Kreativität nicht gefragt. Von Kunst steht nichts im Studienplan." Malotki dachte an eine umfassende Ausbildung, die Technik ebenso wie Architektur, Kunst, Philosophie und Psychologie lehrt. Sie gibt es bis heute nicht. Dabei sind doch Begriffe wie Architekturbeleuchtung, Ästhetik oder Emotion schon seit langem fester Bestandteil jeglicher Diskussion, wenn es um Licht und dessen Akzeptanz geht. Diese wichtigen Parameter im Lichtplanungsprozess lassen darauf schließen, dass viele Planer nicht mehr ausschließlich die technischen Aspekte des Lichtes im Sinn haben.

Das Studium der Elektrotechnik bzw. Lichttechnik hat sich gewandelt, und ein Begriff wie „Architekturbeleuchtung" ist kein Fremdwort mehr. Trotzdem ist eine stärkere Einbindung von Architekten, Innenarchitekten und Designern in die Lichtplanung notwendig. Ein Blick in größere Lichtplanungsbüros ist aufschlußreich. In den meisten Büros arbeiten Lichttechniker neben Innenarchitekten, Architekten, Theater-/Bühnenbeleuchtern, Designern oder Wahrnehmungspsychologen. Es stellt sich also hier die Frage, warum dieser in der Praxis richtige Ansatz, der erfolgreich die fachübergreifenden technischen und gestalterischen Disziplinen verbindet, nicht schon längst in die Hochschulen integriert wurde.

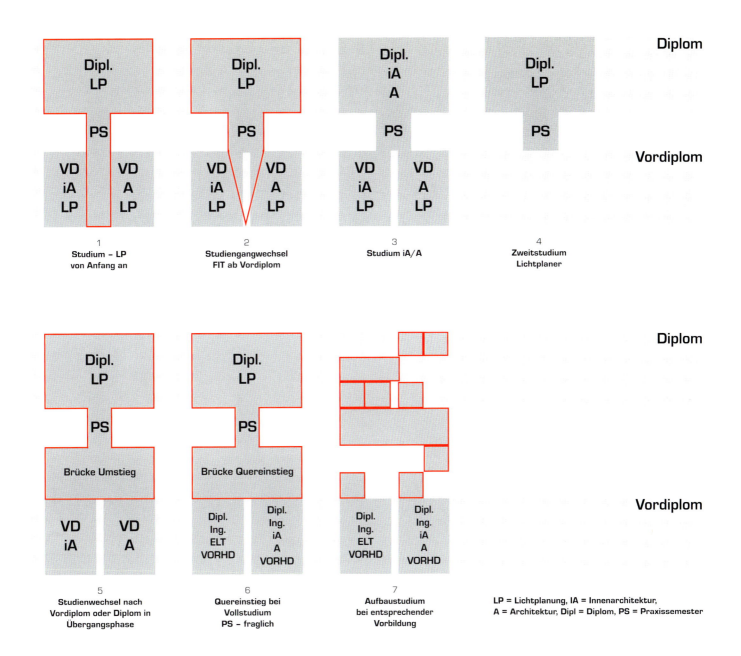

Vollstudiengang Lichtplanung

Seit Beginn des Wintersemesters 1998/99 hat die Fachhochschule Hildesheim/Holzminden den ersten konkreten Schritt getan, das Projekt „Vollstudiengang Lichtplanung" zu beginnen. Bereits jetzt ist Lichtplanung Pflichtfach für das 5. Semester, bestehend aus Vorlesungen, Lichtentwurf als Semesteraufgabe und schriftlicher Prüfung. Das Vollstudium hat mit dem Wintersemester 1999/2000 gestartet. Das Lehrgebiet Licht–planung ist inhaltlich und organisatorisch am Fachbereich Gestaltung angesiedelt.

Um die lichtspezifischen Lehrinhalte, die im Bau- und Gestaltungslehrangebot eingebettet sind, fachübergreifend auf eine breitere Basis zu stellen, wird das Lehrgebiet Lichtplanung auch vom Fachbereich Architektur an der Fachhochschule Hildesheim/Holzminden mitgetragen. Hierdurch werden die vorhandenen personellen und institutionellen Ressourcen sowie die bereits existierenden Werkstätten und Labors noch besser genutzt. Die Studenten lernen bereits im Studium praxisnah den Umgang mit allen am Bau beteiligten (Fach-)Ingenieuren.

Der Lichtplaner wird als ein dem Gestalten und Bauen zugeordneter Berufsstand betrachtet. Dementsprechend wird der Zugang zum Studiengang Lichtplanung den Studierenden angeboten, deren Ausbildungsinhalt eben diese Schwerpunkte sind.

Am derzeitigen Studienangebot beteiligen sich folgende Studiengänge:
– Innenarchitektur (Fachbereich Gestaltung),
– Produktgestaltung (Fachbereich Gestaltung),
– Architektur (Fachbereich Architektur).

Das Curriculum für das Lehrgebiet Lichtplanung wurde zusammen mit ELDA (European Lighting Designer Association) auf der Basis des Konzeptes von ELDA 2000+ Backbone erarbeitet (Jahrbuch Licht und Architektur, 1998, Dr. H. Kramer, S. 108–114). Erklärtes Ziel ist darüber hinaus die staatliche Anerkennung der Berufsbezeichnung „Lichtplaner".

Michael Rohde

Der Aufbau zu Master- Studienabschlüssen wird entsprechend der fortschreitenden Entwicklung von Studienabschlüssen an Fachhochschulen auch im Studiengang Lichtplanung angedacht.

Lehrinhalte und Ziele für das Lehrgebiet Lichtplanung:
Fachhochschule Hildesheim/Holzminden
Fachbereich Gestaltung
Titel des Studienganges: „Lichtplanung"
Grundstudium: in Verbindung mit den Studiengängen:
– Innenarchitektur
– Produktgestaltung und
– Architektur
Hauptstudium: als Vertiefungsrichtung Lichtplanung, flankiert mit den Lehrangeboten aus den Studiengängen:
– Innenarchitektur
– Produktgestaltung und
– Architektur
Diplomvorprüfung: im 4. Fachsemester;
Diplomprüfung: im 8. Fachsemester;
Titel: Dipl. Ing. (FH) Lichtplaner

<u>1.0. Lehrinhalte: Lichtplanung – Grundstudium</u>

1. Semester
1.1.1.0. Geschichte des Lichtes
1.1.2.0. Physikalische Grundlagen
1.1.3.0. Wahrnehmung und Psychologie des Sehens:
– biologische Aspekte des Lichtes
– Physiologie

2. Semester
1.2.1.0. Grundlagen der Beleuchtung:
– Tages- und Kunstlicht
– Normen und Vorschriften
1.2.2.0. Lampen und Leuchten

3. Semester
1.3.1.0. Grundlagen der Lichtplanung in Verbindung mit einer Entwurfsaufgabe
1.3.2.0. Wahrnehmungsorientierte Beleuchtungsplanung

4. Semester
1.4.1.0. Licht – Material – Textur
1.4.2.0. Tageslichtsysteme:
– Sonnenschutz
– Beleuchtungsschutz und
– Lichtlenkung im Gebäude

2.0. Lehrinhalte: Lichtplanung – Hauptstudium

5. Semester (Berufspraktisches Studiensemester)

6. Semester
2.6.1.0.   Licht- und Energiemanagement
2.6.2.0.   Licht und Raum
2.6.3.0.   Licht und Farbe
2.6.4.0.   Entwurfsaufgabe zu einem repräsentativen Innenraum bzw. Sondergebiete der Lichtplanung
2.6.5.0.   Leuchtenentwurf

7. Semester
2.7.1.0.   Architekturbezogene Innenraumbeleuchtung
2.7.1.1.   Arbeitslicht: Büro, Industrie, Verkaufsraum
2.7.1.2.   Lichtszenarien: Bühne, Messe, Showroom
2.7.1.3.   Repräsentatives Licht: Foyer, Festsäle, Hotels, Gaststätten, Sport- und Freizeiteinrichtungen
2.7.1.4.   Licht für öffentliche Bauten
2.7.1.5.   Museumsbeleuchtung
2.7.2.0.   Planung von Außenbeleuchtung
2.7.2.1.   Architekturbezogene Außenbeleuchtung
2.7.2.2.   Licht für den öffentlichen Raum
2.7.2.3.   „Landscape Lighting"
2.7.2.4.   Beleuchtung für Sport und Freizeit
2.7.2.5.   Verkehrsbeleuchtung
2.7.3.0.   Entwurfsaufgaben zu den Bereichen 2.7.1.1. bis 2.7.2.5.

8. Semester
2.8.1.0.   Vertragsrecht
2.8.2.0.   Büro- und Baumanagement
2.8.3.0.   Vermittlung von „Kenntnis des Lichtmarktes"

Wichtigstes Ziel des Lehrgebietes Lichtplanung ist eine an der Praxis orientierte Lehre der Lichtanwendung, die alle Aspekte des Lichtes berücksichtigt. Die Absolventen sollen in die Lage versetzt werden, nach erfolgreichem Diplom einen schnellen Berufseinstieg zu erlangen. Dies gilt für den Bereich der Lichtplanungsbüros, für die Industrie, für alle weiteren Berufszweige, die Lichtrelevanz besitzen. Zentrale Idee ist die praxisorientierte Optimierung von Tages- und Kunstlichtplanung unter Berücksichtigung von Raum, Ästhetik, Lichttechnik und Lichtgestaltung. Der sinnvolle Einsatz von Gebäudesystemtechnik und die damit verbundenen Energieeinsparungspotenziale werden gleichermaßen berücksichtigt. Von den Grundlagen der menschlichen Wahrnehmung über Lichtdesign bis hin zu Spezialitäten der Lampenproduktion sollen alle Bereiche des Lichtes behandelt werden. Die in der Einleitung dieses Beitrages gestellte Frage („Ästhetik oder Technik") sollte der Vergangenheit angehören.

Ein Zitat von Norman Foster, der schon häufig die Kompatibilität von Ästhetik und Technik unter Beweis gestellt hat, verdeutlicht die anzustrebende Position. Der britische Architekt sagte: „Wenn die Räume, die wir entwerfen, nicht auch unser Herz und unseren Geist ansprechen, haben sie zweifellos nur einen Teil ihrer Aufgabe erfüllt. Jeder Ingenieur kann die Lichtmenge errechnen, die nötig ist, um beispielsweise ein Buch zu lesen. Wo aber bleibt die poetische Dimension des Lichtes? Der stetige Wandel eines bewölkten Himmels, die Entdeckung des Schattens, die Leichtigkeit eines Tupfens Sonnenlicht?"

Lichtvorhänge oder Fensterbehänge
Bartenbach LichtLabor

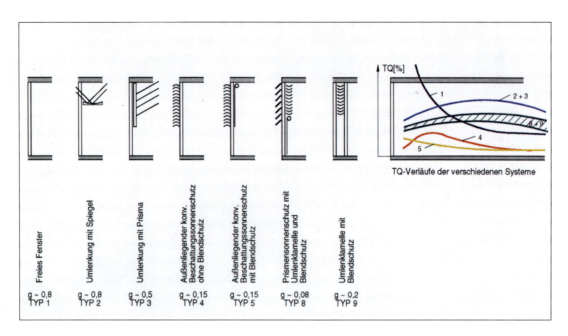

1
Unterschiedliche Ausführungen einer seitlichen Fensteröffnung

Die Antwort auf die Frage nach einem Lichtvorhang oder einem Fensterbehang in Bezug auf die Ergänzung einer seitlichen Fensteröffnung hängt wesentlich von der Wertigkeit der Betrachtung ab, beziehungsweise kann erst durch die entsprechenden Kriterien an einen solchen Behang zufriedenstellend erläutert werden. Eine reine Auswertung der anfallenden Investitionskosten unterschiedlicher Behänge kann sicherlich zu keiner befriedigenden Aussage führen, wenn nicht auch der Nutzen eines Behanges berücksichtigt wird. Der Nutzen kann aber nur aufgrund bestimmter Kriterien, die je nach Anwendung festzulegen sind, gewertet werden.

Die unterschiedlichen Kriterien der Tagesbelichtung von Räumen durch seitliche Fensteröffnungen können wie folgt beschrieben werden:

Würde man sich bei der Bestimmung von Fensterbehängen nur auf die notwendige **Quantität** des Tageslichtes im Raum beschränken – z.B. aufgrund einer DIN-Vorgabe – dann wäre die freie Fensterfläche in einer entsprechenden Größe ausreichend und auf einen Fensterbehang könnte gänzlich verzichtet werden.

Wird aber eine bestimmte **Lichtverteilung** des Tageslichtes im Raum aus Gründen der Nutzung gewünscht, ergibt sich eine bestimmte Geometrie des Fensters und seiner Lage zum Raum, beziehungsweise wird eine zusätzliche Lichtumlenkung erforderlich.

Ergeben sich aufgrund visuell-ergonomischer Forderungen bestimmte **Leuchtdichteverteilungen** im Raum und wird eine **Blendungsfreiheit** der Fensterfläche gefordert – zum Beispiel im Falle von Bildschirmarbeitsplätzen, müssen zusätzliche Blendschutzmaßnahmen getroffen werden. Solche Maßnahmen lassen sich durch geeignete Raumgeometrie, sinnvolle Anordnung der Arbeitsbereiche, gerichtete Lichtumlenkung des einfallenden Lichtes und entsprechende Reflexionseigenschaften der raumbegrenzenden Oberflächen erreichen.

Ist die Notwendigkeit eines **Sonnenschutzes** gefordert, dann muss die Fensterfläche mit zusätzlichen Beschattungsmaßnahmen ausgestattet werden oder über ein System verfügen, welches die direkte Sonneneinstrahlung in den Raum verhindert. Für die Ausführung und Position des Sonnenschutzes ist die Dauer und Richtung der einfallenden Sonnenstrahlung, entsprechend der unterschiedlichen Jahres- und Tageszeiten maßgebend. Der energetische Einfluss der direkten Sonneneinstrahlung ist mitverantwortlich für das Raumklima, und daher sind je nach Nutzung die Forderungen an die Sonnenschutzwirksamkeit komplex. Die bauphysikalischen Werte und der g-Wert des Sonnenschutzsystems können das Raumklima definieren, aber in erweiterter Sicht sind die eigentliche Größe und Lage des Fensters und die ihm zugeordneten Komponenten ausschlaggebend für das Raumklima.

Dem Nutzer einen ausreichenden **Sichtbezug nach außen** zu gewährleisten, zählt zu den wichtigsten Kriterien des Erscheinungsbildes eines Raumes. Die Art dieses Außenbezuges, der im wesentlichen

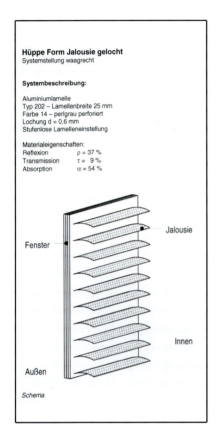
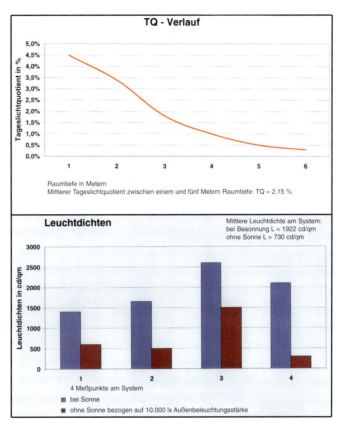

2
Messwerte einer konventionellen Jalousie (siehe Typ 4) mit TQ- und L-Verläufen. Solche Jalousien reduzieren Licht, verteilen es unzureichend und weisen hohe Leuchtdichten auf. Ein entsprechender Blendschutz ist dadurch nicht gegeben.
g-Wert ca. 0,15.

der Informationsvermittlung dient und seine Wurzeln in den archaisch gesteuerten Orientierungsgewohnheiten des Menschen hat, bedingt das gestalterische Konzept des Raumes.

Aufgrund der natürlichen Gegebenheiten kann Tageslicht den Innenraum nicht immer ausreichend beleuchten. Die ergänzende Verwendung von Kunstlicht wird dementsprechend zur Notwendigkeit. Das Kunstlicht kann das Tageslicht räumlich und zeitlich ergänzen, aber in der Nacht auch ersetzen. Die Entscheidung, ob Tageslichtersatz oder Nachtlicht gewählt werden soll, ist sehr komplex und hängt im Wesentlichen von der Nutzung des Raumes und dem gewünschten Milieu in seiner Gesamtheit ab. Der Energieaspekt ist über die Notwendigkeit der Dauer der Einschaltzeit des Kunstlichtes zu ermitteln.

Abbildung 1 zeigt unterschiedliche Ausführungen einer seitlichen Fensteröffnung und ihrer Komponenten, ergänzt durch die TQ-Verläufe und den g-Wert, der sich jeweils auf das gesamte System bezieht.

Jede Lichtquelle, sei es ein bedeckter Himmel, sei es Sonnenschein oder Kunstlicht, erzeugt Wärme und erhöht damit die jeweilige Raumtemperatur zusätzlich. Durch Lüftungen oder Klimaanlagen muss die warme Luft teilweise abgeführt werden. Die damit verbundenen Investitions- sowie Betriebskosten sind erheblich und werden von den oben genannten Kriterien bestimmt.

Um die geeignete Ausführung eines Fensters und seiner Komponenten zu bestimmen, müssen im Einklang mit den beschriebenen Kriterien alle anfallenden Investitions- und Betriebskosten sorgfältig geprüft werden.

Um die Bedeutung dieser Kriterien bewusst zu machen und ihren komplexen Zusammenhang aufzuzeigen, werden im Folgenden die Typen 5, 8 und 9 genauer miteinander verglichen.

Die zugeordneten und gewählten Kriterien sind:
– TQ-Menge – entsprechend und ausreichend
– TQ-Verlauf – Umlenkung
– Blendungsbewertung – ca. 400 cd/qm
– Sonnenschutz – g-Werte zugeordnet (Bild 1)
– Bezug nach außen
– Zuschaltzeiten des Kunstlichtes
– Kunstlichtsysteme
– Temperaturverläufe
– Mechanische Lüftung
– Kühlung
– Investitionskosten
– Betriebskosten
– Wirtschaftlichkeit

3
Sparkasse Fürstenfeldbruck – Innenansicht
Architekt: Interieur Studio W. Grunschwitz
Integrierte Sonnen-, Umlenk- und Blendschutzlamelle mit hochreflektierenden Spiegellamellen – wie Typ 9.

4
UBS – Union Banque Suisse Biel – Außenansicht
Architekten: Mark + Yvonne Hausammann
Außenliegende Prismenlamelle mit niedrigem g-Wert (ca. 0,08) und hoher Lichtdurchlässigkeit – wie Typ 8.

5
UBS – Union Banque Suisse Biel – Typ 8 Innenansicht

Nach Festlegung eines Raumtyps (Abbildung 7) und dessen Raumgeometrie wird ein geeignetes Kunstlichtsystem ermittelt, das als Grundlage für die Ermittlung der Zuschaltzeiten und der anteiligen Investitions- und Betriebskosten in der weiteren Betrachtung der Tageslichtsysteme verwendet wird.

Es wurden die folgenden Kunstlichtsysteme bei konstanter E-Voraussetzung miteinander verglichen:
– Spiegelrasterleuchte symmetrisch und asymmetrisch direkt strahlend
– Rundleuchte direkt strahlend
– Spiegelrasterleuchte direkt-indirekt strahlend
– Stehleuchte indirekt strahlend
– „Mildes Licht"
– „Werfer – Spiegel"

In einer ersten Untersuchung wurden die jährlichen Betriebskosten und Investitionskosten der unterschiedlichen Kunstlichtsysteme gegenübergestellt, wobei zur Berechnung der festen Annuität ein Zinssatz von 10 % zugrunde gelegt wurde und der Tilgungszeitraum auf 15 Jahre angesetzt wurde. Wie aus der Abbildung 8 ersichtlich, ist die direkt strahlende Spiegelrasterleuchte aufgrund der anfallenden Kosten die wirtschaftlichste Alternative. (Feste Annuität = Bei der Tilgung einer Kapitalschuld die regelmäßige Jahreszahlung, die Zins- und Tilgungsquote umfasst.)

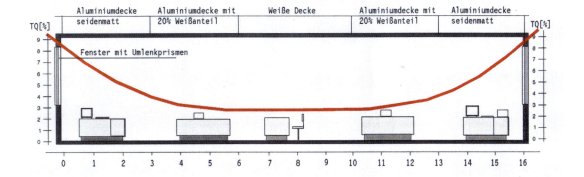

6
Innerhalb eines mittleren TQ-Bereiches von 3 % ist die Zuschaltzeit bei ca. 30 %, bezogen auf eine tägliche Arbeitszeit von 8:00 bis 17:00 Uhr. Diese Werte sind in einem normalen Büroraum mit dem Typ 9 zu erreichen.

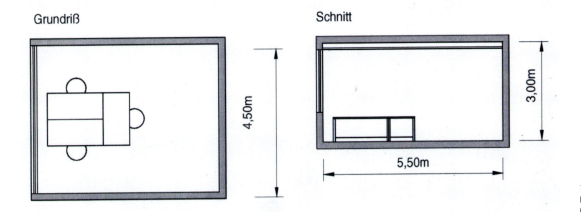

7
Definition eines Standardbüros (ca. 9,9 qm Fensterfläche)

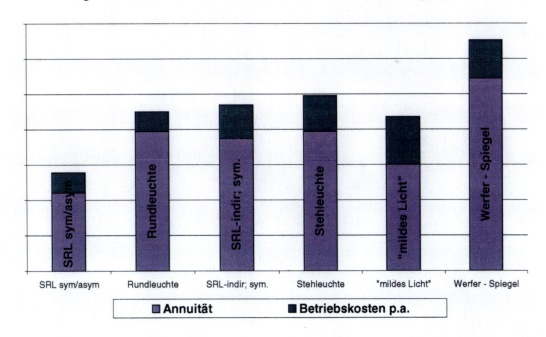

8
Energieaufwand an Kunstlicht, um die Fensterblendung physiologisch zu kompensieren.

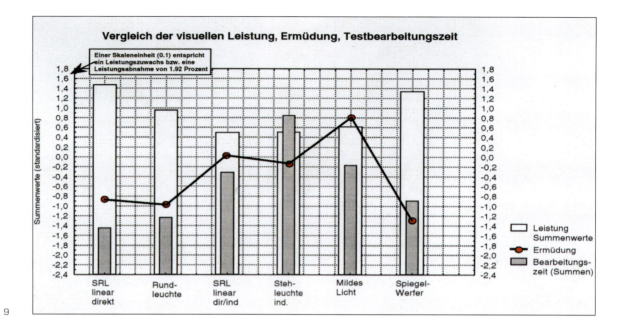

9

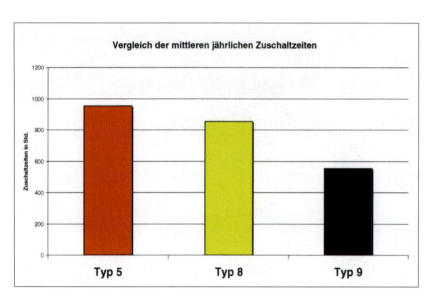

10

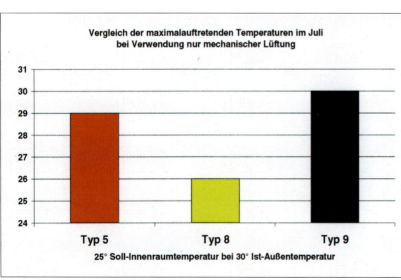

11

Vergleicht man die visuellen Leistungen, die Ermüdung und die Testbearbeitungszeiten der unterschiedlichen Kunstlichtsysteme aufgrund ausgewerteter Daten aus quasi experimentellen Feldversuchen, ergibt sich der Zusammenhang, der in Abbildung 9 dargestellt wird. Die direkt strahlende Spiegelrasterleuchte zeigt im Hinblick auf ihre Werte eine hohe Leistung, eine niedrige Ermüdung und eine kurze Bearbeitungszeit und liefert im Vergleich zu den anderen Systemen ein gutes Ergebnis der Untersuchungen (Abbildung 9).

Aufgrund der Gegenüberstellung der unterschiedlichen Kunstlichtsysteme wurde die direkt strahlende Spiegelrasterleuchte als die optimale Ergänzung der Tageslichtsysteme für die weitere Betrachtung herangezogen.

Daraus ergeben sich für die Typen 5, 8 und 9 die in Abbildung 10 dargestellten Kunstlichtzuschaltzeiten. Für die Berechnung der mittleren Zuschaltzeiten pro Jahr wurde von monatlich 21 Arbeitstagen und einer täglichen Arbeitszeit von 8:00 bis 17:00 Uhr ausgegangen. Zudem wurden die Systeme so eingestellt, dass im Sinne eines Bildschirmarbeitsplatzes, die Fensterleuchtdichten den Wert von maximal 400cd/m² nicht überschreiten.

Es zeigt sich deutlich, dass der Typ 9 die geringsten Zuschaltzeiten benötigt (Abbildung 10).

Vergleicht man die drei Typen in Bezug auf die maximal auftretenden Temperaturen im Juli bei Verwendung nur mechanischer Lüftung, zeigt sich in Abbildung 11 deutlich, dass der Typ 8, bedingt

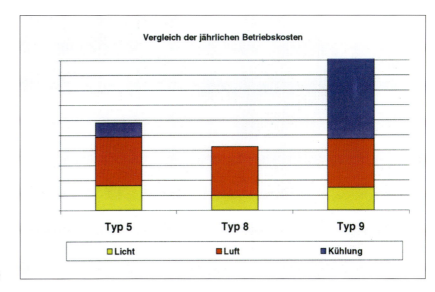

12

durch den günstigen g-Wert von ca. 0,08, die für den Innenraum geforderte Solltemperatur von 25° C bei einer Ist-Außentemperatur von 30° C ohne zusätzliche Kühlung im Vergleich fast erreicht.

Abbildung 12 zeigt eine Gegenüberstellung der Betriebskosten der ausgewählten Systemtypen, wobei die Kosten der Lüftung, der zusätzlichen Kühlung und der Kunstlichtzuschaltung berücksichtigt wurden. Es zeigt sich, dass der Typ 8, der aufgrund seines niederen g-Wertes keine zusätzliche Kühlung benötigt, die geringsten Betriebskosten aufweist.

Abbildung 13 vergleicht die Investitionskosten der Systemtypen. Sie enthalten die Investitionen für die Kunst- und Tageslichtsystem, die mechanische Lüftung und die zusätzliche Kühlung, bezogen auf die zu erreichenden Solltemperaturen im Raum.

Abbildung 14 vergleicht die Wirtschaftlichkeit der drei Systeme. Die jährlich anfallenden Betriebskosten und Kapitalschulden werden in der Betrachtung berücksichtigt. Die Kapitalschuld wurde in Form der festen Annuität einbezogen, wobei dieser ein Zinssatz von 10 % zugrunde gelegt wurde und die Tilgungszeit der Kunst- und Tageslichtsysteme auf 15 Jahre und die der Luft und Klimaeinrichtungen auf 30 Jahre festgesetzt wurden.

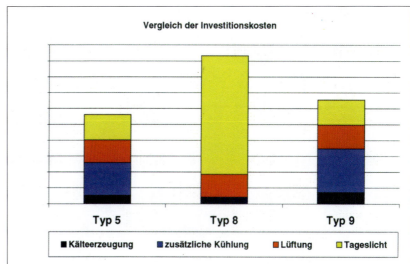

13

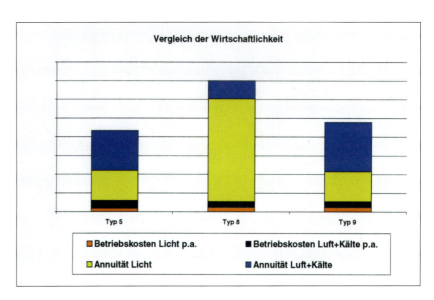

14

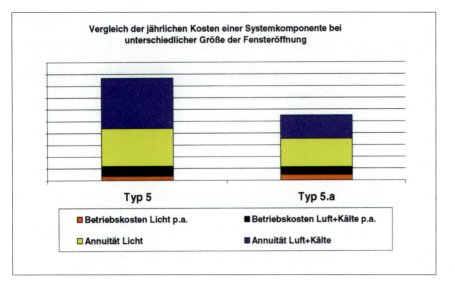

15

Zusammenfassung

Die Ergebnisse haben deutlich gezeigt, dass der g-Wert der Lichtöffnung einen wesentlichen Einfluss auf die Temperaturentwicklungen des Innenraumes hat und damit wesentlich die Dimensionierung der mechanischen Lüftungs- und Klimaanlagen bestimmt, die wiederum einen entscheidenden Anteil an den gesamten Investitions- und Betriebskosten ausmachen. Auch die Investitionskosten der Tageslichtsysteme fallen entsprechend ins Gewicht, während den Betriebskosten der Beleuchtung, also der jeweiligen Dauer der Kunstlichtzuschaltzeiten, weniger Bedeutung zukommt. Reduziert man zum Beispiel den Anteil der Fensterfläche, zeigt sich der Zusammenhang zwischen Investitions- und Betriebskosten relativ deutlich, wie die Abbildung 15 zeigt.

In diesem Beispiel wurde die Fensterfläche des Typ 5 um 54 % reduziert. Daraus ergab sich der Typ 5.a, dem sonst die gleichen Systemkomponenten zugrunde liegen. Durch die kleinere Fensterfläche wurden die Investitionskosten für Luft und Kälte um 54 % bzw. die Investitionskosten für Kunst- und Tageslichtbeleuchtung um 25 % gesenkt, während die Betriebskosten für Luft und Kälte um 23 % zurückgingen, stiegen die Betriebskosten der Beleuchtung um 37 % an, was auf die höheren Zuschaltzeiten des Kunstlichtes zurückzuführen ist.

In diesem Beispiel wird deutlich, dass der 37-prozentige Anstieg der Betriebskosten der Kunstlichtbeleuchtung sich in Relation unwesentlich auf das Gesamtergebnis der Kosten auswirkt. Die Kosten der Systeme werden fast ausschließlich von den Investitionen für Luft und Kälte bzw. für entsprechende Tageslichttechniken bestimmt, nicht aber von den Betriebskosten der Kunstlichtergänzung.

Aufgrund der bestehenden Kriterien wird das Lichtmilieu als solches nicht berücksichtigt, Tages- und Kunstlicht wären dementsprechend gleichwertig und austauschbar, das Licht und seine Quantität wird nur energetisch gefordert (Beleuchtungsstärke als primäres Licht ist physikalische Energie). Daraus ließe sich der Schluss ziehen, dass man der kleineren Fensteröffnungen den Vorrang gibt, solange sich das Tageslicht als solches nicht rechnet.

Zur Zeit ist die Qualität des Lichtes im Zusammenhang mit visuellen Wahrnehmungskriterien nur subjektiv, aber noch nicht objektiv gefordert. Würde man zum Beispiel auch das Kriterium der 400 cd/m² Fensterleuchtdichte zulassen, könnte die außenliegende Jalousie (Typ 4) auch als Blendschutz verwendet werden und die anfallenden Investitionskosten würden geringer ausfallen, was sich günstig auf die Wirtschaftlichkeit auswirken würde.

Da das Fenster vorwiegend aus ästhetischen und damit subjektiven Betrachtungen mitbestimmt und damit hoch bewertet wird, ist es unumgänglich, die o.a. wirtschaftlichen Betrachtungen zu erweitern und dem Tageslicht einen höheren Nutzen

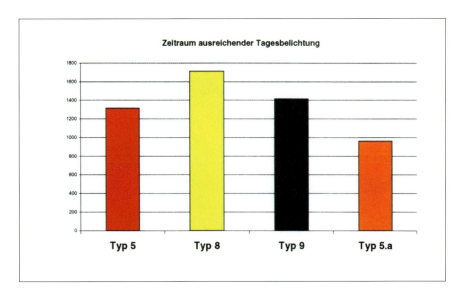

16

zuzusprechen. Wird das Tageslicht aufgrund seiner Dauer, seinem unverwechselbaren Rhythmus und der damit entstehenden transparenten Erscheinung in einem Raum vorrangig verlangt, dann müssten die Kriterien zu den bereits o.a. erweitert werden. Allein schon die Dauer der ausreichenden Tageslichtbelichtung zeigt den Unterschied deutlich (Abbildung 16).

Das Fenster würde aufgrund der Kriterien als Lichtöffnung bezeichnet und nach visuellen Kriterien beurteilt, die einfach in Geldbeträgen ausgedrückt werden können, um damit nicht in die Wirtschaftlichkeitsbetrachtungen einfließen können.

Die Lichtkomponenten und ihre entsprechende Lichtwirkung werden als wesentlich betrachtet, und die energetischen Einflüsse der Temperatur werden in der Hierarchie untergeordnet betrachtet. In der Zukunft ist es anzustreben, die Lichtkriterien entsprechend vorrangig zu sehen und damit die Tageslichtsysteme neu definieren zu können.

(Die Grundlagen, die diesem Artikel zugrunde liegen, beruhen auf einer gemeinsamen Studie, die vom Bartenbach LichtLabor Aldrans und der Firma Kuehn Bauer Partner München erstellt wurde.)

Christian Bartenbach

Das Fenster und das Licht
Bartenbach LichtLabor

1
Tagesbelichteter Raum durch Seitenlicht mit permanenter Kunstlichtzuschaltung in der Raumtiefe

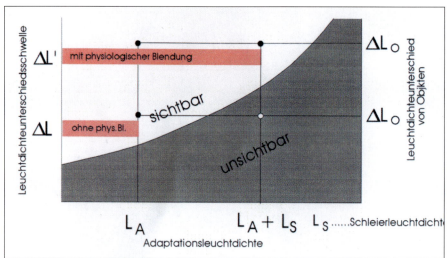

2
Bei Blendung durch klare Fenster können Sehobjekte an der Sichtbarkeitsgrenze liegen.

Die Beurteilung der Tageslichtwirkung in Arbeitsstätten, Ausstellungs- und Wohnräumen ist wegen der lichttechnischen und wahrnehmungspsychologischen Komplexität häufig eine abstrakte Angelegenheit, aber mit emotionalen Faktoren besetzt. Die Gewichtung von Kriterien der Lichtwirkung eines Fensters ist daher der weitgehend individuellen Sicht des Nutzers und des Architekten überlassen. Da aber der Architekt der „Dirigent" des Baugeschehens ist, wird von ihm das Fenster in besonderem Maße bestimmt.

Dass die visuellen Komponenten des Fensters nur vage verbindlich definiert sind, ist aus der Historie zu erklären. Als es noch kein Kunstlicht im hochtechnologischen Sinne gab, war es undenkbar, ein Gebäude ohne Tageslicht zu bauen. Ansonsten hätten die Räume nur mit „Feuerlichtquellen" wie Kerzen, Fackeln, Öl- und Petroleumlampen usw. beleuchtet werden können, wodurch die Qualität und Nutzung der Räume stark eingeschränkt gewesen wären.

Die Erfindung des elektrischen Lichtes und seine zunehmende Verbesserung hinsichtlich Qualität, Quantität und Wirtschaftlichkeit führten in der Folge mehr und mehr zu der Überzeugung, dass das Kunstlicht das Tageslicht ersetzen könne. So entstanden in der ersten Hälfte unseres Jahrhunderts (1910 bis 1950) fensterlose Schulen, Fabriken, Museen etc. Der Tageslichtratio wurde dabei insofern nachgegeben, als vielfach lediglich das Seitenfenster die Tagesbelichtung des Raumes bestimmte; alles, was diese mehr oder weniger willkürliche Öffnung nicht schaffte, wurde durch Kunstlicht ergänzt. In der Folge entstanden dabei Baukörper mit dominierenden Glasfassaden, die aber dennoch den ganzen Tag hindurch Kunstlicht benötigten, da die Beleuchtung mit Seitenlicht die Ausleuchtung tiefer Räume nicht bewältigen konnte.

In letzter Zeit ist die visuelle Sensibilität in Richtung des natürlichen Lichts und damit das Bedürfnis nach Tagesbelichtung gestiegen. Aber dieser Anspruch muss durch das Abstraktum des Zustandekommens einer Lichtwirkung relativiert werden. Das „Abstraktum" besteht im Fehlen einer realen Vorstellung darüber, wie das erwünschte Erscheinungsbild eines Raumes mittels Tageslichtkomponenten zustande kommt.

Die von der Sonne kommende Lichtstrahlung, die abhängig von Wetter, Tages- und Jahreszeit und der geographischen Lage ist, ist vom Auge nicht unmittelbar wahrnehmbar. Nur als reflektiertes und in diesem Sinne moduliertes Licht beinhaltet es Informationen, die sich über die lichttechnischen Eigenschaften und die Zuordnung der Materialien, über Farben und Gegenstandsformen zu einem ganzheitlich-integrativen Raumerscheinungsbild konstituieren.

Neben den lichttechnisch-physikalischen Parametern spielen für das Raumerlebnis auch psychophysiologische Prozesse der Wahrnehmung eine Rolle. Das Auge kann bei Lichtschwankungen „seinen Film", d.i. seine Netzhaut, nicht wechseln, son-

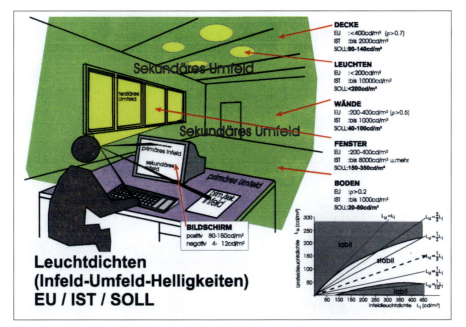

3
Zur Vermeidung von adaptiver Blendung muss das Fenster als Objekt des Umfeldes geringe Leuchtdichten aufweisen, um stabile Wahrnehmungsbedingungen zu gewährleisten.

4
Tageslichtraum mit ausgewogener Lichtverteilung

dern bewerkstelligt die Anpassung an verschiedene Helligkeitsniveaus dadurch, dass die Netzhaut selbst und automatisch ihre Lichtempfindlichkeit ändert. Sie passt sie an aktuelle Helligkeitsverhältnisse (Leuchtdichte-Niveaus) des Gesichtsfeldes an. Bei wenig Licht wird das Auge empfindlicher, während mit überhöhten Leuchtdichten im Gesichtsfeld (Fenster) die Sensibilität des Auges immer geringer wird. Diesen Vorgang nennt man Adaptation.

Grundsätzlich hat eine Lichtquelle im Gesichtsfeld – so auch das Fenster – einen Nutzlichtstrom. Das ist derjenige Teil des Lichtes, der den Raum über die Materialeigenschaften aufhellt. Ferner gibt es den Störlichtstrom, denjenigen Teil des Lichtes, der von der Lichtquelle unmittelbar in das Auge fällt. Eine Raumbelichtung ist also umso besser, je höher der Nutzlichtstrom und je geringer der Störlichtstrom ist.

Bei einer ausgewogenen Leuchtdichteverteilung ohne Blendquelle im Gesichtsfeld adaptiert das Auge auf eine mittlere Leuchtdichte derart, dass die Erkennungsleistung optimal ist. Dann erreicht der Leuchtdichteunterschied $\triangle L$, den ein Sehobjekt gegenüber seiner Umgebung aufweisen muss, um sichtbar zu werden, den niedrigsten Wert, der bei der betreffenden Adaptationsleuchtdichte L_A möglich ist.

Befindet sich im Gesichtsfeld jedoch eine unabgeschirmte Lichtquelle, z.B. eine zu helle Fensteröffnung, so erzeugt sie im Augeninneren einen Störlichtstrom, der sich wie ein Schleier auf die Netzhaut legt. Die dadurch erzeugte zusätzliche Schleierleuchtdichte L_S bewirkt, dass das Auge auf ein höheres Niveau $L_A + L_S$ adaptiert, auch wenn die mittlere Gesichtsfeldleuchtdichte unverändert ist. Bei gleichbleibendem Leuchtdichteunterschied $\triangle L$ wird damit das Objekt unsichtbar, d.h. der Kontrast ist unterschwellig. Um das Objekt wieder sichtbar zu machen, muss das $\triangle L$ auf $\triangle L'$ erhöht werden, wobei die notwendige Erhöhung des Kontrastes vom Ausmaß der Schleierleuchtdichte, d.h. von der Stärke der Blendung abhängt.

5
Ein seitenbelichteter Tageslichtraum mit klaren Fenstern lässt die Raumtiefe zu dunkel erscheinen und macht somit Kunstlichtzuschaltung notwendig.

6
Reduzierte Fensterleuchtdichten und Lichtumlenkung verteilen das Tageslicht in die Raumtiefe, so dass keine adaptive Fensterbeleuchtung auftritt und daher keine permanente Kunstlichtzuschaltung notwendig ist.

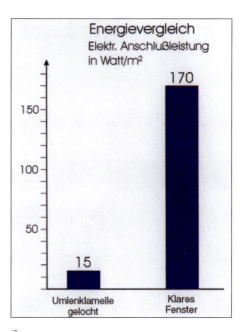

7
Energieaufwand an Kunstlicht, um die Fensterblendung physiologisch zu kompensieren.

Solche Prozesse betreffen nicht nur die absolute Sichtbarkeitsgrenze, sondern sie sind auch auf dem sichtbaren Niveau relevant, auf dem das Sehobjekt zwar nicht unsichtbar wird, aber die Unterschiedsempfindlichkeit im Bereich der Sehaufgabe reduziert wird. Dadurch steigt der mentale Aufwand (visuelle Anstrengung), d.h. die Ermüdung und Fehlerquote signifikant an.

Der physiologische Vorgang der Helligkeitsanpassung des Auges (Adaptation) setzt somit auch unter Einbeziehung der Fensterhelligkeiten ausgewogene Leuchtdichteverhältnisse im Gesichtsfeld voraus. Da die üblichen Fensterflächen die Außenhelligkeit nur zu einem relativ geringen Teil (meist nur bis zu 3 %) in den Raum übertragen, unterscheidet sich die Leuchtdichte des Fensters wesentlich von den Leuchtdichten der innen beleuchteten Flächen. Die Fensterebene erscheint dadurch meistens 50–100-fach heller.

Da sich die visuelle Aufmerksamkeit aus Gründen der biologischen Prägung unseres (unbewussten) Blickverhaltens (Signal einer eventuellen Gefahr!) bevorzugt (und unbewusst!) den Arealen der höchsten Helligkeit (Leuchtdichte) zuwendet, wird das Adaptationsniveau des Auges auf die Helligkeit des Fensters angehoben. Dadurch wird die tätigkeitsrelevante Sensibilität (Unterschiedsempfindlichkeit) des Auges für die eigentliche Leistungs- bzw. Sehaufgabe geringer. Dieses Faktum führt letztlich zu einer Verhinderung, ja Vereitelung stabiler Wahrnehmungsbedingungen, wonach die Lenkung der Aufmerksamkeit ins leistungsorientierte Infeld erfolgen und die Fensterebene außer Acht bleiben sollte. Da das klare Fenster aufgrund seiner Verbindungsfunktion zur Außenhelligkeit in einem Bereich der 50–100-fachen Helligkeit liegt, verschiebt sich der Aufmerksamkeitsfocus reflexhaft in den Umgebungsbereich des Arbeitsplatzes und damit in den Leuchtdichtebereich der hohen Außenhelligkeiten. So wird der Orientierung des Raumes zum Innenraum entgegengewirkt.

Mit der Vergrößerung der Fensterfläche kann also das Paradoxon entstehen, dass die visuellen Fähigkeiten am Arbeitsplatz nicht verbessert, sondern erheblich geschwächt werden.

Auch die Anhebung der psycho-physiologisch reduzierten Helligkeit im Raum mittels Kunstlicht schafft keine optimale Abhilfe, weil die dafür notwendige Beleuchtungsstärke zur Angleichung der Materialleuchtdichten an jene des Fensters zur Aufhebung der Fensterblendung nicht zuletzt aus wirtschaftlichen Erwägungen kaum möglich ist.

Um nämlich die Raumleuchtdichte an die hohe Leuchtdichte des klaren Fensters (4000 cd/qm bei bedecktem Himmel) an einen Bereich anzupassen, der annähernd stabilen Wahrnehmungsbedingungen entspricht, müssten die Materialoberflächen eine Helligkeit von etwa 1000 cd/qm erreichen. Das würde bei einem Reflexionsgrad von 0.8 eine mittlere Beleuchtungsstärke von nahezu 4000 lux bedeuten. Das wiederum hieße, dass zur mittleren Tageslichtmenge von 500 lux eine Zuschaltmenge

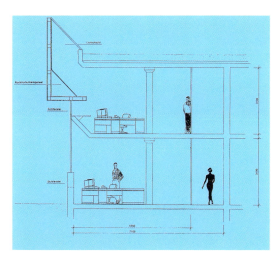

8
Neue Gebäudestrukturen führen zur besseren Nutzung des blendungsfreien Tageslichts am Arbeitsplatz und in der Raumtiefe.

9
Realisierung zu der Situation in Abb. 8; Bartenbach LichtLabor, Aldrans

von ca. 3500 lux notwendig wären. Um aber über eine leuchtende Decke diese Zusatzhelligkeit im Sinne ausgewogener Leuchtdichteverhältnisse zum klaren Fenster zu erzielen, müsste die Decke eine Leuchtdichte von etwa 1800 cd/qm aufweisen. Dafür wäre eine elektrische Anschlussleistung von 170 Watt/qm erforderlich.

Wird hingegen das Fenster mittels Lichtumlenksystem auf eine Leuchtdichte von 200–300 cd/qm gebracht (Abb. 6), so genügen zur Wahrnehmungsstabilität im rauminneren Gesichtsfeld wesentlich geringere Leuchtdichten von 100 cd/qm, die bei einem Reflexionsgrad von 0.7 mit Beleuchtungsstärken von 500 lux erreichbar sind. D.h., dass in den Zonen, wo das Tageslicht z.B. nur 200 lux liefert, eine Zuschaltmenge von lediglich 300 lux benötigt wird, die bereits mit der elektrischen Anschlussleistung von 15 Watt/qm erreichbar ist (Abb. 7).

Aus dieser Gegenüberstellung wird deutlich, dass das klare Fenster trotz hoher Lichtmengen ökonomisch bedenklich ist und keine idealen Sehbedingungen schaffen kann. Wird aber das Fenster primär als Lichtöffnung verstanden – und als solche ist es nach wie vor zu verstehen –, dann führen die zusätzlichen Parameter im Hinblick auf die Raumbelichtung entweder zu neuen Gebäudeformen oder zu Korrekturen, wie sie als Beispiele in Abb. 8 und Abb. 9 dargestellt sind.

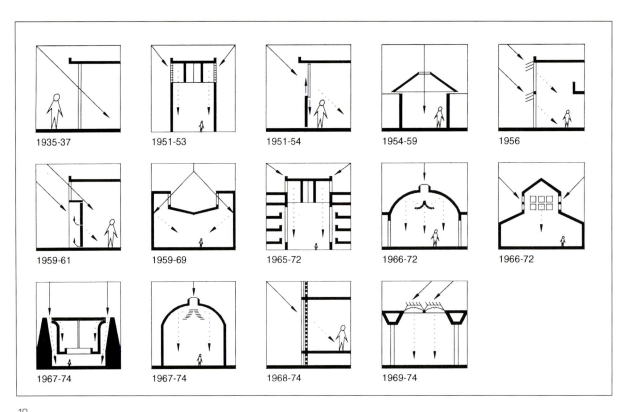

10
Historische
Fensterarchitekturen zur
Tageslichtnutzung

11
Quantitativer Leistungsvergleich verschiedener Tageslichtsysteme. Leistungssumme über 8 visuelle Leistungsanforderungen am Bildschirm

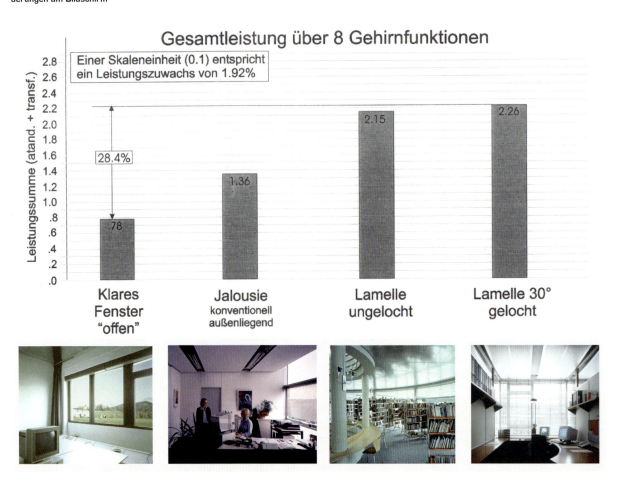

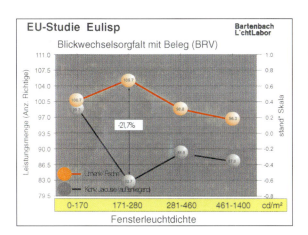

12
Unterschiede in der Leistungsmenge in Abhängigkeit von der Fensterleuchtdichte bei zwei verschiedenen Tageslichtsystemen (konventionelle Jalousie außenliegend und Umlenk-„fische")

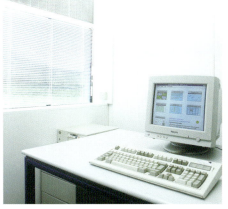

13
Versuchsraum EULISP-Studie Umlenksystem „Fische" mit Blendschutz

14
Versuchsraum EULISP-Studie. Konventionelle Jalousie, außenliegend

Ein Blick auf die historische Entwicklung der Architektur von Nutzbauten lässt erkennen, dass diese Leuchtdichtemissverhältnisse schon im 19. Jahrhundert durch richtig gesetzte Tageslichtöffnungen, aber auch durch geeignete Gebäudeformen vermieden wurden. Solche Tendenzen zeigen sich im 20. Jahrhundert in den Arbeiten und Überlegungen von Louis Kahn (Abb. 10). Vor allem in Amerika wurde versucht, die Unvollkommenheit des Seitenfensters speziell in Großräumen mittels Kunstlichtsystemen hoher Helligkeit (2000–4000 cd/qm) zu korrigieren.

Mit der Informationsgesellschaft des ausgehenden 20. Jahrhunderts gewann energiebewusstes Bauen Vorrang. Die visuelle Belastung am Bildschirmarbeitsplatz rückte mehr und mehr ins Licht, und so entstanden, nicht zuletzt auch energiebedingt, kleinere Fensteröffnungen mit weniger Licht und Sonne, also niedrigeren g- und k-Werten, um den Bauvorschriften Rechnung zu tragen. Das Fenster wird heute zunehmend von der Bauphysik und von der Klimatechnik bestimmt. Allerdings wird dabei meist vergessen, dass die stringente Erfüllung aller diesbezüglichen Kriterien das völlige Schließen des Fensters bedeuten würde. Das kann aber niemand ernsthaft wollen.

Eine Versuchsreihe mit über 1000 Versuchspersonen im Bartenbach LichtLabor zeigt den Einbruch der mentalen Leistung und den Anstieg der cerebral-visuellen Ermüdung bei unausgewogenen Leuchtdichteverhältnissen zwischen Fenster und Raum (Jahrbuch „Licht und Architektur", 1995; Seite 156).

Aufgrund von Forschungsergebnissen, die im Rahmen einer EU-Studie („EULISP; Partner: Bartenbach LichtLabor, Innsbruck; Fraunhofer-Institut, Feiburg i. Br.; Philips, Eindhoven) aus Langzeitmessungen erzielt wurden, lässt sich sagen, dass die visuelle Leistung des Menschen deutlich von den Lichteigenschaften des Fensters abhängt. Der Leistungsvergleich in Abb. 13 zeigt, dass das Umlenksystem „Fische" auch mit viel Lichtdurchgang und geringer Fensterhelligkeit die entsprechende Raumaufhellung gewährleistet und keinen massiven Leistungsabfall bei steigenden Außenbeleuchtungsstärken verursacht. Eine konventionelle Jalousie hingegen hat, bei etwa gleichem Leuchtdichteverlauf am Fenster, zur Folge, dass die psycho-visuelle Leistung aufgrund der Adaptationsstörung zum Raum signifikant geringer wird.

Solche deutlichen Ergebnisse zeigen die Notwendigkeit einer Reduzierung der Fensterhelligkeit unter das Niveau der physiologischen Blendung, ohne dadurch das mittlere Leuchtdichteniveau im Raum selbst zu stark zu „verdunkeln".

Christian Bartenbach

Neue Reflektor-Materialien für die Lichttechnik
Alanod

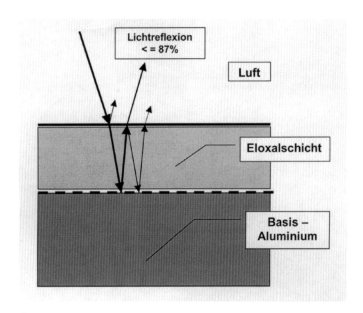

1
Aufbau des Eloxalmaterials

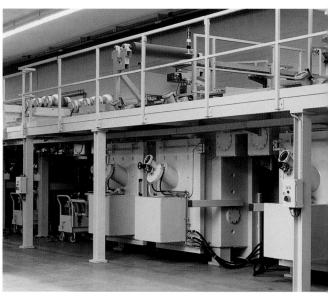

2
Vakuumbeschichtungsanlage
AIBA I

Einleitung

Lichttechnik wirkt häufig im Verborgenen und hat doch einen wesentlichen Einfluss auf unser Wohlbefinden am Arbeitsplatz und in der Freizeit. Mit unseren gestiegenen Ansprüchen an Komfort haben sich neue Herausforderungen für alle Lichttechniker ergeben. Neue Leuchtmittel und das gewachsene Bewusstsein der begrenzten Ressourcen unseres Planeten haben den Blick geschärft für Lösungen rund um das Licht und die Beleuchtung.

Der Wirkungsbereich eines Ingenieurs der Lichttechnik umfasst u.a. das planerische, konstruktive Zusammenwirken von Lichtquelle und Lichtlenkung. Lichtlenkung wird technisch durch Anwendung der physikalischen Prinzipien Reflexion, Brechung und neuerdings auch Beugung realisiert. Derzeit überwiegen in Europa in der Beleuchtungsindustrie Anwendungen nach dem Reflexionsprinzip.

Die Herstellung von hochreflektierenden Aluminiumbändern ist eine Basistechnologie für die großtechnische Realisierung von Lichtlenkung durch Reflexion. Diese Bänder sind das Grundmaterial, aus dem in Folge Reflektoren für die Kunst- und Tageslichttechnik hergestellt werden.

Man fordert folgende Eigenschaften von den Aluminiumbändern:
– einen hohen und farbneutralen Lichtreflexionsgrad;
– Verformbarkeit durch Rollen, Biegen, Kanten und möglichst auch durch Ziehen;
– Verfügbarkeit mit unterschiedlichen mechanischen Festigkeiten;
– ein Höchstmaß an chemischer und mechanischer Belastbarkeit.

Der Weg zum Aluminium-Reflektor-Bandmaterial beginnt bei der Gewinnung von Bauxit, aus dem unter Einsatz von elektrischer Energie und manchmal auch unter Zugabe von geeignetem Aluminiumschrott die gewünschte Aluminiumlegierung erschmolzen wird. Dazu werden für 1 kg Aluminium etwa 6 kg Bauxit und ca. 12 kWh elektrische Energie benötigt.

Das in Barren gegossene legierte Aluminium wird im Walzwerk zu Bändern mit vorgegebenen Abmessungen verarbeitet. Typisch im Bereich Lichttechnik sind Bänder mit Breiten von 1250 mm und Stärken zwischen 0,2 mm und 1 mm, die als aufgewickelte Rolle mit ca. 4000 kg Masse (ein Coil) gehandelt werden. Mit dem Verarbeitungsschritt „Walzen" wird auch die Oberflächenstruktur (Topographie) vorgegeben:
– sehr ebene Oberflächen für Reflektoren mit spiegelnder Abbildungsqualität,
– raue bzw. strukturierte Oberflächen für Licht streuende Reflexionscharakteristik.

Die reine Metalloberfläche des Aluminiums ist äußerst empfindlich gegen mechanische und chemische Beanspruchung und deshalb in diesem Rohzustand nicht für industrielle Anwendungen geeignet. Deshalb muss speziell die Qualität der Bandoberfläche im nachfolgenden Schritt optimiert werden.

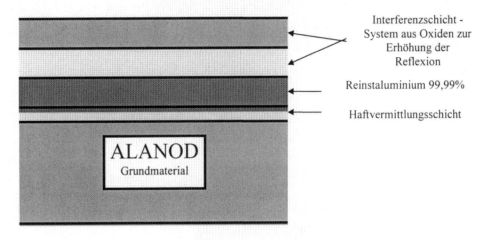

3
Aufbau von MIRO im Querschnitt

Im so genannten Eloxalprozess wird das Band gereinigt und entfettet, geglänzt und anodisiert. Anodisieren heißt in diesem Zusammenhang, dass in einem kontinuierlichen elektrolytischen Verfahren, bei dem das Aluminium als Anode verwendet wird, die Oberfläche mit einer Oxydschicht als Schutzschicht versehen wird.

Diese so genannte Eloxalschicht (elektrolytische Oxydation von Aluminium) ist eine sehr harte, durchsichtige Schicht (ca. 2 Mikrometer dickes Al_2O_3), die die hochreflektierende metallische Fläche vor Korrosion etc. schützt und dabei die optischen Eigenschaften der Oberfläche durch Interferenzeffekte beeinflusst. Die Eloxalschicht muss glasklar sein, damit das einfallende und reflektierte Licht beim zweifachen Durchgang nicht geschwächt wird. Das ist nur mit reinstem Al_2O_3 möglich, welches bei der elektrolytischen Oxydation nur aus sehr reinem Aluminium-Metall entstehen kann (besser 99,5 %). Durch diese Reinheitsvorgabe ist die Varianz der mechanischen Festigkeitswerte leider deutlich eingeschränkt: weder federharte noch extrem weiche Bänder können so veredelt werden. Trotzdem ist für die Lichttechnik das Bandeloxal-Verfahren weltweit das zur Herstellung von Reflektoren am weitesten verbreitete Verfahren (Abb. 1).

Sowohl spiegelnd reflektierende Produkte mit nur 3-5 % diffusem Lichtreflexionsgrad als auch diffus reflektierende Bänder mit ca. 80-85 % diffusem Lichtreflexionsgrad sind als Standardprodukte erhältlich. Aufgrund der Herstellung durch einen Walzvorgang mit einer ausgeprägten Struktur der Oberfläche sind nur wenige Qualitäten optisch isotrop. Die überwiegende Mehrzahl der Standardprodukte zeigt deutliche Unterschiede der optischen Kenngrößen quer und längs zur Walzrichtung.

Grundsätzlich ist der Licht-Gesamtreflexionsgrad von eloxiertem Aluminium auf etwa 87 % begrenzt. Bei etlichen Produkten ist auch nur eine begrenzte Farbneutralität der Reflexion gewährleistet.

Diese Problemfelder vermeidet man mit einer neuen Produktfamilie, den Bändern mit vakuumtechnischer Beschichtung (Abb. 2).

Reflexionsverstärkende Schichten

Ein erst seit 1994 auf dem Markt verfügbares kontinuierliches Verfahren für Aluminiumbänder stellt das so genannte PVD-Verfahren dar (PVD steht für Physical Vapour Deposition).

Es handelt sich um ein Verfahren, bei dem auf die eloxierte Aluminiumoberfläche im Vakuum zuerst eine hochreine Aluminiumschicht (99,99 %) und darauf optische Interferenzschichten aus niedrigbrechendem SiO_2 und hochbrechendem TiO_2 aufgebracht werden, wodurch die Lichtreflexion auf ca. 95 % angehoben wird. Aufgrund des monotonen spektralen Verlaufs der Reflexion ist dieses Material frei von Interferenzfarben und reflektiert absolut farbneutral (Abb. 3).

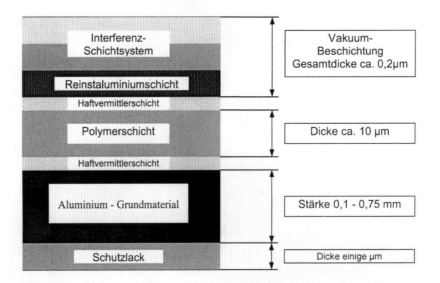

4
Prinzipieller Aufbau von
MIRO-L im Querschnitt

Im Vergleich zu Bandeloxal erreicht man bei Rasterleuchten mit MIRO Steigerungen des Betriebswirkungsgrades um mehr als 10 %. Basierend auf den verschiedenen Walzqualitäten ist auch mit der Produktfamilie MIRO eine weite Abstufung von spiegelnden bis diffusen Oberflächen möglich.

Sowohl die Reflektoren aus Bandeloxal wie die aus MIRO lassen sich bei der Weiterverarbeitung problemlos rollen, biegen, stanzen und abkanten. Während die unvermeidbaren Aufrisse im Biegebereich bei einer Bandeloxalqualität mit dem Auge erkennbar sind, deckt die MIRO-Beschichtung, durch die man nicht hindurchsehen kann, den seitlichen Einblick auf die Risskanten ab. Dadurch sind dieselben Aufrisse an einer MIRO-Qualität fast unsichtbar. Für bestimmte Anwendungen ist dies ein weiterer Vorteil von MIRO gegenüber Bandeloxal.

Der deutlich gesteigerte Reflexionsgrad und die Farbneutralität haben wesentlich dazu beigetragen, MIRO im Weltmarkt zu etablieren. Leider bleiben die Restriktionen hinsichtlich der Legierungsauswahl und damit bei den Festigkeiten. Hier setzt die neueste technologische Forschung an, um unter Beibehaltung der Vorzüge neue Freiräume zu schaffen.

Neue PVD-Beschichtung auf Polymeruntergrund

Mit der kontinuierlichen air-to-air-Vakuumtechnik mit dem hochreflektierenden Schichtsystem aus Aluminium/SiO_2/TiO_2 steht eine Lösung zur Herstellung von Reflektorband zur Verfügung, die nicht an das Substrat vom Typ „eloxiertes Aluminium-Walzband" gebunden ist. Verzichtet man zunächst auf die eloxierte Oberfläche, so ergeben sich neue Freiräume bei der Wahl der Legierungen. Aber die Qualität der Beschichtung direkt auf einem Rohaluminiumband ohne Oxydschicht ist in vielen Punkten nicht ausreichend. Deshalb ist es notwendig, eine Zwischenlage auf das Rohaluminium aufzubringen, mit der die erforderlichen Verbesserungen erreicht werden. Bestimmte Polymere sind dazu in besonderer Weise geeignet.

Bestimmend für den optischen Eindruck ist die Oberfläche, auf der die Vakuumbeschichtung appliziert wird, also die Polymeroberfläche. Während bisher durch den Walzvorgang die optischen Kennzahlen entscheidend beeinflusst wurden, ist es nun das Polymer, das bestimmt, ob eine mehr spiegelnde oder mehr Licht streuende Oberfläche entsteht.

Ein wichtiges Auswahlkriterium ist die Vakuum- und Prozesstauglichkeit des anvisierten Polymers. Bei geeigneter Wahl des Polymers lässt sich nun auf Bändern aus federharter oder weicher Legierungsqualität die hochreflektierende vakuumtechnische Beschichtung im kontinuierlichen Verfahren aufbringen. Je nach Wahl des Polymers entstehen spiegelnde Oberflächen mit Abbildungsqualität oder isotrop Licht streuende bzw. in Vorzugsrichtung streuende Reflektormaterialien in Bandform (Abb. 4). Aufgrund der rückseitigen Schutzlackierung lässt sich solches Material mit wesentlich geringeren Reibungsverlusten und nahezu ohne Abrieb in Fertigungsstraßen verarbeiten. Weil die Bänder in ihrem Aufbau keine Eloxalschicht enthalten, erwartet man in der Verarbeitung eine deutlich verlängerte Standzeit der Werkzeuge, speziell beim Stanzen. Die Verformung ist nun in weiten Bereichen gänzlich ohne Aufrisse realisierbar. Der mechanische und chemische Gebrauchsnutzen unterscheidet sich nicht von dem des Standard-MIRO-Produktes.

Für diese Weltneuheit „MIRO-L", die erstmals 1998 präsentiert wurde, befindet sich eine weitere

5
AIBA II – Vakuumanlage

neue Vakuumanlage im Aufbau und der Erprobung. Diese Investition wurde notwendig, um den prognostizierten Bedarf decken zu können, insbesondere auch für die neue Produktfamilie MIRO-L (Abb. 5).

Anwendungsbeispiel Tageslichtsysteme

Für den Menschen ist Tageslicht enorm wichtig, es fördert das Wohlbefinden und die Konzentrationsfähigkeit und erhöht somit auch die Leistungsfähigkeit. Deshalb ist es wichtig, dass die Einstrahlung von Tageslicht auch in Räumen mit Blend- und Sonnenschutz weitgehend erhalten bleibt. Durch den Bezug zum äußeren Geschehen bleibt auch in geschlossenen Räumen die Wahrnehmung für Tageszeit, Jahreszeit und Witterung erhalten. Des Weiteren tragen Tageslichtsysteme zur besseren Umsetzung der Anforderung an Bildschirmarbeitsplätze im Rahmen der EU-Richtlinie 90/270 bei. Alle neuen Arbeitsplätze müssen ab sofort dieser Bildschirmarbeitsverordnung entsprechen, bestehende bis spätestens 31. 12. 1999 umgestaltet werden.

Um diesen gestiegenen Anforderungen gerecht zu werden, müssen zukünftige Jalousien mit hochreflektierenden und präzise geführten Lamellen ausgestattet werden. Die zukünftige Jalousie ist kein Verschattungsinstrument mehr, sondern vielmehr ein optisches Gerät. Einerseits wird eine Tageslicht lenkende Funktion von der Vorderseite gefordert, andererseits soll die Rückseite hell, reflexarm und blendfrei gestaltet sein.

Eine Lösung bietet sich mit der neuen MIRO-L-Variante an. Mit dieser neuen Technologie ist es möglich, ein federhartes Lamellenmaterial (spezielle Al-Legierung) mit hochreflektierender Vorderseite (Licht-Gesamtreflexion größer als 94 %) und mit einer Dicke von ca. 0,2 mm herzustellen. Die erhöhte Festigkeit und Elastizität ermöglicht Lamellen- bzw. Jalousienkonstruktionen aus sehr dünnen Aluminiumbändern mit höchsten Lichtreflexionswerten, die bisher nicht realisierbar waren.

Neben einer starken Gewichts- und Kostenreduktion führt die deutlich verbesserte Verformbarkeit der Lamelle auch zu einer stark verbesserten Funktionalität, da bisher nicht mögliche Formen und Toleranzen erreicht werden können. Damit wird eine wichtige Voraussetzung für multifunktionale Jalousiensysteme geschaffen, die nicht nur eine Verschattungsfunktion übernehmen, sondern die auch das Tageslicht und das Klima eines Raumes steuern.

Neben eloxierten und reflexionsverstärkenden (MIRO-)Aluminiumbändern werden auch systemgerechte Lösungen der Bänder angeboten. Die Bänder werden rückseitig grau lackiert und nachträglich ein- oder beidseitig perforiert. Die anodisierte bzw. zusätzlich mit einer reflexionsverstärkenden Schicht versehene Seite wird mit einem Klarlack zusätzlich geschützt. Durch diese Maßnahme wird die Korrosionsbeständigkeit deutlich erhöht und alle Anforderungen für die Außenanwendung erfüllt. Des Weiteren werden die Anforderungen der Witterungsbeständigkeit und Abriebfestigkeit gewährleistet.

H. Küster, W. Pohl

Flexibles Licht für Büros
– Beleuchtungslösungen für eine ergonomische Bürolandschaft
Siteco

Die Zukunft hat begonnen. Der Übergang von der Produktions- zur Informations- und Dienstleistungsgesellschaft hat stattgefunden. Neue Arbeitsformen sind entstanden, die sich in neuen Bürokonzepten niederschlagen. Neuartige Vorstellungen von der Arbeit im Büro als direktem Erbe von Konzepten wie „Büro der Zukunft" oder „Global Village" haben sich etabliert. Multimediatechniken, Datenbanken und CAD/CAE-Technologien dominieren den Büroalltag ebenso wie neue Arbeits- und Organisationsformen. Die Umgebungsbedingungen müssen sich diesen wandelnden Anforderungen anpassen: neue Beleuchtungskonzepte sind erforderlich.

Revolutionäre Umwälzungen der Büro- und Verwaltungsarbeit bestimmen den Jahrtausendwechsel, Umwälzungen, die technisch bereits realisierbar und in bestimmten Umgebungen auch schon Realität geworden sind. Diese Veränderungen haben nicht nur Konsequenzen für Arbeitsformen und Arbeitsprozesse, sondern auch für Bürolayouts und Raumgrößen.

Das heute vorwiegende Hightech-Büro hat die Arbeitsabläufe weitgehend von Raum und Zeit befreit. Die Diversität von Arbeitsformen nimmt dramatisch zu und damit auch die Unterschiedlichkeit der Anforderungen an die Büroumwelt. Der Bildschirm ist dominierendes Symbol in den Büros.

Neubauten sind geprägt von neuen Büroformen: vom Standardraum, der aufgrund von Desksharing den Bedürfnissen mehrerer Nutzer entsprechen muss, bis zur persönlichen Denkzelle, die individuellen Bedürfnissen genügen und gegen alles Unerwünschte abschirmen soll. Dabei geht der Weg zum Dokumentenmanagement, einer computergesteuerten Verwaltung gescannter Dokumente im Büro. Für die zukünftige Bürowelt würde dies bedeuten: Der gesamte Arbeitstag wird am Bildschirm verbracht.

Der Sehapparat wird stärker belastet

Der Arbeitsfluss verdichtet sich extrem bei einer Produktivitätszunahme von 30 % und mehr, wodurch sich auch die Belastung des Sehapparates erhöht, da sich die Dokumente am Bildschirm im Regelfall visuell ungünstiger als ihre Originale darstellen. Der Workflow wird rechnergesteuert, wodurch die Chancen gemindert werden, selbstbestimmte Pausen einzulegen.

Diese revolutionären Umwälzungen im Bürobereich haben unmittelbar Auswirkungen auf die Gebrauchstauglichkeit moderner Lichtsysteme. Augen schonendes Licht, gute Bedingungen zur Informationsaufnahme, persönlicher Einfluss auf die Umwelt, Befriedigung individueller Bedürfnisse sind die Grundvoraussetzungen für eine ergonomische Beleuchtung.

Für den Planer wie den Leuchtenhersteller ergeben sich aus diesen neuen Anforderungen entscheidende Herausforderungen, da sich die Objekte im Raum nicht mehr allein auf horizontale Flächen, sondern zunehmend auf die gesamte Umgebung verteilen. Die Bildschirmneigung ist nicht mehr vergleichsweise gering, sondern abhängig von verschiedenen Faktoren und davon, ob Flachbildschirme oder mehrere Monitore eingesetzt werden.

Zusammengefasst sind es im Wesentlichen zwei Aspekte, die unmittelbar mit der Bewertung von Lichtqualität im Büro und dem Faktor der Akzeptanz zusammenhängen, nämlich die Begriffe der Dynamik und der Flexibilität. Wenn man sich die Lichtplanung der Vergangenheit ansieht, so kann man feststellen, dass „optimale Beleuchtungsverhältnisse" dann gegeben waren, wenn die Beleuchtungsstärkeverteilung im Raum gleichbleibend und möglichst gleichmäßig war. Heute weiß man, dass die Akzeptanz dann steigt, wenn Lichtsysteme eingesetzt werden, die auch die zeitliche Komponente betonen, z.B. durch Veränderung von Beleuchtungsniveaus oder von Lichtfarben, die sich an die natürliche Dynamik des Tageslichts anpassen und das Lichtmilieu im Raum veränderbar machen.

Die Philosophie dazu heißt „Konzertiertes Licht" (Abb. 1). Damit ist die ganzheitliche Lichtqualität gemeint, d.h. nicht nur die Einhaltung der beleuchtungstechnischen Anforderungen, sondern auch die Berücksichtigung der ästhetischen und architektonischen Ansprüche wie auch der individuellen emotionalen Erwartungen des Menschen. Dynamik bedeutet getrennte Schalt- und Dimmbarkeit der einzelnen Komponenten für veränderbare Lichtmilieus im Raum.

Konzertiertes Licht heißt auch, Kunst- und Tageslicht als integrale Lösung in die Planung einzubeziehen. Kunst- und Tageslicht bestimmen gemeinsam das Lichtgefüge im Raum und sollten deshalb

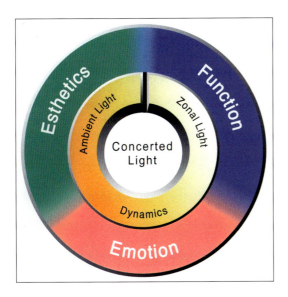

1
Philosophiekreis „Konzertiertes Licht"

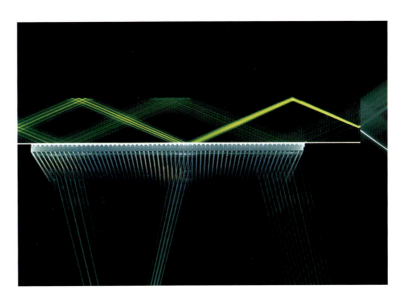

2
Strahlengang mit ELDACON-Lichtleittechnologie

auch gemeinsam in die Planungsüberlegungen einbezogen werden. Dabei ist Siteco einer der wenigen Anbieter von aufeinander abgestimmten Kunst- und Tageslichtlösungen aus einer Hand.

In den Bürolandschaften mit wechselnder Nutzung ist Flexibilität zum entscheidenen Kriterium für Mieter und Nutzer von Gebäuden geworden. Leider wird in den derzeitigen Normenwerken diesem Kriterium so gut wie nicht Rechnung getragen. Flexibilität ist aber eine jener Forderungen, die sowohl von Gebäudenutzern als auch von Investoren am häufigsten genannt wird, wenn es um Fragen von Akzeptanz, Flächeneffizienz, Vermietbarkeit und Wirtschaftlichkeit geht.

Flexibilität bedeutet, dass es an jeder Stelle im Raum möglichst gleich gute Sehbedingungen, unabhängig vom Ort der Arbeitsplätze, gibt. Die Beleuchtung soll für unterschiedliche Sehaufgaben geeignet sein; bei Änderungen der Raumnutzung, der Möblierung oder der Bürolayouts müssen die Lichtverhältnisse nach wie vor den individuellen Anforderungen entsprechen. Flexible Raumnutzung erfordert deshalb eine mindestens ebenso flexible und variabel nutzbare Beleuchtungslösung. Was in der Vergangenheit nur schwer realisierbar war, findet heute seine zukunftsgerechte Entsprechung in einer neuen Lichttechnik. Den innovativsten Lösungsansatz zur Realisierung dieser Flexibilität stellt die Weltneuheit ELDACON (Electric Light Directing Array Communication) dar. Mit dieser neuartigen Lichtlenkungstechnologie wird einer der großen Nachteile herkömmlicher Rasterleuchten vermieden. Diese Nachteile liegen in der Konstruktion von „Darklight-Rastern" für Bildschirmarbeitsplätze. Während unter flachen Winkeln die Rasterlamellen die Leuchtstofflampe gut abschirmen, ist direkt von unten, also unter steilen Blickwinkeln, ein ungehinderter Einblick auf die extrem helle Leuchtstofflampe möglich. So entstehen störende Reflexe auf dem Papier, der Tastatur oder auf dem Bildschirm, wenn dieser stärker geneigt ist.

Die ELDACON-Leuchten richten sich nach den Bedürfnissen der Menschen und nicht nur nach Normen und Möblierungszwängen. Diese Technologie erzeugt blendfreies Licht und einen völlig neuen Raumeindruck. Sie ermöglicht eine völlig freie Anordnung der Leuchten relativ zum Arbeitsplatz oder sogar direkt über dem Schreibtisch, was bisher strikt verboten war.

Bei ELDACON handelt es sich um ein dreischichtiges Material, bestehend aus einer Acrylglasplatte, einer hochpräzisen dreidimensionalen Mikroprismenstrukturfolie und einem optisch hochwertigen Kleber, der das Wave-guide und die Mikroprismenfolie miteinander verbindet (Abb. 2). Alle eingesetzten Materialien sind im Übrigen aus PMMA und damit voll recyclingfähig.

Das Prinzip der ELDACON-Anwendung lässt sich am Beispiel der Direkt-/Indirekt-Leuchte Siteco ORBITER leicht nachvollziehen. Als Leuchtmittel werden zwei 54W-T5-Leuchtstofflampen eingesetzt.

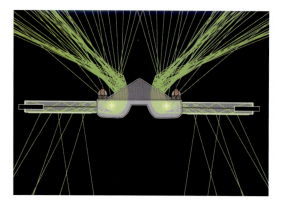

3
Strahlengang durch die Siteco ORBITER

4
Produktfoto der Siteco ORBITER.
Design: Richard Sapper, Mailand

Das Licht wird seitlich in das ELDACON eingekoppelt, die ELDACON-Komponente erzeugt den direkten Anteil der Lichtverteilung im Raum, der indirekte Anteil wird über einen speziell berechneten Reflektor in den oberen Halbraum gelenkt (Abb. 3–4). Die ELDACON-Lichttechnologie ermöglicht extrem flache und transparent wirkende, hochwertige Leuchten. Daraus ergeben sich völlig neue Möglichkeiten für das Leuchtendesign. Die rasterlose Technik gewährleistet Rundumentblendung und vermeidet den direkten Einblick in die Leuchtstofflampe.

Die so ausgestatteten Leuchten schaffen einen neuartigen Raumeindruck mit besonders weichen Helligkeitsübergängen und ausgewogenen Schattigkeitsverhältnissen. Der typische „Höhleneffekt" von Rasterleuchten in BAP-Technik verschwindet, und der unangenehme Lichtdruck wird vermieden. Damit wird das Licht nach der „Darklight-Ära" wieder ohne Verschlechterung der qualitativen Anforderungen an die Lichttechnik sichtbar. Direkt- und Reflexblendung werden gleichzeitig beherrscht, die neuen Leuchten stellen eine zukunftssichere Lösung für moderne Bildschirm- und Kommunikationstechniken dar. Besonders hervorzuheben ist die hohe vertikale Beleuchtungsstärke, die bisher einen viel zu stark vernachlässigten Teil der Büroraumbeleuchtung und auch der derzeitigen Normen darstellt.

Die Leuchte LUMOS ist eine weitere kundenspezifische Lösung, entstanden in Zusammenarbeit mit dem Architekturbüro Ingenhoven, Overdiek, Kahlen und Partner (Abb. 5). ELDACON eignet sich hervorragend für die Konzeption flacher, gleichsam schwebender Leuchten. Auch WAVE, die jüngste Produktentwicklung, wurde auf Basis der ELDACON-Technologie entwickelt. Die gesamte WAVE-Leuchtenfamilie besteht aus zwei Komponenten des mobilen Lichts, nämlich einer Steh- und einer Tischleuchte (Abb. 6). Ergänzt werden diese Komponenten durch die WAVE-Pendelleuchte sowie eine Wandleuchte (Abb. 7).

In jedem Fall wird über die ELDACON-Technologie eine reflexblendungsoptimierte Lichttechnik, eine gleichmäßige Ausleuchtung der Arbeitszone mit Rundumentblendung realisiert.

Johann Reitmaier

5
Produktfoto der LUMOS.
Design: Ingenhoven, Overdiek,
Kahlen und Partner

6
Produktfoto der WAVE-Tischleuchte

7
Milieu-Bild: WAVE-Leuchtenfamilie im Büro

Abbildungsnachweis

S. 11 links oben: Fehn, links unten: Fehn, rechts oben: Solvang, rechts Mitte: Solvang; S. 12 unten links: Teigen, unten rechts: Teigen S. 13 links: Teigen, rechts: Teigen; S. 14 Jüttner; S. 16 Hempel; S. 17 oben: Hempel, unten: Hempel; S. 18 links: Hempel, rechts oben: Hempel, rechts unten: Hempel; S. 21 links: Riehle, rechts: Riehle; S. 22 links oben: Hempel, Mitte oben: Riehle, Mitte Computerbild: Büro Coersmeier, Mitte unten Computerbild: Büro Coersmeier; S. 23/24 Hempel; S. 25 oben rechts: Hempel, Mitte links Computerbild: Büro Coersmeier, Mitte rechts Computerbild: Büro Coersmeier; S. 26 oben links: Riehle, oben Mitte: Hunger, oben rechts: Riehle S. 27 links: Riehle, Mitte: Riehle, rechts oben: Hempel, rechts unten: Hempel; S. 28 Riehle; S. 29 oben Mitte: Hempel, oben rechts: Hunger, unten: Hempel; S. 30 links: Hunger, Mitte: Hempel; S. 32 Leiska; S. 33 links: Gericke, rechts: Frahm; S. 34 oben rechts Computerbild: gmp, unten Zeichnung: Jacoby; S. 35 oben links: Frahm, oben Mitte: Frahm, oben rechts: Schink; S. 36 links oben: Leiska, links unten: Frahm, Mitte: Esch, rechts: Frahm; S. 37 oben links und oben rechts: Leiska, unten links: Bryant; S. 38 links: Frahm, Mitte: Frahm, rechts: Grimmenstein; S. 39 oben links: Wortmann, oben rechts: Schink, unten links: Bryant, unten rechts: Schmidt; S. 40 Schink; S. 41 oben: Leiska, Mitte links: Schink, Mitte rechts: Leiska, unten: Schink; S. 42 links oben: Bryant, links unten: Frahm, rechts: Gericke; S. 43 oben links: Wortmann, oben Mitte: Frahm, oben rechts: Schmidt, unten: Frahm; S. 59 - 64 Ulrike Brandi Licht; S. 73 Göldner; S. 74 rechts: Riehle; S. 75 oben: Riehle, unten links: Riehle, unten rechts: Riehle; S. 77 Riehle; S. 78/79 Mader; S. 80/81 Atelier Hollein; S. 82 links: Mahlstedt, rechts: Mader; S. 83 - 85 Mader; S. 89 Simon; S. 92/93 Steffen; S. 94/95 Hausig; S. 96 alle außer rechts unten: Hausig, rechts unten: Helmle; S. 97 Hausig; S. 98/99 Hannappel; S. 100/101 Hardman-Jones; S. 102/103 Bazin/Morin; S. 104 - 107 www.erco.com, S. 115 unten: Winde; S. 118 - 121 Halbe; S. 124 links oben: MERO, Mitte: Bach, rechts: Bach; S. 125 Bach; S. 126/127 Leiska; S. 128 Frahm; S. 129 Frahm; S. 134 - 135 Aaron; S. 136 oben/137: Müller-Naumann; S. 138 links: Ortmeyer, rechts: Heinrich; S. 139 oben links: Heinrich, oben rechts: Heinrich; S. 140/141 Yamazaki; S. 147 Willebrand; S. 148 Willebrand; S. 149 Willebrand; S. 150 - 153 Huthmacher; S. 154 Quirin Leppert; S. 155 - 157 Rainer Hofmann; S. 158 Müller; S. 159 oben: Müller, unten links: Müller; S. 160 - 163 Riehle; S. 164 Richters; S. 165 oben: Denance; S. 166 links: Richters, rechts oben: Denance, rechts Mitte: Denance, rechts unten: Denance; S. 167 rechts: Denance; S. 170 - 173 Kassner; S. 174 Görner; S. 175 oben: Huthmacher, unten: Schwarz; S. 176 oben:; Schwarz, unten: Schwarz; S. 178 rechts: Otto/Ostermann; S. 179 Otto/Ostermann; S. 184 Mitte: Tsuda, unten: Daniell; S. 185 oben: Tsuda; S. 186 Mitte links: Tsuda, Mitte rechts: Tsuda, unten: Tsuda; S. 187 oben: Tsuda; S. 188 oben: Daniell; S. 189 oben links: Daniell, oben Mitte: Daniell, oben rechts: Daniell; S. 190/191 Flammer ; S. 193 oben: Mader; unten: Mader; S. 194/195 Mader

Aktuelle Neuerscheinung 2000

Optimieren Sie den Wärmeschutz im Hinblick auf die neue Energieeinsparverordnung (EnEV) 2000

Konstruktiver Wärmeschutz
Von Prof. Dr. E. Krüger
2000. Ca. 320 Seiten mit über 500 Detailzeichnungen und zahlreichen Tabellen. Format DIN A4. Gebunden.
ISBN 3-481-01522-4
DM 148,-

Mit über 500 Detailzeichnungen

Fachinformationen für Architekten

Fordern Sie gratis das aktuelle Gesamtverzeichnis inkl. CD-ROM der Gruppe Rudolf Müller an.

Bestellen Sie einfach direkt per Telefon: 0221/5497-120

Fax: 0221/5497-130
service@rudolf-mueller.de
www.rudolf-mueller.de

DAMIT SIE BESCHEID WISSEN
Rudolf Müller

Verlagsgesellschaft Rudolf Müller GmbH & Co. KG
Postfach 410949
50869 Köln

INDULUX
Zuluftleuchte

▶ Neu

Direkt-/Indirektleuchte mit integriertem Luftdurchlass

- Unauffällig integrierte Luftdurchlässe
- Blendfreie Beleuchtung
- Völlig zugfreie Luftverteilung
- Elegantes Leuchtendesign

Luftverteilung 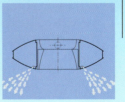   Lichtverteilung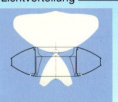

Zugfreie Luftverteilung   Blendfreie Direkt-/Indirektbeleuchtung

Seit 1877 | Luft- und Klimatechnik

Qualitätsmanagementsystem
ISO 9001
Gemäß DIN EN

Maschinenfabrik Gg. Kiefer GmbH · Heilbronner Straße 380-396
D-70469 Stuttgart (Feuerbach) · Tel.:0711/8109-0 · Fax 8109-205
E-Mail: KieferGmbH@aol.com

VOM BAUWERK
ZUM LICHTWERK

Licht und Raum gehören zusammen. Denn erst Licht erweckt seine Umgebung zum Leben. Regiolux bietet optimale Lichtlösungen für jede Räumlichkeit. Vom Keller bis zum Dach. Wegweisende Leuchten, von ausgezeichneten Designern geschaffen. Unsere erfahrenen Architekten besuchen Sie gern und beraten Sie vor Ort, wie aus Bauwerken Lichtwerke werden. Telefon: +49 (0) 95 25 89-271 oder www.regiolux.de

Modell: Offshore · Design: L. Pagani / A. Perversi

REGIOLUX

Fränkische Leuchten GmbH · D-97484 Königsberg/Bayern